KB022308

FULLY
GROWN
성장의 종말

FULLY GROWN

GROWN

성장의 종말

정점에 다다른 세계 경제,
어떻게 돌파할 것인가

디트리히 볼래스 지음 | 안기순 옮김

더퀘스트

홍성국 《수축사회》 저자, 전 미래에셋대우 사장, 현 국회의원

성장에 중독된 세계

1972년 로마클럽은 '유한한 지구에서 무한한 성장은 불가능하다' 라는 명제를 발표했다. 또한 보고서를 통해 인구 증가, 환경 오염, 자원 남용 따위가 지속되면 100년 이내에 지구의 성장은 한계에 이를 것이라고 경고했다. 이어 1978년 영국의 과학자 제임스 러브록^{James Lovelock}은 지구를 하나의 커다란 유기체로 보는 가설을 제시하기도 했다. 이런 논의는 환경 문제를 제기하는 기초 동력이 되어 지금은 일반 상식으로 받아들여지고 있다.

그러나 환경 분야와 달리, 경제 등 그 밖의 영역에서는 여전히 무한 성장이 가능하다고 우리는 믿고 있다. 즉 미래는 과거보다 더 잘살고 행복할 것이라고 믿어왔다. 코로나19로 세계 경제가 위기에 처했지만, 우리는 마이너스(-) 성장률이라는 용어를 사용한다. 마이너스가

과연 성장인가?

자본주의의 진화가 필요하다

지금 세계는 대전환의 한가운데에 있다. 인구 감소, 과학기술의 발전, 환경과 안전에 대한 비용 급증 등과 같은 역사적 전환이 동시에 나타나고 있다. 그 결과 세계는 경제적으로 공급과잉에 빠져 저성장, 저금리, 저투자 현상이 기초 환경이 되고 있다.

저자는 이 중 주로 경제적 관점에서 성장의 한계를 주장한다. 다양한 경제 변수를 통해 왜 성장이 한계를 맞고 있는지 설명한다. 특히 눈여겨볼 점은 "저성장은 경제의 실패가 아니라 20세기에 이룩한 성공의 자연스러운 결과"라는 주장이다. 20세기 성장의 결과로 21세기부터는 저성장이 일상화된다는 논리이며, 돌려서 얘기하면 20세기 성장 과정의 오류를 지적하고 있다.

저자는 인력, 자본, 인구, 기술, 중국 등 흔히 알려진 경제의 핵심 변수를 거시적으로 분석하면서 저성장의 논리를 전개한다. 그러나 더 강조하는 것은 핵심 변수 이외의 사회적 측면이다. 노사문화, 교육, 사회적 자본 등 요즘 강조되고 있는 '총요소 생산성'의 중요성을 강조한다. 특히 과도한 빈부 격차 때문에 성장의 한계를 마주하고 있다고 주장한다. 경제적으로 접근했지만, 결론은 자본주의 시스템 전체의 진화를 요구한다. 자본주의의 한계를 데이터로 풀어낸 것이다.

다행하게도 최근에는 ESG, 이해관계자 자본주의, 기업의 사회적 책임 등을 강조하는 분위기가 형성되고 있다. 또 다른 차원에서 세계적 석학들은 공정성에 대한 근본적인 생각의 전환을 요구하고 있다.

성장은 필요하다. 그러나 성장만으로 모든 것을 해결할 순 없는 세상임을 이 책을 통해 다시 확인할 수 있을 것이다. 덤으로 희귀한 경제·사회 데이터를 보는 즐거움에서 저자의 노고를 느끼게 될 것이다.

'성장'과 '행복'에 대한 재논의가 필요하다

한국이 지난 20세기 동안 '성장 기적'을 이룬 것은 두말하면 잔소리다. 하지만 그런 기적이 다시 일어나야 할지는 의문이다. 한국에는 기적을 경험하며 살아온 사람이 많고, 그들은 아마도 1950년대와 1960년대를 지배했던 빈곤한 환경에서 벗어나 요즘처럼 높은 생활 수준을 누리는 것에 놀라움과 두려움을 동시에 느끼고 있을 것이다.

이러한 기적을 떠올리면 1970년대 중반부터 1인당 GDP 성장률이 떨어지고 있다는 사실을 지적하는 것이 모순처럼 느껴질지도 모른다. 성장률은 1970년대 초반 약 10~12퍼센트를 기록하며 정점을 찍었고, 그 후에는 단 한 번도 그 수준에 미치지 못했다. 21세기 한국의 1인당 GDP 성장률은 연 2퍼센트 안팎을 기록해 대부분의 선진국이 보인 성장률과 크게 다르지 않았다.

이처럼 성장률이 둔화한 주요 원인은 한국이 선진국 경제에 도달했기 때문일 것이다. 일본과 독일은 한국보다 먼저 진입했고, 중국도 몇 십 년 뒤처졌을 뿐 비슷한 길을 걷고 있다. 이에 대해서는 이견이 없으며, 성장률 하락은 선진국 경제로의 이행 과정에 있는 국가에 나타나리라고 예측할 수 있는 현상이다. 물론 성장률이 50년 가까이 하락해왔다고 해서 한국이 누리고 있는 물질적 행복이 환상이라는 뜻도, 생활 수준이 계속 낮아지고 있다는 뜻도 아니다.

하지만 이제 한국이 생활 수준과 기술에서 선진국 경제로의 이행에 있다면, 다음에는 어떤 상황을 맞이할까? 생활 수준이 높아지면서 경험하는 성장은 어떤 모습일까? 이 책에서 내가 미국을 예로 들어 지적하려는 점은, 한국과 같은 선진국화의 경제 국가에서도 성장률이 떨어지고 있으며 이후 낮은 수준을 유지할 가능성이 크다는 것이다.

레오 톨스토이는 "행복한 가정은 모두 비슷하지만, 불행한 가정은 각자 나름의 방식으로 불행하다"라는 유명한 말을 남겼다. 이 격언을 경제 성장 개념에도 적용할 수 있을 것이다. 1950년대에 '불행한' 한국이 직면한 상황은 독특했다. 그 상황은 일본이나 중국이나 독일이 직면했던 상황과 같지 않았고, 오늘날 나이지리아나 말라위 같은 국가가 직면하고 있는 상황과는 더더욱 같지 않다. 한국이 선진국 경제에 도달할 수 있었던 까닭을 파악하려면 개개인이 그러한 상황을 이해해야 하고, 어떻게 극복했는지 깨달아야 한다.

일단 '행복한' 위치에 도달하고 나면, 비슷한 입장의 다른 경제 국가들이 겪는 일들에서 한국 경제 성장의 미래를 그려볼 수 있다. 다른 선진 경제 국가들은 높은 생활 수준에서 비롯된 몇 가지 영향력의 결과를 예외 없이 드러내고 있으며, 한국도 달라 보이지 않는다.

그중에서 가장 중요한 영향력은 인구통계상 변화다. 다른 선진 경제 국가들과 마찬가지로 한국은 인구 대비 노동자 수의 급속한 증가 덕에 1인당 GDP를 끌어올리며 20세기 내내 혜택을 누렸다. 하지만 다른 선진 경제 국가들과 비슷하게 20세기 동안 기록한 출산율 하락은 21세기 들어 그런 혜택이 사라지고 있다는 것을 뜻한다. 인구통계상 변화의 정확한 시기와 규모는 국가마다 다르지만, 과정은 전반적으로 비슷해 보인다.

　두 번째 영향력은 경제활동이 상품에서 멀어지면서 서비스 쪽으로 기울고 있다는 것이다. GDP에서 서비스가 차지하는 비중이 더 크므로, 서비스의 생산성 증가는 총생산성 증가 및 1인당 GDP 성장과 더욱 관계가 깊어진다. 하지만 서비스의 생산성 증가율은 상품에 비해 낮으며, 이런 현상은 특정 국가의 특징이 아니라 상품의 보편적인 특징으로 보인다. 개개인의 지출 양상이 상품에서 서비스로 변화하는 시기와 규모는 국가마다 다소 다르지만 경험은 보편성을 띤다.

　이 책이 미국 경제의 세부적인 사항에 초점을 맞추어 서술하고 있기는 하지만, 한국과 그 외 선진 경제 국가들의 유사점을 바탕으로 더 큰 주제들이 도출되기를 희망한다. 같은 말을 반복하는 감이 없지 않지만, 이미 발생한 인구통계상 변화와 지출 변화는 '행복한' 경제의 일부다. 이런 변화는 생활 수준이 향상되고, 성별 형평성이 개선되고, 피임에 더 쉽게 접근할 수 있게 되면서 발생했으므로 성공을 가리킨다.

　이와 동시에 '행복'이라는 단어는 위험하다. 향상할 여지가 없는 최종 상태를 암시하기 때문이다. 한국은 물론 선진 경제 국가들도 최고로 성취할 수 있는 성과를 이미 거둔 것으로 보여서는 안 된다. 물질적인 면에서는 과거보다 더 행복할 수 있을지라도 해결해야 할 문제들과 숙제들이 여전히 남아 있다. 환경 품질, 성별 형평성, 인종 간 적개심, 기타 우려할 만한 긴급 사항 등 선진 경제 국가에 잔존하는 '불행'이 독특할 가능성이 크다는 점에서 톨스토이의 격언이 다시 마음에 와닿는다.

한국을 포함해 모든 선진 경제 국가의 공통점은, 앞으로 어떤 불행이 기다리고 있더라도 과거 경제 성장에 힘입어 스스로 대처하는 능력을 발휘할 수 있다는 것이다. 이제 1인당 GDP가 급격하게 성장하는 시대는 지났고, 더는 과거의 지표만으로 성공과 행복을 판단해서는 안 된다.

이미 다 성장한 세계

새로운 천년이 시작되던 2000년 무렵에는 안정적인 경제 성장이 일종의 자연법칙처럼 당연하다는 주장을 듣더라도 그러려니 할 수 있었다. 농업이 주요 산업이던 1800년대 후반 미국의 연평균 경제 성장률은 2퍼센트 안팎이었다. 1900~1950년 산업 강국으로 부상하던 당시, 그리고 20세기 나머지 기간에도 같은 수준을 유지했다. 이 기간에 전기의 발명, 대공황, 두 차례의 세계대전, 세계화, 비행기 여행, 컴퓨터의 등장, 세율의 인상 또는 인하 등을 포함하여 경제에 다양한 측면의 변화가 일어났지만 연평균 성장률은 변함없이 2퍼센트였다. 이에 따라 '연평균 경제 성장률 2퍼센트'라는 가정을 토대로 많은 경제 이론이 탄생했고 실질적인 정책이 수립됐다.

하지만 21세기에 들어서서 약 20년 동안 1인당 국내총생산Gross Domestic Product, GDP의 평균 성장률은 과거 미국인이 몇 세대에 걸쳐 유지해온 실적의 절반인 1퍼센트 안팎에 그쳤다. 경제 침체가 지나치게 오래 지속되다 보니 더는 일시적인 현상으로 치부할 수 없게 됐고, 경제학자들과 정책 수립자들은 미래 경제 성장률의 기대치를 수정해야 한다는 압박을 받았다.

그런데 성장이 둔화했다는 사실을 인식하지 못하고 물질적인 생활 수준에 초점을 맞춘다면, 경제에 문제가 있다는 사실을 짐작조차 하지 못할 것이다. 상품과 서비스의 생산 가치를 평가하는 방식인 1인당 실질GDP는 2000년과 비교할 때 2018년 들어 약 20퍼센트 성장했다. 시간을 거슬러 추적해보면 해당 수치는 1950년보다 3배 이상, 1900년보다 8배 이상, 1870년보다 15배 이상이 된다.

그렇다면 이런 현상은 무엇을 뜻할까? 성장률이 중요하지 않다는 뜻일까? 아니다. 성장률은 중요하다. 하지만 성장률이 하락한 실질적인 양상은 사람들이 생각하는 것과 다르다. 그래서 이 책에서는 성장이 둔화한 원인과 성장 둔화가 좋은 징후인 이유를 설명하려 한다.

내가 어떻게 이런 개념을 생각해냈는지 속 시원히 설명해줄 수 있는 멋진 일화가 있다면 좋을 것이다. 샤워를 하다가 그 개념이 머릿속에 번개처럼 떠올랐다거나, 경제 상황을 둘러싸고 택시 운전사와 예리한 대화를 하는 도중에 문득 깨닫게 됐다는 식으로 말이다. 하지만 안타깝게도 '아하'라고 무릎을 칠 만한 순간은 없었다. 지난 몇 년 동안 진행되어오던 연구에 우연히 참여할 기회를 얻었을 뿐이다. 2011년 찰스 채드 존스Charles Chad Jones가 자신이 학부에서 강의할 때 사용하는 경제 성장 관련 교재의 개정판을 함께 쓰지 않겠냐고 물었다. 당시 나는 장기적인 경제 성장과 인구 변화에 관한 연구에 주력하고 있었는데, 채드가 그 내용을 개정판에 넣고 싶어 했다. 그와 동시에 책에 실린 혁신 이론에 관한 자료, 성장률과 생활 수준에 관한 데이터를 업데이트하고 싶어 했다. 나는 그의 제안을 받아들여 개정판을 쓰면서 초기 원고를 바탕으로 강의를 시작했다. 그 과정에서 경제 성장 관련 주제들을 설명하는 데 유용한 일화와 데이터, 수치를 수집했지만 교재에 전부 담을 수는 없었다.

다른 사람들이 그 교재를 참고하기 시작하자, 그들이 흥미를 느끼고 적용할 수 있도록 내가 가지고 있는 나머지 자료도 추가로 공유하면 좋겠다는 생각이 들었다. 그래서 2014년 봄에 '성장경제학 블로그Growth Economics Blog'를 시작했다. 창의성이라고는 찾아볼 수 없는 이름이지만 그 블로그에 경제 성장에 관한 간단한 개념들을 설명하거나 이를 이해하는 방법을 글로 써서 올리고, 현재 진행 중인 연구에 대한 의견도 실었다. 짧은 기간에 뜨거운 반응을 불러일으키지는 못했지만 블로그는 상당히 많은 사람이 '성장'이라는 주제에 흥미를 느끼는 계기를 마련했다.

특히 많은 독자의 관심을 끌었던 주제는 금융위기의 여파로 두드러지게 나타난 성장 둔화였다. 나는 그 주제에 대한 관심을 강의 과목에 반영했고, 위기를 초래했던 경제 침체가 지나갔는데도 예상과 달리 성장이 가속화되지 않는 근본적인 원인을 더욱 깊이 연구하기 시작했다. 존 퍼널드John Fernald가 발표한 연구 논문을 읽은 것도 그 무렵이다. 퍼널드는 성장 둔화가 단순히 경제 침체의 결과가 아니라 21세기로 접어들면서 시작된 장기적인 현상이라고 주장했다.

같은 시기에 성장 둔화를 둘러싼 주장들이 속속 등장하면서 '혁신 실패'라는 단어가 빈번하게 회자되기 시작했다. 내가 판단하기로는 페이스북과 트위터에 몰두하는 젊은이들이 경제를 망치고 있다면서 나이 든 사람들이 분노하며 목소리를 높이는 주장들이 대부분이었다. 이 책에서 명쾌하게 정의하겠지만, 그런 주장들은 생산성과 기술이라는 개념을 혼동해서 나온 것이다. 나는 생산성 증가율이 둔화한 사례에 대해 많은 글을 올렸고, 성장 둔화가 발생한 원인은 기술이 실패했기 때문이 아니라 기업의 시장 지배력과 부문 간 경제활동이 바뀌었기 때문이라고 판단한다.

나는 노동자들이 농업에서 이탈하는 역사적 변화도 연구하고 있었으므로, 경제 생산물의 산업 구성(예를 들어 제조, 보건의료, 소매)에 관한 데이터와 이론도 많이 접하고 다루었다. 그러다가 윌리엄 보멀William Baumol이 발표한 연구 결과를 읽고 깊은 인상을 받았는데, 서비스의 비용 질병cost disease과 서비스업이 성장 둔화에 작용하는 역할을 다룬 이론이었다.

나는 보멀이 연구한 내용을 읽으면서 성장 둔화를 주제로 책을 쓰겠다고 마음먹었다. 그 전에도 이 주제에 관한 이질적인 자료를 많이 수집하면서 모든 자료를 하나로 꿰뚫는 몇 가지 공통점을 발견했다고 생각했기 때문이다. 첫째, 생산성 증가는 기술 자체와 관계가 있다기보다는 기업이나 산업 등 서로 다른 경제활동에서 노동자와 자본을 분배하는 방식과 더욱 관계가 있다. 둘째, 시장 지배력의 증가가 시간의 경과와 함께 이런 분배 양상을 매우 크게 바꾼 합리적인 원인일 수 있다.

하지만 나는 이 책의 틀을 잡기 시작하면서, 초기에 성장 둔화에 대해 품었던 개념을 더는 유지할 수 없다는 사실을 깨달았다. 간단한 계산을 해보고 나서 다음 두 가지 사실을 파악했기 때문이다. 첫째, 인구통계상 변화가 미치는 영향을 완전히 과소평가했다. 둘째, 생산성 증가에만 초점을 맞추는 것은 시간 낭비다. 시장 지배력이 성장에 미치는 영향을 연구하는 일에 몰두하면서 그 영향이 내가 생각한 수준보다 훨씬 미묘하다는 점을 깨달았다. 이 두 가지 사실 때문에 책을 계속 쓰는 작업이 과연 가치가 있을지 망설여졌다. 성장 둔화를 설명할 모든 조각을 갖고 있었지만 그 조각들이 잘 맞아떨어지지 않는 것 같았다.

번개처럼 영감이 떠올랐다는 멋진 일화가 있으면 좋겠다고 생각한 것은 바로 이처럼 절망감을 느끼던 때였다. 하지만 앞에서 언급했듯이, 그런 멋진 일화는 생겨나지 않았다. 나는 몇 주 동안 집필 작업을 전면 보류했다. 그러던 어느 날 다른 프로젝트에 대해 생각하느라 성장 둔화 관련 자료를 다시 꺼내 들었다. 자료를 신선한 관점으로 다시 들여다보자, 보멀이 주장한 대로 생산이 상품에서 서비스로 이동한 현상과 인구통계상 변화가 성장 둔화를 유발한 주범이라는 사실이 더욱 뚜렷하게 보였다. 얼마 동안 휴식을 취하고 나자 머리가 맑아지면서 두 가지 현상을 끌어낸 것이 다름 아닌 내재한 성공이라는 사실을 분명히 인식할 수 있었다. 나머지 조각들도 그 지점에 딱 맞아떨어지면서 마침내 책을 완성할 수 있었다.

책을 쓰기 시작할 때는 그렇지 않았지만, 종국에 가서 나는 낙관적인 관점을 갖게 됐다. 물론 혁신·경쟁·정책의 실패에 초점을 맞추어 현재 경제 상황을 놓고 연일 쏟아지는 비판들에 반하는 관점으로 보일 수도 있다. 이 책에서도 상당 부분을 할애해 이런 실패들을 검토했다. 부분적으로는 실패가 성장 둔화를 촉진하지 않았음을 입증하기 위해서였지만, 성장률에 직접적으로 영향을 미치지 않았더라도 실패는 여전히 실패라는 점을 분명히 밝히려는 의도도 있었다. 따라서 이 책이 전달하는 전반적인 메시지는 현실에 안주하지도 않고, 순수하게 낙관적이지도 않다. 나는 노벨상 수상자인 폴 로머Paul Romer가 만든 용어(경제 성장 이론 중 '수렴 논쟁'에서 '조건부 수렴'이라는 용어를 사용했다―옮긴이)를 빌려서 이 책의 관점을 '조건부 낙관'이라고 말하고 싶다. 인식된 경제 실패를 바로잡을 해결책을 찾으려 한다면, 스스로 실패를 바로잡을 수 있다고 낙관해야 한다. 성장 둔화의 배후에 성공이 있다는 주장은 눈에 보이는 실패에 대해 토론하고 여기에 대처해야 할 근거가 많다는 뜻이다. 우리에게는 원하기만 한다면 행동으로 옮길 수단이 있다.

이 책은 세상의 빛을 보기까지 채드 존스에게 간접적으로 영향을 받았고, 나의 지식인 인맥과 우정을 토양으로 삼았다. 우선 장기적인 관점의 가치를 내게 가르쳐준 대학원 과정의 지도교수들인 오데드 갈로어Oded Galor, 피터 호윗Peter Howitt, 데이비드 웨일David Weil까지 거슬러 올라가 감사한다. 이들에게 배운 가치는 그 후 여러 사람과 직접 만나거나 전화 또는 이메일을 사용해 대화하며 강화됐다. 아린담 찬다Areendam Chanda, 저먼 쿠바스German Cubas, 데이비드 쿠베레스David Cuberes, 카를-요한 달고르Carl-Johan Dalgaard, 라이언 데커Ryan Decker, 마르쿠스 에버하르트Markus Eberhardt, 렌나르트 에릭슨Lennart Erickson, 짐 페이러Jim Feyrer, 더그 골린Doug Gollin, 로버트 고든Robert Gordon, 마이크 슈Mike Hsu, 그레그 입Greg Ip, 레미 제드왑Remi Jedwab, 마이크 에르주마노프스키Mike Jerzmanowski, 세브넴 칼렘리-오즈칸Sebnem Kalemli-Ozcan, 제니 미니어Jenny Minier, 크리스 파파조지우Chris Papageorgiou, 데이비드 파펠David Papell, 노아 스미스Noah Smith, 벤트 소런슨Bent Sorensen, 릴리아나 바렐라Liliana Varela, 케이무 이Kei-mu Yi 등이 그들이다.

알렉스 타바록Alex Tabarrok과 가렛 존스Garett Jones, 브래드 들롱Brad DeLong도 특별히 언급해야 한다. 세 사람은 나의 초고를 흔쾌히 검토해주었고 사려 깊은 의견과 비판을 제시해주었다. 그들의 제안을 반영한 내용이 책 곳곳에 스며들어 있다. 내가 집필 과정에서 사람들이 읽을 만한 가치가 있는 책을 탄생시킬 수 있을지 고민하며 이따금 흔들릴 때도 세 사람은 이구동성으로 긍정적인 피드백을 주며 용기를 북돋아 주었다.

마지막으로 신념이 흔들릴 때 마음의 중심을 잡도록 도와준 아내 커스틴Kirstin에게 감사한다. 커스틴은 내가 이 책을 쓸 수 있다고 단호하게 믿었고, 무엇보다 내 결정을 최우선 순위에 놓고 존중해주었다. 책을 쓰는 내내 나를 뒷받침하느라 커스틴이 치른 온갖 크고 작은 희생에 감사한다.

"지금 세계는 대전환의 한가운데에 있다.
인구 감소, 과학기술의 발전, 환경과 안전에 대한 비용 급증 등과
같은 역사적 전환이 동시에 나타나고 있다."

1 우리가 선택한 성공의 결과

2008~2009년 금융위기와 경기 대침체의 후폭풍으로 특히 두드러진 결과 중 하나는 경제 성장이 전혀 가속화되지 않았다는 것이다. 대부분 사람은 과거 경험상 경제위기 기간에 누적된 손실을 만회하기 위해 몇 년은 아니더라도 몇 분기 동안 성장률이 평균 이상을 기록하리라고 예측했을 것이다. 대공황을 포함해 과거에 경기 침체기가 지난 후에는 예외 없이 확실히 그랬다. 경제라는 자동차가 공사 구간을 지나느라 속도를 늦췄다가 지체된 시간을 만회하려고 시속 120킬로미터로 달리는 것을 상상해보면 된다. 하지만 경제 성장은 2010년 이후 해마다 긍정적인 실적을 내는 동안에도 연 2퍼센트에 도달하지 못하고 허덕였다. 경제가 금융위기 이전에 정착됐던 경향에 한참 못 미치는 수준을 유지했다는 뜻이다. 마치 공사 구간을 지났는데도 시속 90킬로미터 이상으로는

달리지 않겠다고 결정한 것처럼 말이다.

많은 이들이 이런 성장 둔화에 주목했다. 2017년 로버트 고든이 미국 경제 성장의 역사에 대해 쓴 책의 제목을 보더라도 알 수 있다. 그는 '성장률의 상승으로 꽤 괜찮은 성적을 낸 미국 경제'라는 식이 아니라 《미국의 성장은 끝났는가》라는 제목을 붙였다. 〈월스트리트저널〉, 〈이코노미스트〉, 〈애틀랜틱〉, 〈뉴욕타임스〉, 〈파이낸셜타임스〉 등도 느린 경제 성장을 다룬 기사를 여러 차례 보도했다. 2016년 공화당 대통령 후보 경선에서 젭 부시 Jeb Bush는 GDP를 4퍼센트 성장시키겠다는 공약을 내세웠다. 4퍼센트는 미국에서 20년 동안 한 번도 달성하지 못한 성장률이다. 미국 경제가 '구조적 장기 침체'를 겪고 있느냐 아니냐를 둘러싸고 지속적인 논쟁을 벌이고들 있지만, 경제 침체가 존재한다는 사실 자체를 부정하는 사람은 없다. 정부 지출과 부채에 대해 반복적으로 발생하는 논쟁의 근간은 특정 정책이 GDP 성장률을 증가시킬 수 있느냐 하는 것이다.

성장 둔화는 데이터로도 쉽게 확인할 수 있다. 내가 이 책에서 초점을 맞추고 있는 1인당 GDP 성장률은 1950~2000년 연평균 2.25퍼센트였지만 2000~2006년에는 1퍼센트에 그쳤다. 그렇다면 연간 성장률 1.25퍼센트포인트의 차이는 무엇을 뜻할까? 20세기와 21세기의 성장률을 비교할 때 오늘날 1인당 GDP가 약 25퍼센트 낮다는 뜻이다. 이는 경제 성장 속도가 상당히 느려졌다는 뜻인데, 사실 성장 둔화는 2009년 경기 침체가 발생하기 훨씬 전에 시작됐다. 연방준비은행 소속 경제학자 존 퍼널드의 주장에 따르면 성장 둔화는 거의 20년 전에 이미 시작됐으며, 금융위기를 계기로 세간의 주목을 받게 됐다.

성장 둔화에 대한 즉각적인 반응은 무언가가 틀림없이 잘못됐다는 것이다. 다른 나라나 자국의 과거와 비교할 때 미국은 어쨌거나 뒤처졌다는 인식인데, 이를 고려하면 성장 둔화의 원인을 찾는 것이 자연스러운 순서다. 우리는 누구를, 무엇을 탓해야 할까? 또 이런 상황을 뒤집기 위해 할 수 있는 일이 있을까?

몇 가지 간단한 성장 회계

앞의 질문에 대답하려면, 먼저 경제 성장을 추진하는 요인을 설명해야 한다. 경제 성장은 상품과 서비스의 산출이 증가하는 것이므로 투입물의 증가로 결정된다. 이런 투입물의 하나가 물적자본physical capital으로, 건물이나 기계 같은 물리적 자산은 물론 소프트웨어 같은 지식재산으로 이루어진다. 데이터를 보면 20세기 대비 21세기 물적자본 증가율은 소폭 감소했다. 뒤에서 좀더 자세히 설명하겠지만 이 결과는 아마 과장됐을 것이다. 즉, 물적자본의 증가율 둔화가 전체 성장 둔화에서 큰 비중을 차지하지 않았다는 뜻이다.

또 다른 투입물이 인적자본human capital이다. 물적자본과 대비되는 인적자본은 노동자의 수와 경험, 노동자가 투입한 시간과 기술로 결정되는 2차 투입이다. 21세기 인적자본의 증가 속도는 20세기보다 느렸고, 이 사실 자체만으로도 성장 둔화를 가리키는 성장률 1.25퍼센트포인트 하락을 설명할 수 있다. 따라서 인적자본 증가율을 하락시킨 원인이 성장 둔화를 설명하는 열쇠가 될 것이다.

하지만 인적자본이 성장 둔화를 일으킨 유일한 원인은 아니다. 투입 증가율이 감소했다는 점을 고려하더라도 경제 성장의 전반적인 하락을 설명하기에는 충분하지 않다. 물적자본과 인적자본 외에도 혁신의 영향, GDP의 대부분을 생산하는 산업의 변화, 기업이나 장소 간에 발생하는 노동자의 재분배, 규제와 과세가 사업 결정에 미치는 영향, 그 밖에도 거의 셀 수 없이 많은 가능성을 고려해야 한다. 요컨대 잔차 성장residual growth(이에 대해서는 4장에서 자세히 다룬다)은 인적자본과 물적자본의 증가로 설명할 수 없는 기타 성장 관련 요인을 전부 포함한다. 일반적으로 생산성이라는 용어를 사용하지만, 생산성 증가를 결정하는 요인이 단순히 기술 변화를 넘어선다는 뜻이다. 여하튼 인적자본과 마찬가지로 21세기 생산성 증가율은 20세기보다 낮았다. 이것이 성장 둔화의 나머지 부분을 설명할 수 있다.

3장과 4장에서 소개할 이 회계 작업은 경제 둔화의 발생 경위를 알려주지만, 발생 원인을 알려주지는 않는다. 이 책의 나머지 부분에서는 21세기 동안 인적자본과 생산성의 증가율이 모두 하락한 근본적인 원인을 탐색한다.

선택의 결과

성장 둔화의 원인을 깊이 파헤치다 보면 나쁜 상황보다 좋은 상황과 관계가 더 깊다는 사실이 분명하게 드러난다. 성장 둔화 자체나 금융위기 같은 최근 사건에 초점을 맞추는 태도에서 한 걸음 물러나 데이터가 존재하는 시점을 최대한 거슬러 올라가면, 1인당 GDP가 거의 중단 없이 꾸준히 성장해온 증거를 찾아볼 수 있다. 우리가 매년 1인당 생산하는 상품과 서비스의 가치는 1950년보다 약 3배, 1900년보다 약 7배 크다. 같은 기간 진행된 생활 수준의 상승은 제대로 반영하지 않았는데도 그렇다. 이제 에어컨, 냉장고, 텔레비전, 컴퓨터, 스마트폰, 항공 여행, 항생제, 인터넷은 장소를 가리지 않고 흔해졌다. 상수도와 수세식 화장실만 보더라도 1940년에는 미국 전체 가구의 약 3분의 2만 사용할 수 있었다. 오늘날 성장률에 어떤 변화가 일어나고 있든, 경제는 대부분 사람의 물질적 요구를 놀랍도록 성공적으로 충족해왔다.

하지만 이런 성공이 성장 둔화를 유발하는 주요 동력으로 작용한다. 우선 가족 형성 방식을 바꾼다. 입수 가능한 모든 증거를 살펴보더라도 물질적 생활 수준이 향상되면 출산율은 떨어진다. 이를 설명하는 논리는 다양하지만, 둘의 상관관계는 시간과 국가를 초월해 거의 보편적으로 나타난다. 게다가 알약처럼 스스로 통제할 수 있고 효능을 믿을 만한 피임약이 성공적으로 보급되면서 여성은 출산에 대해 더욱 많은 통제권을 손에 쥐었다. 따라서 자신의 노동, 결혼, 학교 교육 참여를 더욱 주도적으로 결정할 수 있게 됐다. 결과적으로 남녀 모두 교육 기간을 늘리고, 결혼을 늦추고, 자녀 출산을 연기했다. 1인당 GDP 성장과 생식권 성장이 결합하면서 베이비붐 이후부터 현재까지 출산율은 지속적으로 하락했다.

21세기 인적자본 증가율 하락, 그리고 이에 따른 성장 둔화의 상당 부분은 출산율 저하로 인한 결과다. 1960년대와 1970년대 베이비붐 세대가 학업을 마치고 노동시장에 진입하면서 인적자본량이 급증했다. 이들이 노동인구에 합류하면서 인구 대비 노동자 비율이 높아졌고, 대학 졸업률의 증가 속도가 빨라지면서 지난 20세기 후반 GDP를 생산하기 위해 사용한 인적자본이 급속히 늘어났다.

하지만 베이비붐 세대가 21세기 노동시장에서 퇴장하기 시작했을 때, 일반적으로 그들은 대가족이 아니었으므로 인적자본의 증가 추세를 유지할 방법이 없었다. 인구 대비 노동자의 비율이 감소하면서 21세기 동안 인적자원 증가율은 떨어질 수밖에 없었다. 성장 문화는 사람들이 대체로 30~40년 전 가족에 관해 결정한 결과이며, 그 결정은 생활 수준의 향상과 피임 혁신의 성공에 영향을 받았다.

생활 수준의 향상은 인구통계상 변화를 넘어 소비자가 상품을 구매할 때 종류를 선택하는 방식으로 경제 성장에 또 하나의 중요한 결과를 낳았다. 1940년에 만약 상수도나 수세식 화장실이 없는 집에 살고 있었다면 상수도용 배관이나 변기용 배관을 설치하는 데 우선 돈을 썼을 것이다. 이후 에어컨, 텔레비전, 컴퓨터에 대해서도 같은 상황이 벌어졌다. 하지만 이런 상품을 일단 갖췄다면 다음에는 무엇을 사느라 돈을 썼을까? 화장실에 변기를 하나 더 설치했을까? 아마도 그러지 않았을 것이다. 상품 가격이 더욱 저렴해지면서 사람들은 상품으로 집을 가득 채우다가 점차 서비스를 구매하는 방향으로 지출을 늘리기 시작했다. 가격 하락과 기본 상품의 가용성을 활용해 휴가의 질을 높이고 기간을 늘리거나, 수업을 듣거나, 의료 전문가를 찾아가거나, 물리 치료를 받거나, 전화요금제에 더 많은 데이터를 추가하거나, 넷플릭스Netflix 또는 훌루Hulu를 구독했다. 그리고 경제는 점점 더 많은 서비스를 구매할 수 있는 상품을 제공하는 데 성공했고, 더 많은 노동자가 서비스 제공 기업으로 이동했다. 이처럼 노동자들이 상품 생산에서 꾸준히 벗어나기 시작한 것은 일종의 실패를 알리는 신호가 아니라 우리가 돈을 어디에 쓸지 선택한 결과였다.

경제활동이 상품에서 서비스로 이동한 현상은 전혀 새롭지 않다. 미국 역사를 보더라도 노동력은 농업을 벗어났다가 이후에는 다시 제조업을 벗어났다. 21세기에 달라진 점은 바로 이런 변화가 경제 성장의 발목을 잡았다는 것이다. 생산성 증가율이 대부분의 상품 생산 산업에서는 상대적으로 높고, 대부분의 서비스 산업에서는 상대적으로 낮다고 밝혀졌다. 경제활동이 상품에서 서비스로 이동하면서 서로 다른 산업에서 전반적인 생산성 증가율을 끌어내렸다.

윌리엄 보멀은 1960년대에 발표한 몇 편의 논문에서 산업에 따라 생산성 증가율이 다른 이유를 최초로 탐구했다. 핵심 개념은 노동이 생산에서 담당하는 역할이다. 노동은 상품을 생산하는 데 필요하지만 상품 자체의 일부는 아니다. 차체를 조립한 노동자는 소비자가 차를 운전하는 현장에 있을 필요가 없다. 이와 대조적으로 서비스 노동자는 상품 자체의 일부다. 의사, 변호사, 웨이터, 개인 트레이너, 재정고문, 교사는 서비스를 제공하려면 고객과 상호작용해야 한다. 서비스 분야에서 노동 사용량을 줄이면서 생산성을 늘리는 것이, 불가능하지는 않지만 상품 생산 분야보다 힘들다는 뜻이다. 즉 서비스의 생산성 증가율이 낮은 것은 일종의 실패가 아니라 이와 같은 활동에 내재한 특징이다.

서비스로의 전환과 출산율 하락 현상이 결합해 성장 둔화의 상당 부분을 초래했고, 두 가지 모두 성장의 결과다. 20세기 중반부터 우리는 평균적으로 높은 생활 수준을 반영하는 지출 구성과 가족 크기에 대해 선택권을 행사했다. 경제 성공에 따른 이런 선택 때문에 21세기 들어 성장률 하락이라는 의도하지 않은 결과가 발생했다.

이직률, 시장 지배력, 성장

오늘날의 경제 상태를 만든 원인이 성장이라는 주장과 경제에는 전혀 문제가 없다거나 성장률을 높이는 것은 불가능하다는 주장을 혼동하지 말아야 한다. 지난 수십 년 동안 경제에 발생한 몇 가지 변화가 성장 둔화에 기여했으며, 주요 원인은 아니더라도 이런저런 종류의 실패를 초래했다고 생각할 여지는 충분하다.

특히 지난 수십 년 동안 경제 현장에 진입하는 신규 기업의 수가 줄어들고, 퇴장하는 기존 기업의 수도 줄어들었다. 직업 사이를 이동하는 노동자의 수도 감소하면서 기업과 일자리가 교체되는 규모 역시 두드러지게 줄고 있다. 또 노동자의 지리적 이동성도 뚜렷하게 감소했는데, 이런 현상은 노동자의 이직률이 하락한 원인이거나 결과일 수 있다.

평균적으로 노동자들은 더욱 생산적인 일자리로 옮겨가고, 생산성이 떨어지는 산업체는 보다 생산적인 산업체로 대체되는 경향이 있다. 따라서 이직률 증가는 그보다 빠른 생산성 증가와 관계가 있다. 데이터를 살펴보면, 인구통계상 변화와 서비스로의 전환이 결합한 경우보다 영향력이 작기는 하지만 이동성 감소와 이직률 하락이 성장 둔화에 한몫했음을 알 수 있다.

이직률이 감소한 원인은 분명하지 않다. 가능한 원인 하나는 지난 수십 년 동안 기업들의 시장 지배력이 증가했다는 것이다. 이 책에서는 경제적 이익, 즉 상품과 서비스를 생산비보다 높은 가격으로 판매해서 거둔 수입이 1990년대 초반부터 꾸준히 증가했다는 점을 살펴볼 것이다. 이는 시장 지배력이 증가했음을 눈으로 확인할 수 있는 증거다.

시장 지배력이라는 요소로 이직률 둔화를 설명할 수 있다. 시장 지배력을 보유한 기업들은 자사 상품의 비용 또는 수요에 발생하는 충격의 영향을 적게 받으며, 따라서 더욱 경쟁적인 시장에서 활동하는 기업만큼 신속하게 노동자를 고용하거나 해고하지 않을뿐더러 매장을 폐쇄하거나 새로 열지도 않기 때문이다. 이런 점을 뒷받침하는 증거도 살펴볼 것이다.

시장 지배력에 관한 이야기는 이뿐만이 아니다. 소비가 시장 지배력을 거의 보유하지 못한 기업·산업에서 시장 지배력을 많이 보유한 기업·산업으로 이동하면서 시장 지배력은 얼마간 증가한다. 시장 지배력의 변화를 추진한 세력은 소비를 상품에서 서비스로 이동시킨 세력과 크게 다르지 않을 것이다. 이런 현상은 21세기 동안 시장 지배력의 증가가 생산성 증가에 영향을 줬다는 다소 반직관적인 발견으로 이어진다. 우리가 암묵적으로 높은 가치를 부여하는 상품과 서비스를 생산하는 일에 자원을 투입하고 있다는 뜻이기 때문이다.

시장 지배력의 증가가 어떤 영향을 미쳤는지는 모호하다. 그렇더라도 시장 지배력의 증가가 경제와 사회에 매우 심각한 분배 문제를 드러낼 수 있고, 우리가 분배 문제를 여전히 반전시키고 싶어 한다는 사실은 바뀌지 않는다. 다만, 경제를 성장시키려면 얼마간 시장 지배력이 필요하므로 반전은 신중하게 진행해야 한다. 이 중요한 발견에 관해서는 뒤에서 좀더 자세히 설명할 것이다.

유력한 용의자

성장 문화를 조명하는 많은 대중적 설명에는 실질적인 내용이 거의 없다는 사실이 드러났다. 이런 설명은 시장 지배력의 증가와 마찬가지로 경제 파이를 나누는 방식에는 대체로 중요하지만, 파이의 크기와는 전혀 상관이 없다.

공통적인 걱정거리 중 하나는 성장 문화가 독창성이나 혁신의 실패를 반영한다는 것이다. 이것은 페이팔^{PayPal}의 설립자이자 벤처 투자자인 피터 틸^{Peter Thiel}이 "우리는 하늘을 나는 자동차를 원했지만 끝내 얻은 것은 140자를 보낼 수 있는 트위터였다"라고 언급했듯이 그리고 로버트 고든이 최근 저서에서 분석했듯이, 인간의 발명품이 경박하거나 하찮다며 불평할 때 사람들의 입에서 나오는 주장이다. 반면에 기술 낙관주의자들은 기업과 연구자들이 활용할 수 있는 컴퓨팅 능력의 놀라운 발전, 인공지능과 로봇공학의 가능성과 연관된 기술적 창의성이 우리 주변에서 전례 없이 폭발하고 있다고 주장한다.

양쪽 주장 모두 경제 성장에 관한 증거로 그다지 지지를 받지 못한다. 기술 성장이 생산성 증가와 동의어가 아니기 때문이다. 우리가 사용하는 특정 기술만큼이나 산업과 기업 전반에 걸친 노동자와 자본의 분배가 생산성 증가를 좌우한다. 단순히 생산성 증가율이 감소한다고 해서 우리가 기술 혁신을 더욱 잘 추진하고 있는지 여부는 알 수 없다.

그렇더라도 시간이 지날수록 더욱 빠른 반도체, 더욱 많은 공장 생산물, 더 효과 높은 신약 등 새로운 기술을 탄생시키기 위해 쏟는 노력이 증가했다는 증거가 있다. 그렇다면 현재 경제는 혁신하기에 지나치게 힘든 지점에 도달한 걸까? 적어도 20세기 중반 이후 연구·개발 노력이 계속 증가하는 추세에 있다는 점만 제외하면 그렇게 말하는 것이 타당할지도 모른다. 혁신 사다리를 한 칸씩 올라갈 때마다 연구·개발 자원이 더욱 많이 필요하다는 것은 분명하고, 세기가 바뀌던 무렵에 이런 상황을 악화시킬 만한 변화는 전혀 없었다.

성장 둔화의 원인을 찾으려면 당연히 정부를 살펴봐야 한다. 정부는 연방정부부터 지방정부까지 모든 단계에서 세금 및 규제와 연관된 모든 실체를 포함한다. 아마도 과도한 규제에 몰려 생산적인 기업들이 어쩔 수 없이 폐업했거나, 사업가들이 애초부터 창업을 포기했을 것이다. 법인세가 신규 기업의 진입을 제한하는 데 영향을 미쳤을 수도 있고, 인구통계상 요인뿐 아니라 개인 세율이 인구 대비 노동자 수를 감소시키는 데 기여했을지도 모른다.

물론 이런 이론들이 그럴듯하게 들리기는 하지만, 규제나 과세가 성장 둔화에 의미 있는 영향을 미쳤다는 증거는 거의 또는 전혀 없다. 예를 들어 21세기 초에는 연방 차원에서 배당세율과 개인소득세율이 모두 인하됐다. 그렇다면 노동자 수와 기업 투자가 늘어나야 하는데 정확하게 반대 현상이 발생했다. 모든 주를 통틀어 더욱 엄격한 규제와 더욱 높은 세율을 적용받는 기업의 성장률이 더 유리한 환경에서 사업하는 기업보다 낮다는 증거는 거의 찾아볼 수 없다. 캘리포니아와 매사추세츠는 '기업 친화성' 척도에서 낮은 점수를 받는데도 여전히 가장 생산성이 높은 주에 속하며, 미국에서 가장 빠른 경제 성장을 지속적으로 기록하고 있다. 규제의 영향을 다룬 연구 결과를 살펴보면, 연방 법령으로 규제를 더 많이 받는다고 해서 산업의 생산성 증가율이 낮아지진 않았고 오히려 정반대 현상이 나타났다.

무역, 특히 대중국 무역도 성장 둔화를 부채질했다는 비판을 받는다. 중국과 무역하면서 가구와 의류 같은 특정 하위 제조 산업에서 일자리가 상당수 사라졌다는 유력한 증거가 있다. 이런 무역의 영향은 상당수의 고용주를 잃고 대체 고용주를 찾느라 고군분투했던 크고 작은 도시에서 두드러지게 나타났다. 실직 노동자들이 새 일자리를 구하더라도 자기 수준보다 낮은 생산성을 보유한 서비스 산업에 진입했을 것이고, 바로 이런 상황이 부분적으로 경제 성장을 방해하는 요인으로 작용했을 것이다. 하지만 정부의 설명과 매우 흡사하게도 대중국 무역이 미친 영향은 이론상으로는 그럴듯하지만 데이터로는 그다지 크게 나타나지 않는다. 대중국 무역이 미국 경제에 미친 영향을 연구한 결과를 검토해보면, 노동자들이 노동시장에서 퇴장하거나 다른 산업으로 이동했지만 그 합계는 지나치게 작아서 21세기 성장 둔화에 반영된 것은 기껏해야 반올림 오차 정도였다.

성장 둔화를 설명할 만한 또 한 가지 원인은 지난 수십 년 동안 뚜렷하게 증가한 불평등이다. 여러 산업에 걸쳐 지출의 구성을 바꾸는 방식으로 성장 둔화에 기여했다는 설명인데, 한편으론 그럴듯하게 들린다. 사람들이 부유해질수록 자신의 소득에서 상품에 소비하는 비율을 줄이고, 서비스에 소비하는 비율을 늘리는 현상이 데이터에 반영되어 있다. 불평등은 상대적으로 부유한 사람들의 수중에 소득을 집중시키면서 서비스에 대한 지출도 집중시켰을 것이다. 하지만 서비스로의 전환을 설명하기에는 불평등의 증가도, 지출 패턴의 차이도 충분히 크지 않았다. 가능한 또 다른 설명은 교육 측면에서의 불평등이 인적자본의 증가를 둔화시켰다는 것이다. 하지만 불평등이 교육적 성취에 미치는 영향은, 인적자본 증가율 둔화가 성장 둔화를 초래했다고 설명할 만큼 크지 않다.

시장 지배력과 마찬가지로 기술, 정부의 과세나 규제, 무역, 불평등 분야에서 인식된 실패가 분배에 상당한 영향을 미쳤을지도 모르지만 성장 둔화를 주도하지는 않았다. 오히려 인구 구성의 변화와 생산에서 서비스로의 산업 전환을 추동했던 '성공'이 성장 둔화의 가장 설득력 있는 원인으로 보인다.

그렇다면 성장 둔화는 좋은 현상일까?

성장 둔화가 정책이나 독창성이 실패함으로써 나타난 결과가 아니라 오히려 성공의 징후라는 개념을 선뜻 받아들이기는 어려울 것이다. 하지만 성공을 선善 또는 공정과 혼동해서는 안 된다. 인구통계상의 변화와 서비스로의 지출 전환을 부추긴 1인당 GDP의 지속적인 성장은 물리적인 생활 수준을 상당히 끌어올렸다. 그렇다고 누구나 같은 정도로 생활 수준이 높아졌다거나, 일반적으로 환경·정치·사회에 영향을 전혀 미치지 않았다는 뜻은 아니다. 1인당 GDP를 경제 활동의 만보기라고 생각해보자. 하루에 1만 보씩 걷는 습관이 건강에 대해 모든 것을 말해주지 않듯이, 성장 둔화의 이면에 있는 성공이 사회나 경제에 대해 모든 것을 설명하지는 않는다.

하지만 성장 둔화의 이면에는 궁극적으로 생활 수준의 향상이라는 요인이 존재하며, 우리는 성장 둔화를 되돌릴 수 없을뿐더러 되돌리고 싶어 하지도 않는다. 단순히 자동차 산업에서 고용을 늘리고 1인당 GDP 증가율을 잠시나마 끌어올리기 위해 사람들이 소유한 자동차를 모조리 파괴할 가치가 있을까? 앞으로 수십 년 동안 성장을 증가시키려는 의도에서 인구 고령화 현상을 뒤집으려고 생활 수준과 여성의 권리를 과거로 되돌리고 싶을까? 두 질문에 대한 대답이 '아니요'라면, 성장 둔화에 분명하게 원인을 제공한 악당은 없다. 성장 둔화는 수십 년에 걸쳐 발생한 시장 변화, 소비 패턴의 변화, 가족 형성을 둘러싼 결정의 변화가 누적되어 나타났을 뿐이다. 우리는 단지 성장률을 약간 더 높일 목적으로 그동안 발생한 모든 변화를 되돌리고 싶어 하지 않는다. 내가 성장 둔화를 '성공'이라고 부르는 이유도 바로 이것이다. 우리는 스스로 원했던 성장률을 달성한 것이다.

이런 주장을 뒷받침하기 위해 지금부터 많은 데이터를 제공하고, 최근의 경제 연구 결과를 상당히 많이 참고할 것이다. 이 책에서 제시하는 결론은 데이터를 기반으로 도출했으며, 수치와 도표를 끌어내기 위해 이 책에 사용한 모든 데이터와 코드는 공개적으로 이용할 수 있다. 다만, 이 책은 전공 서적이 아니므로 수식을 일일이 언급하지는 않았고 빽빽한 주석도 달지 않았다. 학문적인 배경이 없는 사람이라도 성공이 성장 둔화로 이어졌다는 논리를 충분히 이해할 수 있도록 쉽게 설명했다.

2

성장 둔화란 무엇일까?

이 장에서는 성장 둔화의 경향과 원인을 탐색하기 전에 그 타이밍과 함축된 의미를 분명히 밝히기 위해 배후에 가려진 기본적인 사실을 이야기하려 한다. 1장에서는 20세기에 약 2.25퍼센트였던 성장률이 21세기 들어서면서 약 1.0퍼센트로 떨어졌다고 언급하면서 몇 가지 수치를 인용했다. 이 수치들을 맥락에 넣어 이해해보자.

그림 2.1은 2개의 그래프를 보여준다. 점선은 1950년부터 2016년까지 미국 1인당 실질GDP의 연간 성장률이다. 그래프로 확인할 수 있듯이 연간 성장률은 전반적으로 솟아올랐고 1950년대, 1960년대, 심지어 1980년대에도 일부는 5퍼센트 이상으로 매우 높았다. 그리고 1950년대, 1970년대, 1980년대의 일부와 가장 두드러지게 2009년에는 경기 침체기의 마이너스 성장을 포함해 성장률이 매우 낮았다.

그림 2.1 1인당 실질GDP 성장률

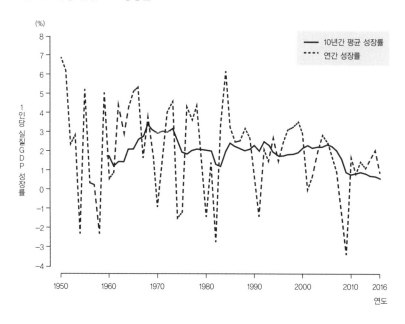

비고: 1인당 실질GDP 성장률의 출처는 미국 경제분석국(BEA)이다. 연간 성장률은 t-1년에서 t년까지(예: 2016년 수치는 2015년에서 2016년까지) 1인당 실질GDP의 비율 변화를 나타내고, 10년간 평균 성장률은 t-10년에서 t년까지(예: 2016년 수치는 2006년에서 2016년까지) 1인당 실질GDP의 비율 변화를 나타낸다.

성장률이 들쭉날쭉하므로 성장률 자체의 경향을 읽어내기가 쉽지 않다. 그래서 10년간 평균 성장률을 계산해 실선으로 나타냈다. 예컨대 1960년의 수치는 1950~1960년의 평균 성장률을 나타낸다. 이 수치는 1960년대 후반 4퍼센트에 다가갔다가 2000년대 초가 되자 2.4퍼센트 안팎으로 정착했다. 그러다가 2006년 무렵 하락하기 시작했다. 여기서 주목해야 할 사항이 있다. 이것은 과거 10년의 평균이므로 2006년의 수치가 하락했다는 것은 1996~2006년의 평균 성장률이 하락했다는 뜻이다. 이 같은 하락은 2008~2009년에 발생한 금융위기와 경기 침체 때문이 아니다. 하지만 두 사건이 2010년의 10년간 평균 성장률 하락에 영향을 미쳤고, 이 시점에서 수치는 약 1퍼센트로 정착했다. 경기 침체기를 제외하더라도 21세기 들어 1인당 실질 GDP 성장률은 20세기보다 최소한 1퍼센트포인트 낮았다.

그렇다면 '성장 둔화'는 2006년 전후로 10년간 평균 성장률의 하락을 뜻하고, 1990년대 후반과 2000년대 초반부터 성장률이 하락했다는 사실을 시사한다. 경제학자들이나 이 분야 저자들이 저마다 약간씩 다른 정의와 날짜를 제시할 수는 있지만 대략 같은 생각을 품고 있다. 2000년대 초반부터 미국 실질GDP 증가율은 역사상 평균인 연 2.25퍼센트 안팎보다 하락해서 현재 연 1.0퍼센트 안팎에 머물고 있다. 그리고 금융위기와 경기 침체는 평균 성장률에 영향을 미치지 않았다. 따라서 성장률 하락이 단순히 이 사건들 때문에 일어난 게 아니라는 것이 일반적인 의견이다.

1인당 실질GDP의 수준과 성장률

그림 2.1을 보면 성장률 하락세가 분명히 나타나지만 성장률 하락과 생활 수준의 관계는 그다지 뚜렷하지 않다. 심지어 전문 경제학자들조차 흔히 성장률 하락을 잘못 해석해서 1인당 GDP의 실제 규모도 하락했다고 주장한다. 이것은 옳지 않다. 실제 1인당 GDP 규모는 하락하지 않았고, 다만 예전만큼 빠른 속도로 성장하지 않았을 뿐이다.

이 사실을 확인하기 위해 몇 가지 수치를 살펴보자. 그림 2.2는 1인

당 실질GDP의 성장을 보여준다. 1인당 실질GDP의 비율 변화인 성
장률과 달리 한 해부터 다음 해까지 1인당 실질GDP의 절대적 변화를
나타낸다. 이 그림에서 각 막대는 2000년 절대 변화와 비교해 1년 이
내 1인당 실질GDP의 절대적 변화를 가리킨다. 예를 들어 1950년 실
질GDP 성장은 약 0.75다. 이는 그해 1인당 GDP 변화가 2000년 1인
당 GDP 변화의 0.75, 즉 4분의 3이라는 뜻이다. 여기서 중요한 것은
실제 수치가 아니라 여러 해에 걸쳐 막대의 높이를 비교하는 것이다.

그림 2.2 1인당 실질GDP 성장

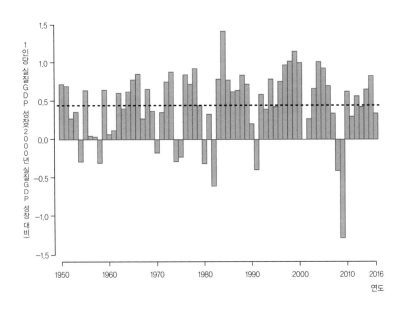

비고: 1인당 실질GDP의 출처는 미국 경제분석국이다. 1인당 실질GDP 성장은 t−1년에서 t년까지 1인당 실
질GDP의 절대적인 변화로, 1999~2000년 1인당 실질GDP의 절대 변화로 나눈 수치이다. 따라서 결괏값은
1999~2000년의 성장 대비 1인당 실질GDP의 절대 성장을 의미한다. 점선은 모든 연도에 걸친 이 비율의
평균이다.

1인당 실질GDP의 절대적인 성장이 시간을 두고 약간 증가한 사실에 주목하라. 1인당 실질GDP는 1980년경까지 해를 거듭하면서 2000년 성장의 약 절반까지 양적으로 증가했고, 그 후에는 2000년 성장의 약 4분의 3을 넘어섰다. 심지어 성장 둔화가 진행된 21세기에도 마찬가지였다. 성장률이 하락하는데도 1인당 실질GDP 성장은 과거와 비슷했다. 전체 기간의 평균 성장을 표시한 점선을 보면 심지어 2014년, 2015년에는 1인당 실질GDP가 평균보다 크게 성장했다.

시간이 지나면서 성장률이 증가하는 이면을 보면 2009년처럼 경제 상황이 악화할 때 1인당 GDP 손실도 더 컸다. 2009년 실질GDP는 2000년보다 약 1.3배 축소됐다. 이것은 2005년, 2006년, 2007년에 발생한 성장 규모의 대부분을 깎아내리기에 충분했다. 과거 실질GDP가 축소됐던 해(1954년, 1974년, 1982년)와 비교하더라도 2009년 손실은 엄청나게 컸다. 절대적 규모를 따져보더라도 1981년 경기 침체 당시 기록한 1인당 실질GDP의 2배 이상이 2009년 경기 침체 기간에 사라졌다.

앞의 그림 2.1에서 나타났던 성장 둔화는 1인당 실질GDP의 절대적 성장이 하락했다는 뜻이 아니라 단지 1인당 실질GDP의 기존 수준보다 비율이 낮아졌다는 뜻이다. 성장은 둔화했지만 생활 수준은 계속 상승했다. 이런 점은 시간 경과에 따른 1인당 실질GDP 수준을 나타낸 그림 2.3에서 확인할 수 있다. 그림은 2009년 1인당 실질GDP 수준을 100으로 설정하고, 매년 1인당 실질GDP를 그 값과 대비해 표시했다. 다른 그림들과 비교할 때 그림 2.3은 시간 경과에 따른 실질GDP의 꾸준한 상승을 보여주므로 그다지 흥미롭진 않다. 1950년

그림 2.3 1인당 실질GDP 성장 지수

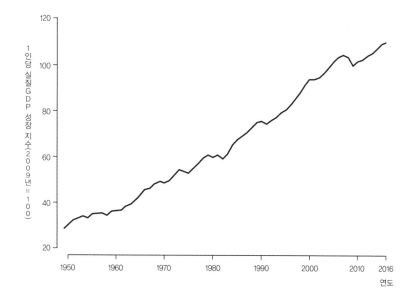

비고: 1인당 실질GDP의 출처는 미국 경제분석국이다. 2009년 1인당 실질GDP를 100으로 설정하고 각 연도의 수치를 지수로 나타냈다.

으로 거슬러 올라가면 실질GDP가 2009년의 약 30퍼센트 수준에 불과했음을 알 수 있다. 1950년부터 경기 침체가 여러 차례 발생해 다음 해 1인당 실질GDP를 감소시키기는 했지만 전반적으로 실질GDP는 증가했다. 1980년대 중반까지 1인당 실질GDP는 2009년의 70퍼센트, 2000년에는 94퍼센트를 기록했다. 2007년 1인당 실질GDP는 105로 2009년보다 5퍼센트 높았다. 그 후 금융위기가 닥치면서 축소됐다가 경기 침체가 끝나자 다시 성장하기 시작했다. 2016년 1인당 실질GDP는 2009년보다 약 10퍼센트 성장한 110으로 성장은 둔화됐지만 여전히 2000년의 94보다 17퍼센트 높았다.

성장이 둔화하지 않았다면 2016년 1인당 실질GDP 수준은 확실히 더 높았을 것이다. 성장이 둔화한다는 것은 잠재적 경제활동에 상당한 손실이 발생했다는 뜻이다. 하지만 그렇다고 해서 실제 경제활동이 상당한 손실을 본다는 뜻은 아니다.

1인당 실질GDP의 뜻

알아차렸겠지만 이 장에서는 1인당 실질GDP를 반복해 언급하고 있다. 여기서 거론하는 대상이 경제에서 생산되는 모든 상품과 서비스의 달러 가치가 아니라 실질 가치의 성장이라는 점을 분명히 짚고 넘어가고 싶기 때문이다. 누구나 의심 없이 생각하듯이, 우리가 소비하는 달러가 늘어난다고 해서 상품과 서비스를 반드시 더 많이 획득하는 것은 아니다. 단순히 시간 경과에 따른 물가 상승을 반영할 수도 있기 때문이다. 따라서 인플레이션 요소를 제거해야 실질GDP를 계산할 수 있고, 생산된 상품과 서비스의 실제 증가량을 구할 수 있다. 작년에 햄버거 16개를 만들고 요가 수업 7시간을 개설했는데, 올해 들어서 햄버거 20개를 만들고 요가 수업 9시간을 개설했다고 해보자. 이때 우리가 생산한 상품과 서비스는 실질적으로 증가했다. 실질GDP는 햄버거와 요가 수업에 따른 달러 비용이 작년에서 올해까지 오르든 내리든 상관없이 증가분을 측정한다.

충분히 상상할 수 있듯이, 특정 연도에 생산된 각각의 상품과 서비스 수백만 가지를 고려하기 시작하면 이런 계산이 상당히 까다로워진다. 시간이 경과함에 따라 특징이 달라지는 상품, 과거에는 없었지만 요즈음 생긴 상품, 과거에는 있었지만 요새는 없는 상품 등을 다루는 방법에 관한 문제도 있다. 성장 둔화를 유발한 원인의 하나가 바로 이것, 즉 실질GDP를 측정할 때 상품 질의 변화를 따라잡는 데 실패했다는 것이다. 따라서 이 책의 후반부에서는 이런 문제들을 일부 다룰 것이다. 하지만 당분간은 실질GDP 개념에서 순수한 가격 인플레이션의 영향을 배제하고 경제가 매년 생산하는 상품량과 서비스양의 실제 변화를 포착한다는 점에 중점을 두겠다.

실질GDP는 좁은 개념이어서 상품과 서비스의 실제 양만 측정한다. 따라서 실업률이나 기업의 이익률을 나타내는 지표가 아니다. 또 주식시장이 얼마나 잘 가동하는지, 기업이 흑자를 내는지 적자를 내는지도 나타내지 않는다. 개인의 은행 잔고나 퇴직금 계정의 규모도 측정하지 않는다. 실질GDP 성장률이 크다면 기업의 이익이나 주가가 급격히 증가하는 경향이 나타날 수도 있지만 둘 사이의 연결고리는 없다. 축구 경기에서 최종 득점이 공을 점유한 시간과 관계가 있는 것처럼, 실질GDP는 주식시장이나 실업률 등과 관계가 있다. 즉, 공을 점유한 시간이 긴 팀이 상대 팀보다 많이 득점하는 경향이 있다. 하지만 그렇다고 해서 공을 점유할 때마다 득점한다는 뜻은 아니다. 내가 이 말을 되풀이하는 이유는, 1인당 실질GDP가 높아졌다는 것이 생활 수준 향상 측면에서 성공을 나타낸다고 하더라도 누구나 재정적인 성공을 경험했다는 건 아니라는 점을 확실히 짚고 넘어가기 위해서다.

마지막으로 나는 이 책에서 1인당 실질GDP에 관해 자세히 설명할 것이다. 1인당 실질GDP가 1인당 물질적 생활 수준을 대략 측정하기 때문이다. 물론 경제 테두리 안에 있는 모든 개인이 시간 경과와 함께 똑같은 생활 수준 향상을 누려왔다는 뜻은 아니다. 1인당 실질GDP는 대부분 사람이 경험하는 평균 생활 수준이 얼마나 바뀌었는지를 대략 표시하는 지표다.

미국은 뒤처지고 있을까?

1인당 실질GDP 측정에 관한 상세한 내용은 생략하고 성장 둔화에 함축된 의미를 다시 살펴보자. 한 가지 공통적인 반응에 따르면, 성장 둔화 현상은 미국이 특정 역량에서 다른 국가들에 뒤처지고 있다는 뜻이다. 하지만 여타 선진국과 비교할 때 미국의 성장 둔화가 유별난 것은 아니다. 그림 2.4는 주요 경제 5개국의 1인당 실질GDP의 10년간 평균 성장률을 보여준다. 2000년 이후 몇 년을 추적하면 정확한 시기는 몇 년 차이를 보이지만, 모든 연도에서 성장 둔화가 발생했다. 일본은 2000년대 초 둔화 추세를 뚜렷하게 드러냈으며, 그 외 국가들은 미국과 거의 비슷한 시기에 둔화를 겪었다. 그림에서 확인할 수 있는 최근 몇 년간 독일과 프랑스의 성장률은 미국보다 높지만 2000년까지 수십 년 동안은 자국 가치보다 낮았다.

하지만 그 수십 년 동안 미국이 겪은 현상은 나머지 국가들과 매우 달라 보인다. 프랑스는 독일과 마찬가지로 1960년대와 1970년대에 미국보다 높은 성장률을 기록했다. 일본은 독일과 비슷한 수준으로 시작해 1970년대까지 매년 8퍼센트에 가까운 매우 높은 성장률을 유지했다. 1960년대와 1970년대 미국과 비교할 때 이렇게 빠른 1인당 실질GDP 성장률은 좀더 최근 수십 년 동안 중국이 기록한 성장률과

그림 2.4 여러 국가의 성장률

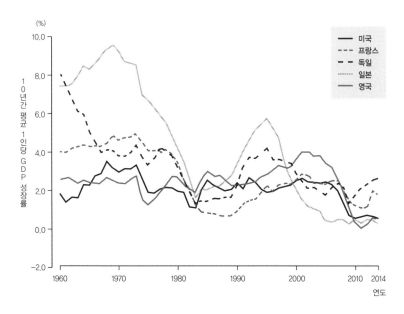

비고: 각국 1인당 실질GDP의 출처는 펜월드테이블스(Penn World Tables) 버전9이며, t-10년에서 t년까지 10년간 평균 성장률은 직접 계산했다(예: 2016년 보고된 성장률은 2006년부터 2016년까지의 연간 성장률이다).

비슷하다.

이런 점을 강조하기 위해 그림 2.5에서는 미국, 중국, 일본의 10년 간 평균 1인당 실질GDP 성장률을 표시했다. 그중 실선이 미국의 성 장률이다. 이와 비교할 때 중국의 성장률은 2000년대 연 8퍼센트로 엄청나게 높았다. 심지어 1990년대에도 연 4퍼센트 안팎을 기록했 다. 중국의 성장률은 1970년대 후반 덩샤오핑이 경제 개혁을 실시하 기 전인 1960~1970년대로 거슬러 올라가야 비로소 미국 수준과 비 슷하거나 그 이하임을 알 수 있다. 중국의 1인당 실질GDP 성장률은

그림 2.5 미국, 중국, 일본의 1인당 실질GDP 성장률

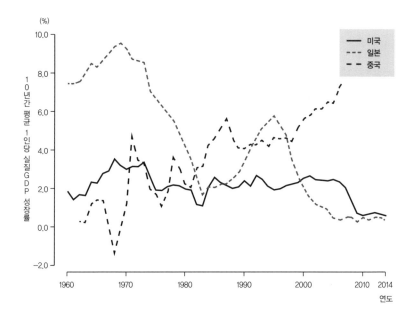

비고: 모든 국가의 1인당 실질GDP의 출처는 펜월드테이블스 버전9다. t-10년에서 t년까지 10년간 평균 성장률은 직접 계산했다.

20년 넘게 성장을 지속했고 최근 들어 다소 둔화한 것으로 나타난다.

중국의 성장률을 1960~1970년대에 발군의 성장을 보였던 일본과 비교해보자. 일본 경제도 한때 8퍼센트 안팎의 성장률을 보였다가 1980년대 초반 무렵 침체에 빠졌고, 1990년대에 다시 증가세로 돌아서면서 약 5~6퍼센트를 기록했지만 2000년대 초반부터 하락했다. 일본의 성장 둔화는 미국보다 약 5~10년 앞서 진행됐다. 21세기 들어 일본의 1인당 실질GDP 성장률은 1퍼센트를 훨씬 밑돌면서 미국보다 낮은 수준을 유지하고 있다. 앞으로 중국이 비슷한 성장 둔화 패턴을 경험할지는 여전히 미지수다. 그림 2.5에서 지적하는 요점은 미국 성장률이 경제 강국의 성장률에 뒤처진 것이 처음은 아니라는 것이다.

하지만 성장률에서 일본이나 중국에 뒤진다고 해서 미국이 경제 성장이나 1인당 실질GDP 수준에서 뒤처진다는 뜻은 아니다. 그림 2.6은 중국과 미국이 기록한 1인당 실질GDP의 절대적인 성장을 보여준다. 모든 수치는 2000년 미국의 성장과 비교해 산출한 것으로, 각 막

그림 2.6 미국과 중국의 1인당 실질GDP 성장

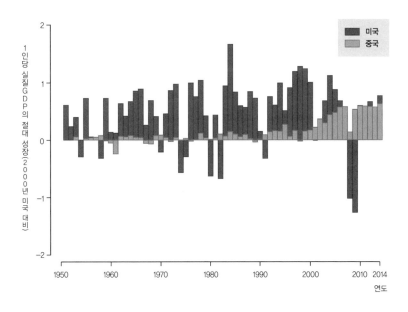

비고: 두 국가의 1인당 실질GDP 출처는 펜월드테이블스 버전9다. 성장률은 t−1년에서 t년까지 1인당 실질GDP의 차이로, 2000년 미국의 1인당 실질GDP 성장으로 나눈 수치다. 따라서 결괏값은 당해 미국과 비교한 절대 성장을 나타낸다.

대는 특정 연도나 국가의 성장을 그해 미국의 성장과 비교한 결과다. 경제 상황이 혼란스러워진 일본을 표에서 제외하고 중국만 비교군으로 사용했다. 미국(짙은 색 막대)의 1인당 실질GDP 성장은 과거 몇 년까지만 해도 중국(옅은 색 막대)보다 훨씬 높았다. 심지어 최근까지도 미국과 중국의 1인당 실질GDP는 비슷했다. 2011년과 2013년에는 중국의 성장률이 더 높았지만, 2012년과 2014년에는 미국이 더 높았다. 미국의 평균 생활 수준은 중국과 비슷한 증가세로 향상됐다. 이런 증가세는 중국의 성장률이 훨씬 가팔랐다는 뜻이고, 미국의 성장률보다 훨씬 높아 보이는 이유도 이 때문이다.

1인당 실질GDP 수준을 다시 살펴보면 미국이 현저하게 뒤처지지 않았다는 사실을 확실히 알 수 있다. 그림 2.7은 미국, 중국, 일본의 1인당 실질GDP 수준을 보여준다. 미국의 1인당 실질GDP는 1950년에는 2009년의 약 30퍼센트였고, 시간이 흐르면서 몇 차례 하락을 보이며 상승했다. 1950년 일본과 중국은 미국에 비해 매우 가난했다. 1950년 일본의 1인당 실질GDP는 2009년 미국 수준의 5퍼센트에 불과했는데, 이것은 1950년 미국 1인당 실질GDP 수준의 약 25퍼센트에 불과했다는 뜻이다. 중국은 훨씬 더 가난했다. 중국 데이터를 확인할 수 있는 첫해인 1952년 중국의 1인당 실질GDP는 2009년 미국의 1.8퍼센트, 1952년 미국 수준의 약 6퍼센트에 불과했다.

1인당 실질GDP는 1950년 시작점부터 3개국 모두 성장했다. 일본이 가장 먼저 1960년대와 1970년대에 급격히 성장했고, 1인당 실질GDP는 미국과 크게 벌어지지 않다가 1995년에 가장 근접했다. 하지만 이 시점부터 떨어지기 시작해서 일종의 고원에 도달했고 2009년

그림 2.7 미국, 중국, 일본의 1인당 실질GDP 지수

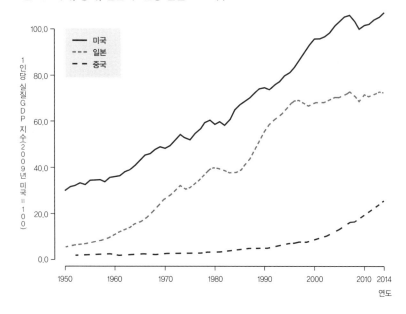

비고: 각국 1인당 실질GDP의 출처는 펜월드테이블스 버전9다. 2009년 미국의 1인당 실질GDP를 100으로 설정하고 각국, 각 연도의 수치를 지수로 나타냈다.

에는 미국의 약 70퍼센트에 불과하게 됐다.

성장률이 극적으로 증가한 중국의 실적은 더욱 인상적이다. 미국과 비교할 때 중국은 상대적으로 매우 가난했고 지금도 여전히 가난하다. 30년 동안 미국보다 현저하게 높은 성장률을 기록했지만, 2009년 1인당 실질GDP 수준은 미국의 약 25퍼센트에 불과하다. 실제로 2014년 중국과 미국의 1인당 실질GDP의 절대적 격차는 1990년, 1980년, 1970년, 1960년, 1950년보다 컸다. 만약 내일이라도 중국의 1인당 실질GDP가 3배로 증가한다고 하더라도 여전히 미국보다

작을 것이다.

그렇다. 지난 20년 동안 중국의 1인당 실질GDP는 미국에 비해 상당히 신속하게 성장했지만, 미국의 생활 수준이 중국에 뒤처진다는 뜻은 아니다. 심지어 중국이 높은 성장률을 유지할 수 있다고 하더라도 1인당 실질GDP를 미국 수준으로 따라잡으려면 앞으로 25년은 더 걸릴 것이다. 게다가 중국의 성장률이 그토록 높은 수준을 유지할 가능성은 작다. 중국의 성장률이 이미 하락하기 시작했다는 사실에 주목하고, 그림 2.5에서 확인한 일본의 성장률을 기억해보자. 어떤 나라도 상당히 오랫동안 성장률 8퍼센트, 또는 10년 넘게 5~6퍼센트를 유지하지 못했다. 더욱 현실적으로 생각하면, 중국의 1인당 실질GDP는 앞으로 50년은 지나야 미국 수준을 따라잡을 것이다. 그 전에 일본과 비슷한 고원에 도달하지 않는다고 가정할 때의 얘기다.

무엇이 잘못됐을까?

앞에서 성장 둔화가 평균 생활 수준의 상당한 하락을 뜻하는 게 아니고, 중국이 어쨌든 미국을 추월한다는 뜻은 아니라고 이야기했다. 이쯤 되면 내가 쓰고 있는 책의 내용을 스스로 부정하는 것으로 들릴지도 모르겠다. 하지만 성장 둔화를 이해하고자 하면서 성장 둔화의 영향을 잘못 서술하는 것은 백해무익하다. 성장 둔화는 지금 어떤 양상이냐가 아니라 어떤 양상일 수 있었느냐가 문제이기 때문이다.

성장 속도가 더욱 느리므로 미국의 1인당 실질GDP는 예컨대 2000년에 우리가 예측한 수준보다 낮다. 게다가 시간 경과에 따라 느린 성장의 영향이 누적되어 지난 20년 동안 1인당 실질GDP에서 상당한

진전을 거두지 못했다. 우리가 2000년부터 예전 성장률만큼씩 계속
성장했다면 1인당 실질GDP가 어떠했을지 질문하는 방식으로 추측
해볼 수 있다.

2000년부터 1인당 실질GDP 성장률이 1990년대 평균 성장률인 2.2
퍼센트와 같았다고 해보자. 그림 2.8은 1인당 실질GDP가 실제 수준
과 더불어 어떤 양상을 나타냈을지를 보여준다. 2016년 1인당 실질
GDP의 실제 수준은 약 110이었다. 하지만 성장률이 2.2퍼센트였다

그림 2.8 1인당 실질GDP의 실제 수준과 가능한 수준

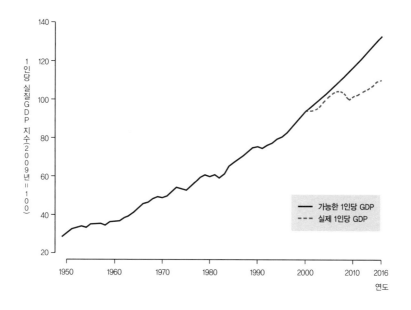

비고: 1인당 실질GDP의 출처는 미국 경제분석국이다. 2009년 1인당 실질GDP를 100으로 설정하고 각 연
도의 수치를 지수로 나타냈다. 점선은 2009년을 기준으로 2000~2016년 1인당 실질GDP를 지수로 환산
한 값이다. 실선은 1인당 실질GDP 성장률이 1960년부터 2000년까지 매년 평균 2.2퍼센트를 유지했다는
가정하에 추정한 1인당 실질GDP다.

면 136에 가까워서 상대적으로는 23퍼센트 정도가 높았을 것이다. 즉, 성장률 둔화 탓에 우리가 생산하지 못하고 있는 1인당 실질GDP의 양이 상당히 크다는 얘기다.

이런 수치는 물질적 생활 수준을 더 높일 기회를 놓쳤다는 뜻이기도 하다. 실선과 점선의 간격은 성장 둔화 때문에 발생한 '비용' 같은 것이다. 앞으로 살펴보겠지만, 우리는 스스로 획득한 높은 생활 수준에 소비 패턴과 가족 구조를 적응하면서 이 비용을 기꺼이 지급하겠다고 선택한 것으로 볼 수 있다. 2016년 생활 수준은 과거 성장률을 반영한 것만큼 높지 않았다. 그렇다고 2016년 생활 수준이 낮았다는 뜻은 아니다. 1950년부터 2000년까지 생활 수준이 상당히 높아지면서 21세기 우리 경제에 크나큰 영향을 미쳤다.

3

경제 성장에 필요한 생산요소 투입량

성장 둔화가 성공의 징후라는 점을 입증하기 전에 애당초 성장의 원동력이 무엇인지 살펴봐야한다. 또 그러려면 무엇이 실제 상품과 서비스의 생산을 촉진하는지 알아야 한다. 성장은 실제상품과 서비스의 증가를 뜻하기 때문이다. 생산은 우리가 사용하는 투입량, 즉 경제학 용어로는스톡stocks에 따라 달라지는데 가장 중요한 두 가지가 물적자본과 인적자본이다. 그 밖에 자연자원natural resources 스톡을 고려할 수 있지만 실제로이 책에서 차지하는 비중은 크지 않으므로 이번분석에서는 제외하려 한다.

인적자본 스톡과 물적자본 스톡이 생산에 유일하게 중요한 요소는 아니다. 따라서 성장 둔화를설명할 때 유일하게 중요한 요소도 아니다. 그러나 다음 장에서 설명하겠지만 성장의 다른 동인을 설명하려면 인적자본 스톡과 물적자본 스톡의 규모가 어땠는지, 얼마나 신속하게 증가했는지를 먼저 알아야 한다. 따라서 이 장에서는 두 가지 자본 스톡에 관한 모든 사항과 이를 측정하는 방법을 살펴볼 것이다.

인적자본의 구성 요소

인적자본에서 가장 이해하기 쉬운 요소는 시간이다. 상품과 서비스를 생산하려면 자신의 시간을 투입해줄 사람이 필요하다. 그 시간은 식당의 테이블에 놓인 그릇을 치우거나, 법률 문서를 작성하거나, 강의를 하거나, 기계를 사용해 구멍을 뚫거나, 트럭을 운전하는 데 쓰일 수 있다. 깨끗해진 테이블, 작성된 법률 문서, 교육, 구멍 뚫린 금속, 뉴욕에서 덴버까지 운반된 상자 등 소비자가 원하는 상품과 서비스는 노동자가 시간을 투입해야 창출된다.

노동자가 제공한 시간의 총량은 취업자 수와 각자 투입한 시간으로 결정된다. 그림 3.1에서는 시간 경과에 따른 취업자 수를 성별로 표시했다. 1940년대 후반 미국 취업자 중 남성은 약 4,000만 명이고 여성은 1,700만 명이었다. 70여 년이 흐른 2015년에는 미국 인구가 2배로 증가하면서 남성 취업자도 약 2배인 8,000만 명으로 늘어났다. 그런데 여성 취업자는 4배 증가한 약 7,000만 명이 됐다. 이 통계는 시간이 흐르면서 인구가 증가했다는 사실과 함께 여성의 노동 참여가 현저히 늘었음을 보여준다. 남녀를 합해 미국 취업자 수는 1940년대 후반 약 5,700만 명에서 2015년에는 거의 1억 5,000만 명으로 증가했다.

그림 3.1 취업자 수

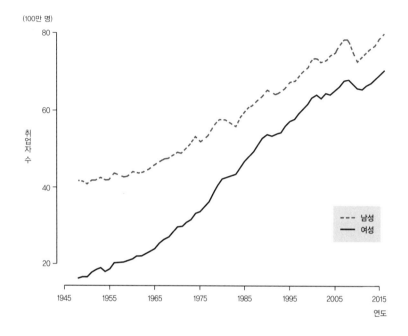

(100만 명)

비고: 데이터의 출처는 노동통계국(BLS)이다.

이 기간 취업자 수는 2.5배 증가했지만 주당 평균 노동시간은 시간이 지날수록 감소했다. 노동시간에 대한 훨씬 이전의 포괄적인 데이터는 없지만, 그림 3.2는 1965년부터 2017년까지의 데이터를 제시한다. 1965년 취업자의 주당 평균 노동시간은 약 38.5시간이었고, 2015년에는 약 33.7시간이었다. 그림 3.2를 보고 추정해보자면 1940년대 주당 노동시간은 약 40시간에 달했으리라고 볼 수 있다. 취업자 개개인의 노동시간은 감소했지만 취업자 수의 증가폭이 더

그림 3.2 주당 노동시간

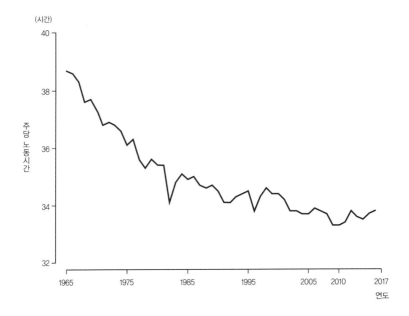

비고: 데이터의 출처는 노동통계국이다.

커 2015년의 전체 노동시간은 1940년의 2배가 됐다.

사람들은 인적자본에 시간을 투입할 뿐 아니라 기술도 투입한다. 만약 기술이 성장했다면 인적자본의 유효량은 시간만 작용했을 때보다 훨씬 빨리 증가했을 것이다. 하지만 시간을 측정하는 것처럼 기술을 명확하게 객관적으로 측정할 방법은 없다. 어떻게 하면 치과 의사의 기술을 바텐더의 기술과 비교할 수 있을까? 분명한 척도가 없는 상황에서 가장 흔히 사용할 수 있는 방법은 고등교육을 받은 노동자가 기술을 더 많이 보유하고 있다고 가정하고 학교 교육 기간을 살펴보는 것이다. 물론 이런 가정이 모든 개인에게 들어맞는 것은 아니다. 기술이 고도로 뛰어난 고졸 노동자가 있는 반면 무능한 박사도 있기 때문이다. 하지만 일반적으로는 기술과 교육 사이에 상관관계가 있다고 생각하며, 단순히 고학력 노동자의 임금이 더 많다는 이유만으로 기술이 노동자에게 가치를 추가로 부여한다고 판단한다.

그림 3.3은 시간 경과에 따라 교육 수준이 다른 25세 이상 경제활동 연령 노동자의 비율을 보여준다. 1940년경에는 그들 중 20퍼센트 미만이 고등학교를 졸업하고, 70퍼센트가 초등학교를 졸업했다. 대학을

그림 3.3 교육 수준별 25세 이상 인구의 비율

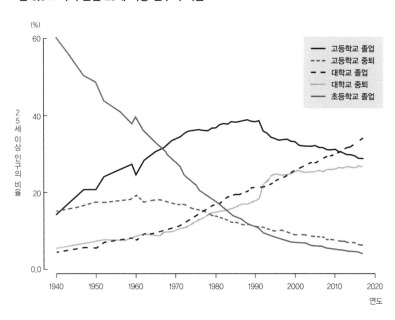

비고: 데이터의 출처는 미국인구조사국(USCB)의 현재인구조사(CPS)이고, 비율은 직접 계산했다.

졸업했거나 대학에 재학 중인 사람은 10퍼센트 미만이었다. 시간이 흐르면서 성인의 교육 성취도가 바뀌었다. 2010년에는 약 33퍼센트가 고등학교까지만 졸업했고, 초등학교 과정만 마친 사람은 5퍼센트였다. 이와 대조적으로 약 33퍼센트가 대학을 졸업했고, 나머지 30퍼센트는 대학교 중퇴 등 중등 과정 이후 교육을 받았다. 전체적으로 2010년 미국 노동력의 일반적인 기술 수준은 1940년보다 훨씬 높았다.

또 인적자본에서는 노동력에서 경험이 차지하는 역할도 고려해야 하는데, 이는 각 노동자가 노동력을 제공한 햇수로 측정할 수 있다. 교육과 마찬가지로 경험을 명확하게 측정할 방법은 없다. 하지만 개인이 일할 때 명시적인 현장 훈련을 받거나, 개인의 생산성을 증가시키는 기술이나 습관을 암묵적으로 습득하는 방식으로 인적자본을 추가로 획득한다고 간주할 수 있다. 물론 적극적으로 적응하기보다 통상적인 방식에 의존해 일하는 경향이 있는 노동자의 인적자원에는 더 많은 경험이 손해로 작용할 수도 있을 것이다. 뒤에서 경험을 인적자원으로 해석하는 방식을 검토하겠지만, 우선 경험 수준이 시간 경과에 따라 어떻게 바뀌는지 살펴보자.

노동자의 평균 연령은 1960년 약 42세였지만 1980년에는 40.5세로 떨어졌다. 그 후 다시 올라서 2010년에는 43세를 조금 넘겼고, 2020년에는 아마 조금 더 오를 것이다. 이것은 엄청나게 큰 변화로 보이진 않지만, 노동자의 연령별 분포를 좀더 구체적으로 살펴보면 극적인 변화를 감지할 수 있다. 1960년에는 경제활동 가능 연령 인구의 36퍼센트가 20~34세였다. 1980년에는 46퍼센트까지 늘었지만 2010년에 다시 34퍼센트로 떨어졌다. 제2차 세계대전 직후와 21세기를 비교할 때, 20세기 후반까지 수십 년 동안 미국 경제를 견인한 노동력은 상대적으로 젊고 미숙했다. 이러한 사실은 경험이 인적자원에 영향을 미치는 방식에 따라 인적자본 전체가 시간의 경과와 함께 어떻게 이동하는지를 파악하는 데 유용할 것이다.

인적자본 스톡의 계산

노동자의 수, 시간, 교육, 경험에 관한 모든 정보를 통합해 인적자본 스톡을 측정하는 단일 척도를 만들기로 하자. 노동자 수와 주어진 해 각 노동자의 평균 노동시간을 곱하면 전체 노동시간을 계산할 수 있다. 하지만 시간이 흐르면서 교육을 더 받은 노동자들, 물론 처음에는 경험이 평균 이하였지만 후에 약간 늘어난 노동자들이 노동시간을 채우고 있다. 이처럼 노동자의 인적자본 변화를 반영하려면 원래 노동시간 측정치를 어떻게 조정해야 할까?

노동경제학자들은 학교 교육을 받는 햇수가 늘 때마다 노동자의 임금도 일정 비율로 증가하는 경향이 있다는 사실을 거듭 발견하고 있다. 적절한 비율에 대해서는 대학원에서 한 학기 내내 논쟁을 벌일 수도 있겠지만, 공통으로 수긍하는 비율은 10퍼센트다. 이 비율은 마치 복리처럼 작용해서 고등학교 과정을 마치거나 12년간 교육을 받은 사람의 인적자본은 학교에 전혀 다니지 않은 사람보다 약 213퍼센트 많고, 대학 졸업자의 인적자본은 고등학교 졸업자보다 45퍼센트 많다고 추정된다. 1920년부터 2010년까지 평균 노동자의 학교 교육 기간은 7~13년이었다. 학교 교육을 6년 추가로 받은 경우 2010년 노동자 1인당 인적자본은 1920년보다 약 77퍼센트 증가했다.

노동자가 나이 들면서 쌓아가는 경험에 따라 예상되는 임금 상승분은 바뀌지만 경험의 영향을 계산하는 방식은 비슷하다. 많은 추정치가 있지만, 나는 문헌을 검토한 후에 다음과 같은 수치를 산출했다. 노동자가 신입일 때는 임금이 해마다 약 5퍼센트 증가한다. 하지만 경력을 약 10년 쌓으면 증가 비율은 연간 약 3.6퍼센트로 감소하고, 20년 후에는 2.2퍼센트로 줄어든다. 경력이 30년 이상이면 추가 햇수에 따른 임금 증가율은 0까지 감소한다. 이는 대부분의 노동자가 40대 후반이나 50대 초반에 최고 소득에 도달한다는 사실과 일치한다.

다시 임금이 인적자본과 비례한다고 가정해보자. 경험이 미치는 영향을 반영한 추정치를 살펴보면 다른 연령대 노동자들이 보유한 인적자본을 추론할 수 있다. 즉 경력이 10년인 노동자가 보유한 인적자본은 경력이 전혀 없는 노동자보다 53퍼센트 많고, 경력이 20년인 노동자는 신규 노동자보다 약 105퍼센트 많다고 추정할 수 있다. 이것은 무슨 뜻일까? 경제에 사용되는 인적자본 양이 연령 구조에 따라 바뀐다는 얘기다.

교육과 경험을 반영한 인적자본 추정치는 연간 총 인적자본 스톡을 산출하기 위해 노동자 수와 노동시간에 관한 데이터를 결합함으로써 구할 수 있다. 현재 우리는 1인당 실질GDP 생산에 신경을 쓰고 있으므로, 정말 중요한 요인은 1인당 인적자본 스톡이다. 노동자의 수와 특징에 근거해 인적자본을 측정하지만, 노동에 종사하느냐 아니냐와 상관없이 전체 인구수로 인적자본 스톡을 나눈다는 점에 주목하라. 따라서 1인당 인적자본을 결정하는 요인 중에는 인구 대비 노동자의 비율이 있고, 이 비율은 연령 구조의 영향을 받는다. 나중에 더 자세히 살펴볼 텐데, 여기서는 우선 1인당 인적자본의 결과적 지표에 초점을 맞춰보자.

그림 3.4에서 확인할 수 있듯이, 지수에는 자연 단위가 붙지 않으므로 1950년 수준을 100으로 설정하고 이에 대한 비율로 표시했다. 이를 통해 시간 경과에 따른 가치 대비 인적자본 스톡의 비율을 알 수 있다. 2016년 1인당 인적자본은 1950년보다 약 60퍼센트 컸다. 여기서는 1인당 인적자본 스톡이 2000년 무렵부터 평탄해지는 패턴을 목격할 수 있다. 인적자본은 몇 년 동안 비슷한 수준을 유지하다가 금융

그림 3.4 시간 경과에 따른 1인당 인적자본 지수

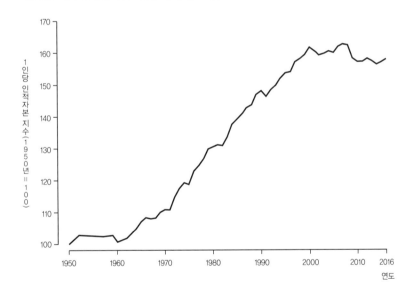

비고: 노동자 수와 주당 노동시간은 노동통계국, 교육달성도 및 경험과 전체 인구는 현재인구조사가 출처다. 이 데이터를 근거로 1인당 인적자본 수준을 계산했다. 1950년 1인당 인적자본을 100으로 설정하고 각 연도의 수치를 지수로 나타냈다.

위기 때부터 노동시간이 감소하면서 2009년에 뚜렷한 하락세를 기록했다. 이로써 20세기에 발생한 인적자본의 주요 증가분이 사라지지는 않았지만, 2016년에는 1인당 인적자본 가치가 1998년과 거의 같은 수준이 됐다. 1998년부터 2016년까지 18년 동안 1인당 인적자본 스톡이 거의 증가하지 않았다는 뜻이다.

그림 3.4는 인적자본이 성장 둔화에 미친 영향을 명확하게 제시하지 않는다. 이제 그림 3.5를 보자. 이 그래프는 인적자본의 10년간 평균 증가율을 나타낸다. 1960년대 초에는 마이너스 성장률을 기록

그림 3.5 인적자본의 10년간 평균 증가율

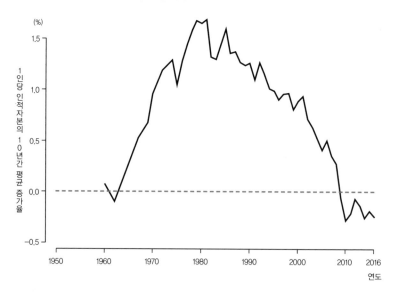

비고: 그림은 t−10년부터 t년까지(예: 2016년이라면 2006년부터 2016년까지) 1인당 인적자본의 연평균 증가율을 보여준다. 노동자 수와 주당 노동시간은 노동통계국, 교육달성도 및 경험과 전체 인구는 현재인구조사가 출처다.

했다. 베이비붐을 맞이해 결과적으로 노동자가 아니라 신생아 수가 늘어나면서 인구가 급증했기 때문이다. 1960년대 중반부터 2000년 무렵까지 1인당 인적자본 증가율은 연간 약 1~1.5퍼센트였다. 부분적으로는 베이비붐 세대가 성장하면서 노동시장에 진입하기 시작했기 때문이다. 하지만 2008~2009년의 금융위기가 발생하기 전인 2000년대 초반부터 1인당 인적자본 증가율이 감소하기 시작했다. 2010년에 증가율이 크게 떨어진 것은 경기 침체기 동안 총 노동시간이 크게 감소했기 때문이고, 그 후 증가율은 지속적으로 마이너스였다. 이런 현상은 베이비붐 세대의 은퇴가 시작된 점을 부분적으로 반영한다.

인적자본은 GDP 생산에 들어가는 투입물의 하나이므로 인적자본의 증가 둔화도 GDP 성장 둔화에 기여한다. 뒤에서 자세히 설명하겠지만 베이비붐 세대가 은퇴하기 시작한 것도 큰 영향을 미치고 있다. 그렇다면 인적자본 증가 둔화가 성장 둔화의 유일한 원인일까? 그렇지 않다. 인적자본 증가 둔화가 얼마나 중요한지 파악하려면 우선 인적자본이 GDP 생산과 어떤 관계가 있는지 이해해야 한다. 다음 장에서 이 점을 다루기 전에 우선 GDP 생산의 다른 중요 투입물인 물적자본이 시간 경과에 따라 어떻게 증가했는지를 살펴보자.

물적자본의 구성 요소

물적자본이라고 하면 대부분 사람은 불도저나 제철소 등을 생각한다. 물론 둘 다 물적자본 스톡에 속한다. 하지만 물적자본에는 수업할 때 사용하는 교실의 책상과 의자, 일할 때 사용하는 컴퓨터도 포함된다. 마사지숍에 있는 마사지 테이블은 물론 레스토랑의 주방기구도 물적자본이다. 이 모든 장비가 들어차 있는 건물도 물적자본이다. 공장, 창고, 쇼핑몰, 학교, 사무실 건물, 스타벅스도 마찬가지다. 또 임대 아파트와 단독 주택을 포함한 모든 주거용 주택도 포함된다.

대략 설명하면 물적자본은 더 많은 GDP를 생산하기 위해 사용할 수 있는 장비나 시설을 말하며, 생산 과정에서 소모되지 않고 사용 후에도 여전히 존재한다. 바로 이 점 때문에 물적자본과 원자재를 구분할 수 있지만, 물적자본의 정의가 모호해지기도 한다. 사람이 거주하는 집은 물적자본이다. 사는 장소의 형태로 우리에게 실질적인 서비스를 제공하기 때문이고, 시간이 갈수록 낡긴 하겠지만 여전히 계속 서비스를 제공할 것이기 때문이다. 세탁기, 냉장고, 자동차 같은 내구재도 우리에게 지속적으로 서비스를 제공한다. 따라서 이것들을 자본 스톡에 포함할 수 있고, 이런 서비스의 추정 가치를 GDP에 포함하려 할 수도 있다. 다만, 미국 경제분석국Bureau of Economic Analysis, BEA 에서는 이런 작업을 하지 않는다. 내구재와 물적자본을 명확하게 구분하는 기준이 있어서가 아니라 이런 장비의 가치를 추적하는 것이 거의 불가능하기 때문이다. 지속적으로 서비스를 제공한다는 측면에서 사실상 우리가 소유한 대부분의 것을 물적자본으로 생각할 수 있다. 예를 들어 내 바지는 현재 공식적인 물적자본이 아니지만 내게 지속적인 서비스를 제공한다. 추운 날 내 다리를 따뜻하게 해주고, 뜨거운 커피를 마시다가 쏟더라도 심각한 화상을 어느 정도는 막아준다.

주의해야 하기는 하지만 이 책에서는 물적자본 스톡에 주거용 주택을 포함하되 내구재는 제외하는, 일반적으로 허용된 정의를 고수할 것이다. 그런데 이번에는 경제에서 사용되는 모든 종류의 물적자본을 어떻게 합할 것이냐 하는 문제를 생각해봐야 한다. 내 강의실에 있는 책상과 내 집을 어떻게 합하고, 이 두 가지를 테네시주의 토요타 공장에 있는 로봇 조립 설비와 어떻게 합해야 할까? 이것은 GDP를 측정하고, 서로 다른 상품과 서비스의 가치를 합하는 문제와 상당히 비슷하다. 물적자본에 대한 해결책은 먼저 자본을 취득하는 데 사용된 실질GDP 총액을 감가상각을 고려해 조정한 다음 합하는 것이다. 우리가 측정하는 물적자본 스톡은 매년 자본재에 소비된 실질GDP의 합계다. 따라서 과거에 구매한 자본의 일부가 지금은 쓸모없거나 망가졌다는 사실을 고려해 조정해야 한다. 물리적 감가상각을 고려해서 특정 연도에 측정된 물적자본 스톡은 지난 10여 년간 진행된 자본재에 대한 지출로 대부분 결정된다.

인적자본 스톡이 개인이 보유한 기술의 미묘한 특징을 놓치듯이, 물적자본 스톡에 대한 이런 정의는 생산에 쓰이는 각 자본 단위의 실질적인 유용성을 놓친다. 이 책에서 물적자본을 이용해 실시하는 작업은 예컨대 1,000달러짜리 노트북 1개와 250달러짜리 사무실 의자 4개가 생산에 투입되는 같은 자본이라고 가정하는 것이다. 정확하지는 않지만, 자본재가 사용되는 방식을 정확하게 알기 위해 모든 기업에서 모든 직원이 수행하는 모든 활동을 추적할 수 없는 상황에서는 대략적인 방법이 필요하다.

그림 3.6은 시간 경과에 따른 물적자본의 수준을 보여준다. 우리가 어떤 종류의 자본재를 구입했는지 알 수 있도록 물적자본을 네 가지 범주로 구분했다. 자본 스톡의 크기에는 자연 단위가 붙지 않으므로

그림 3.6 유형별 물적자본 지수

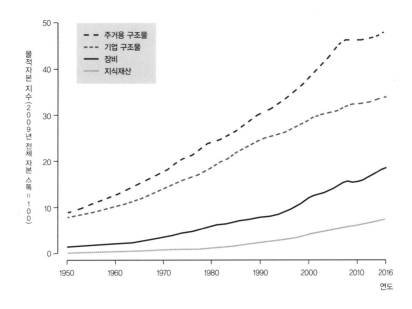

비고: 데이터의 출처는 미국 경제분석국이다. 2009년 전체 자본 스톡을 100으로 설정하고 각 연도의 수치를 지수로 나타냈다. '주거용 구조물'은 주택이고, '기업 구조물'은 제조 공장·창고·사무실 건물을 포함하는 상업용 부동산이다. '장비'는 컴퓨터·산업용 기계·사업용 차량 등 생산할 때 사용하는 상품을 포함하며, '지식재산'은 소프트웨어 같은 무형 자산을 포함한다.

2009년 전체 자본 스톡을 100으로 설정했다. 일련의 수치는 각 자본 유형의 크기를 2009년 총자본과 비교한 결과다.

이 그림에서 가장 눈에 띄는 부분은 주거용과 비주거용을 막론하고 구조물이 전체 자본 스톡의 최대 구성 요소라는 것이다. 개인 주택(주거용 구조물)이 최대 자본 스톡으로 2009년 전체 자본 스톡의 45퍼센트를 차지했다. 공장, 쇼핑몰, 사무실 건물 등 기업 구조물(비주거용 구조물)은 2009년 전체 자본 스톡의 약 3분의 1을 차지했다.

장비는 불도저, 구멍 뚫는 기계, 컴퓨터처럼 일반적으로 자본으로 간주되는 물건을 말하며 이런 물건들이 들어서 있는 구조물에 비해 규모가 작다. 마지막 범주인 지식재산은 일반적으로 자본 스톡과 관계가 없다. 그런데 최근 들어 유형의 존재는 없지만 기업에 지속적으로 서비스를 제공하는 자산을 형성하는 소프트웨어의 가치를 지식재산 스톡에 포함하고 있다. 1980년대 후반까지 지식재산 스톡은 미미한 수준에 머물렀고, 그 후 증가하기는 했지만 여전히 구조물 스톡에 비해 훨씬 작다.

그림 3.6이 경제에서 작용하는 자본 스톡의 수준을 나타낸다면, 그림 3.7은 연도별 자본 스톡 구성 요소의 증가율을 보여준다. 여기서 증가율의 순위는 각 자본 스톡의 크기와 거의 완벽하게 반비례한다. 지식재산의 증가율은 20세기 내내 연간 약 5~6퍼센트였지만 21세기 들어 4퍼센트 이하로 하락했다. 그럼에도 지식재산은 시간 경과에 따라 다른 어떤 형태의 자본보다 빠르게 증가했다. 장비는 증가율에서 큰 변동을 보였는데, 전체적으로 보면 1960년대 5퍼센트 안팎에서 21세기 들어 3퍼센트 미만으로 바뀌었다. 주거용과 비주거용 구조물은 둘 다 20세기에 증가율이 약 3퍼센트였지만 지난 몇 년 동안 2퍼센트 미만으로 하락했다. 2009년 경기 침체 이후 주택의 증가율 하락 역시 그림 3.7에서 확인할 수 있다.

그림 3.7에 표시된 그래프 4개를 보면 물적자본 증가율이 시간 경과에 따라 하락했다는 사실을 확인할 수 있다. 1950년대 초반에 21세기 수준을 보였던 구조물의 낮은 증가율은 1960년부터 하향 추세를 보였다.

그림 3.7 유형별 자본의 증가

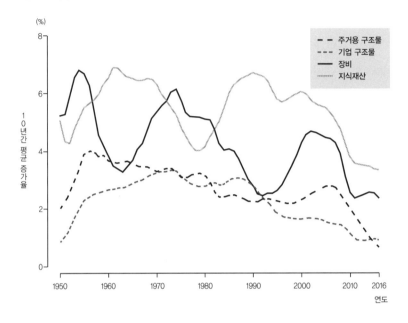

비고: 이 그림은 t-10년부터 t년까지(예: 2016년이라면 2006년부터 2016년까지) 물적자본의 유형별 10년간 평균 증가율을 보여준다. 데이터의 출처는 미국 경제분석국이고, 자본 유형의 정의는 그림 3.6을 참고하라.

총자본의 증가율

이제 시간 경과에 따라 물적자본이 GDP 성장에 얼마나 중요한지 확인하고자 한다. 이를 위해 이전 그림에서 제시한 다른 범주를 합해서 물적자본 스톡을 측정한 다음, 종류별 자본 스톡의 가치를 합함으로써 측정치를 얻을 것이다. 앞에서 언급했듯이, 이 방법은 불완전하긴 하지만 생산에 사용할 수 있는 자본재의 전체 스톡을 파악하게 해준다. 또 1인당 물적자본 스톡을 추적할 수 있도록 총자본 스톡을 인구수로 나눌 것이다.

그림 3.8은 다시 10년간 평균을 사용해서 1인당 물적자본 증가율을 나타낸다. 여기서 다른 자본 유형의 증가율은 분명히 하락하고 있다. 1960년대 물적자본 스톡은 연간 2~2.5퍼센트 안팎으로 증가했고, 1980년대부터 2000년대 초반까지는 매년 1.5~2퍼센트 안팎으로 떨어졌다. 평균 증가율은 2000년대 초 하락하기 시작해 금융위기 동안 큰 폭으로 하락했다. 하지만 실질GDP나 인적자본의 증가율과 달리

그림 3.8 1인당 물적자본의 증가율

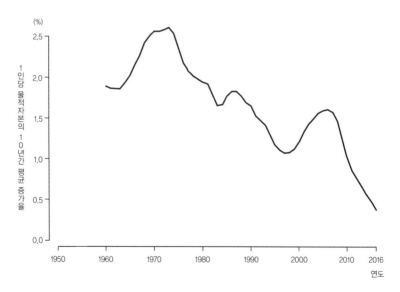

비고: 총 물적자본 스톡에 관한 데이터의 출처는 미국 경제분석국이고, 인구 데이터의 출처는 현재인구조사다. 그림은 t−10년부터 t년까지(예: 2016년이라면 2006년부터 2016년까지) 1인당 물적자본의 연평균 증가율을 보여준다.

물적자본의 증가율은 금융위기 이후 반등하지 못하고 있다. 이는 주거용과 비주거용 구조물에 대한 투자가 제대로 반등하지 못했기 때문이다.

이처럼 1인당 물적자본 증가율이 장기적으로 하락한 현상은 자체적으로는 실질GDP의 성장 둔화를 설명할 수 없다. 성장 둔화 훨씬 이전에 시작됐기 때문이다. 하지만 물적자본 증가율이 금융위기 이후에 반등하지 못한 것은 실질GDP의 지속적인 저성장을 초래한 원인 중 하나다. 인적자본이 그렇듯, 이것이 저성장을 초래한 유일한 원인은 아니다. 물적자본과 인적자본의 증가율 하락이 성장 둔화에 얼마나 큰 영향을 미쳤는지 파악하려면 두 가지가 생산에 얼마나 적절한지 고려해야 한다. 다음 장에서 이 점을 살펴보자.

무엇이 성장 둔화를 설명할까?

앞 장에서 살펴봤듯이, 생산의 주요 투입 요소인 물적자본과 인적자본의 증가율은 지난 수십 년 동안 하락했다. 하지만 투입의 증가율 감소가 1인당 GDP 성장의 둔화를 초래한 유일한 원인인지는 알 수 없었다. 이 장에서는 물적자본과 인적자본의 투입이 성장에 얼마나 중요한지 살펴보는 간단한 성장 회계를 시도해보려 한다. 물적자본과 인적자본의 증가율 감소가 성장 둔화의 전부는 아니지만 많은 부분을 설명해줄 것이다. 이것은 1인당 GDP 성장률이 우리가 예상하는 정도보다 훨씬 하락했다는 뜻이고, 성장 둔화에서 두 가지 자본 스톡으로 설명할 수 없는 부분이 남을 수밖에 없다는 뜻이다. 몇 장 뒤에서 이런 잔차 성장을 정의하고, 잔차 성장에 영향을 미치는 요소를 살펴볼 것이다.

케이크 생산으로 이해해보는 잔차 성장률

이 성장 회계 과정은 매우 지루하게 느껴질 수 있으므로, 내가 하려는 작업을 설명하기에 유용한 비유를 들어보겠다. 케이크를 만든다고 상상해보자. 케이크의 총가치는 케이크 크기와 맛의 조합으로 결정된다. 만약 케이크를 판매했다면 가격을 사용해 가치를 측정할 수 있고, 아이들에게 크기와 맛을 기준으로 점수를 매기게 해서 가치를 측정할 수도 있다. 가치를 어떻게 측정하든, 오늘 만든 케이크의 총가치가 어제 만든 케이크보다 4퍼센트 크다는 계산이 나왔다고 해보자. 이제 그 이유를 알아볼 차례다.

케이크를 만드는 과정을 살펴보니, 오늘 사용한 밀가루의 양이 어제보다 2퍼센트 많았고, 베이킹파우더의 양은 1퍼센트 많았다. 경험이 많은 제빵사는 케이크의 크기가 밀가루와 베이킹파우더의 양에 따라 달라지며, 두 원료가 똑같이 중요하다는 사실을 알고 있다. 밀가루와 베이킹파우더를 추가로 투입했다면, 두 가지 변화가 똑같이 중요하므로 평균 증가율인 1.5퍼센트만큼 케이크의 크기가 늘어야 한다. 품질을 일정하게 유지하려면 베이킹파우더와 밀가루를 추가해서 양이 늘어난 케이크의 총가치도 1.5퍼센트만큼 증가해야 한다. 하지만 실제 케이크의 가치가 4퍼센트 상승했다면, 2.5퍼센트만큼의 가치 상승을 설명해야 한다.

이 2.5퍼센트가 케이크 가치의 잔차 성장률인데, 밀가루와 베이킹파우더를 추가함으로써 얻을 수 있는 증가율의 초과분이다. 그렇다면 잔차 성장은 어떻게 설명할 수 있을까? 밀가루와 베이킹파우더를 추가한 행동을 제외한 다른 모든 행동을 고려함으로써 가능하다. 아마도 더 큰 달걀을 사용했거나 바닐라나 설탕을 추가했을 것이다. 반죽을 덜 치대거나 더 치댔을 수 있고, 스푼 대신에 거품기를 사용했을 수도 있다. 식물성 기름 대신 녹인 버터나 요구르트를 사용했을 수도 있고, 맛을 바닐라에서 초콜릿으로 완전히 바꾸거나 견과류 또는 과일을 첨가했을 수도 있다. 섭씨 190도가 아니라 200도에서 굽거나 28분이 아니라 22분 구웠을 수도 있다. 밀가루를 2퍼센트 더 사용했다는 단순한 계산에는 나타나지 않지만 어제와 다른 밀가루를 사용했을 수도 있다.

일단 밀가루와 베이킹파우더의 역할을 고려하고 나서 케이크의 가치를 결정하는 데 중요한 다른 모든 요소는 잔차 성장률 2.5퍼센트에서 나온다. 실질GDP에서 성장을 설명하는 맥락도 비슷하다. 1인당 실질GDP에서 물적자본과 인적자본은 밀가루와 베이킹파우더다. 우리는 경험 법칙을 사용해 물적자본 증가와 인적자본 증가를 평균 내는 방식으로 두 자본이 1인당 실질GDP 성장률에 얼마나 기여했는지 파악할 것이다. 하지만 그렇더라도 전체 맥락은 알 수 없을 것이고, 1인당 실질GDP에는 물적자본과 인적자본으로 설명할 수 없는 상당한 잔차 성장량이 생겨날 것이다. 1인당 실질GDP에서 잔차 성장은 케이크의 가치에 기여하는 잔차 성장과 같으며, 물적자본이나 인적자본에서 비롯되지 않은 다른 모든 요소를 통합한 것이다.

물적자본과 인적자본의 가중치

이 모든 계산을 하려면 몇 가지 정보가 필요하다. 앞에서 1인당 실질GDP 성장률을 살펴봤다. 이것은 케이크 가치의 증가와 같다. 3장에서는 1인당 물적자본과 인적자본의 증가율을 살펴봤고, 최근 수십 년 동안 둘 다 증가율이 둔화했음을 확인했다. 이제 투입되는 물적자본량과 인적자본량이 1인당 실질GDP 성장에 얼마나 기여했는지 계산하려면, 케이크의 가치 변화를 평가할 때 사용한 경험 법칙과 비슷한 무언가가 필요하다. 케이크 비유에서는 밀가루와 베이킹파우더가 케이크 크기에 똑같이 기여했다고 말했는데, 이것은 각 재료에 절반의 가중치를 반영해 성장률의 평균을 구했다는 뜻이다.

하지만 밀가루, 베이킹파우더와 달리 물적자본과 인적자본이 1인당 실질GDP를 생산하는 데 반드시 똑같이 기여했다고 보긴 어렵다. 그렇다면 성장률의 평균을 구하려면 어떤 가중치를 사용해야 할까? 이때 필요한 가중치가 각 투입 대비 1인당 실질GDP의 탄력성elasticity이다. 여기서 말하는 탄력성이 무슨 뜻인지 살펴보기 위해 간단한 사고 실험을 해보자.

만약 내가 1인당 물적자본의 양을 마술처럼 2배로 늘릴 수 있다면 1인당 실질GDP는 얼마나 오를까? 역시 2배로 늘어날까? 아마도 아닐 것이다. 예를 들어 컴퓨터나 트럭, 사무실 건물이라면 얼마든지 2배로 늘릴 수 있다. 하지만 한 사람이 사무실 공간을 2배로 차지하면서 무엇을 하겠는가? 대부분의 공간은 비어 있을 것이다. 트럭과 컴퓨터도 마찬가지다. 유용하게 쓰이는 것도 있겠지만 다수는 결국 가동하지 못할 것이다. 가동할 만한 사람이 충분하지 않기 때문이다. 물적자본을 2배로 늘린다고 할 때, GDP는 성장하겠지만 2배로 불어나지는 않는다는 얘기다. 그렇다면 1인당 인적자본을 2배로 늘렸다고 가정하면 어떨까? 노동자가 많아지거나 더욱 숙련된 기술을 보유하거나 이 두 가지가 결합했을 때, 1인당 GDP는 성장하겠지만 여전히 2배가 되지는 않을 것이다. 투입할 수 있는 물적자본이 충분하지 않기 때문에 할 일 없이 떠도는 잉여 노동자가 생겨날 것이다.

자본 스톡에 대한 실질GDP의 탄력성으로 투입을 1퍼센트 늘렸을 때 실질GDP가 성장하는 비율을 측정할 수 있다. 예를 들어 1인당 물적자본에 대한 1인당 실질GDP의 탄력성이 0.4라면 물적자본 스톡이 1퍼센트 증가할 때 1인당 실질GDP는 0.4퍼센트(0.4×1퍼센트) 증가한다. 이 탄력성이 1보다 작으면 투입을 2배로 늘리더라도 산출이 2배가 되지는 않는다는 뜻이다. 즉 탄력성을 알면 인적자본량과 물적자본량이 증가한 결과, 시간 경과에 따라 GDP가 얼마나 성장했는지 파악할 수 있다.

이런 탄력성을 파악하기 위해서는 경제 가동 방식에 대해 가볍게 몇 가지 가정을 세워야 한다. 그러면 관찰 가능한 데이터를 사용해 탄력성을 찾는 방법을 알 수 있다.

첫째, 물적자본과 인적자본의 탄력성은 최대 1까지 추가되어야 한다. 그럴 때 1인당 물적자본과 인적자본을 2배로 늘리면 1인당 실질GDP가 정확하게 2배로 늘어난다. 모든 잉여 노동자가 잉여 사무실과 트럭, 컴퓨터를 사용할 것이므로 사무실이 비거나 노동자가 노는 사태가 생길까 봐 걱정할 필요가 없다. 한 가지 예로 이 상황을 설명해보겠다. 물적자본의 탄력성이 0.4, 인적자본의 탄력성이 0.6이라고 치면 합계가 1이 된다. 이제 물적자본과 인적자본의 양을 1퍼센트 증가시키자. 1인당 실질GDP는 물적자본의 증가 덕에 0.4퍼센트, 인적자본의 증가 덕에 0.6퍼센트 성장할 것이다. 둘을 합하면 1인당 실질GDP는 1.0퍼센트(0.4퍼센트+0.6퍼센트)만큼 성장한다. 즉, 생산에 대한 모든 투입이 1퍼센트 증가하면 GDP는 1퍼센트 성장한다. 물적 자본과 인적자본의 탄력성을 1까지 늘려야 한다는 첫째 가정은 '규모에 대한 수익 불변constant returns to scale'으로 불리며, 탄력성 하나만 찾을 수 있으면 나머지 하나는 쉽게 구할 수 있기 때문에 구사하기 편리하다.

탄력성을 파악하기 위해 필요한 두 번째 가정은 기업들이 완전히 어리석지는 않다는 것이다. 공식적으로 경제학자들은 기업이 비용을 최소화하기 위해 노력한다는 가정이 성립할 수 있다고 주장할지 모른다. 이것은 기업이 산출을 내기 위해 인적자본과 물적자본을 가장 경제적으로 조합해 사용한다는 뜻이다. 기업에 대한 이런 가정에는 흥미로운 의미가 함축되어 있다. 즉 모든 투입(예: 임금과 물적자본 비용)에 들어가는 비용의 일부로서 인적자본(예: 임금)에 소비한 금액은 인적자본에 대한 산출의 탄력성과 같다는 것이다. 예를 들어, 인적자본의 탄력성이 0.6이라면 비용 최소화 기업은 비용의 0.6(즉, 60퍼센트)을 임금의 형태로 인적자본에, 나머지 0.4(즉, 40퍼센트)를 물적자본에 지출할 것이다.

이 가정을 사용하면 비용에 관한 데이터에서 거슬러 올라가 탄력성을 파악할 수 있다. 그러려면 1까지 더해지는 두 가지 탄력성에 대한 첫 번째 가정과 더불어 비용에서 물적자본에 들어가는 몫을 다룬 데이터가 필요하고, 이를 통해 두 가지 탄력성을 추론할 수 있다.

그림 4.1은 비용에서 물적자본이 차지하는 비율을 나타낸다. 이 데이터는 민간 기업에만 해당하며, 경제의 주요 부문인 정부와 주택은

포함되어 있지 않다. 하지만 두 부문을 포함시켜 비율이 바뀌게 하더라도 기본 패턴은 달라지지 않을 것이다. 실제로 데이터에는 변화가 별로 없다. 물적자본에 지급되는 비용의 비율은 내내 약 0.35에 머무르다가 2015년 약간 증가해 0.40에 가까워졌다. 이 수치로 인적자본에 지급되는 비용의 암묵적 비율도 알 수 있다. 즉, 내내 약 0.65에 머무르다가 2015년에 약간 하락해 0.60에 가까워졌다. 이 데이터를 고려해서 나는 앞으로 계산을 할 때 비용에서 물적자본이 차지하는 비율로 0.35, 인적자본이 차지하는 비율로 0.65를 사용할 것이다. 주로 장기적인 관점을 취할 터인데, 매년 실제 비율을 사용한다고 하더라

그림 4.1 비용에서 물적자본이 차지하는 비율

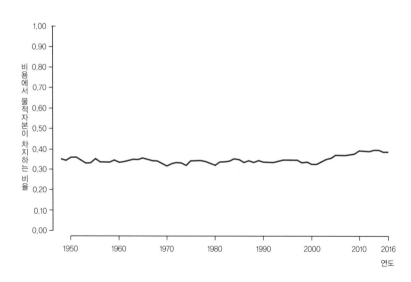

비고: 데이터의 출처는 노동통계국의 복수 요소 생산성 데이터 세트다. 물적자본과 임금의 명목상 비용에 관한 데이터를 사용해 비용에서 물적자본이 차지하는 비율을 계산했다.

도 결론적으로는 크게 다르지 않을 것이다. 또 물적자본이 차지하는 비율로 0.33이나 0.37을 사용하더라도 기본 결론은 바뀌지 않을 것이다.

혹시 GDP에서 인적자본이 차지하는 비율이 지난 수십 년 동안 하락해왔다는 주장을 자주 들었을지도 모르겠다. 이것은 비용에서 인적자본이 차지하는 비율이 시간을 두고 안정됐다는 주장과 일치한다. 그 차이는 시간 경과에 따라 GDP에서 이익이 차지하는 비율이 증가하는 데서 발생하고, 이 점에 관해서는 뒤에서 좀더 자세히 다룰 것이다.

계산하기

물적자본과 인적자본의 탄력성을 사용하면 두 자본의 증가율이 1인당 실질GDP 성장률에 얼마나 큰 비중을 차지하는지 계산할 수 있다. 우선 1950~2000년까지 평균 증가율부터 따져보자. 1인당 물적자본의 평균 증가율은 연간 약 1.83퍼센트였다. 여기에 탄력성 0.35를 곱하면 물적자본의 축적만으로도 1인당 실질GDP가 연간 0.64퍼센트 성장했어야 한다. 한편 1인당 인적자본은 연간 0.96퍼센트 증가했다. 여기에 탄력성 0.65를 곱하면 인적자본의 축적만으로도 1인당 실질GDP는 연간 0.62퍼센트 성장했어야 한다. 둘을 합하면 1인당 실질GDP는 두 자본 스톡의 추가 축적만으로도 연간 1.26퍼센트(0.64퍼센트+0.62퍼센트) 성장했어야 한다.

하지만 20세기에 1인당 실질GDP는 연간 약 2.25퍼센트 성장했다. 그렇다면 연간 0.98퍼센트(2.25퍼센트-1.26퍼센트, 앞에서 반올림을 했으므로 값에 차이가 난다)만큼 잔차 성장률이 발생했다는 뜻이다. 잔차 성장률은 우리가 자본 스톡의 증가를 고려해 예상한 수치보다 높다. 연 0.98퍼센트의 잔차 성장률은 이 장 서두에서 비유로 들었던 케이크 가치의 잔차 성장률과 같다. 여기에는 1인당 경제활동의 양을 증가시키는 다른 모든 요소가 포함된다. 예를 들면 개선된 기술, 기업과 산업 사이에 자본이 배분되는 방식의 변화, 다른 상품과 서비스에 대한 수요의 변화 등이다. 당분간 이 잔차 성장이 존재한다는 사실에만 집중하고, 이것이 경제 성장에 얼마나 중요한 요소인지를 살펴보자.

다음 쪽의 그림 4.2는 시간이 지나면서 1인당 실질GDP가 어떻게 성장했는지를 보여준다. 1인당 실질GDP는 1950년부터 2016년까지 100에서 350으로 3.5배 성장했다. 증가분 가운데 짙은 회색 영역은 물적자본과 인적자본의 사용 증가로 설명할 수 있다. 두 영역을 구분하는 중간 선은 1인당 실질GDP의 가상 경로다. 기술, 분배, 선호도를 1950년대 수준으로 동결하고, 점점 더 많은 양의 물적자본과 인적자본만 투입했다면 2016년 1인당 실질GDP는 약 180에 머물러서 1950년의 1.8배에 불과했을 것이다. 과거에 발생한 1인당 실질GDP의 추가 성장은 옅은 회색 영역으로 표시되어 있으며, 실질GDP의 잔차 성장을 나타낸다. 그림에서 확인할 수 있듯이, 시간이 지나면서 생활 수준이 높아진 것은 물적자본과 인적자본이 축적됐기 때문이 아니라 상당 부분 이런 잔차 성장에 기인한다. 잔차는 단순한 회계 오류가 아니며 1인당 실질GDP가 어떻게 성장했는지 설명하는 데 근본적으로 중요하다.

그림 4.2 1인당 실질GDP의 회계

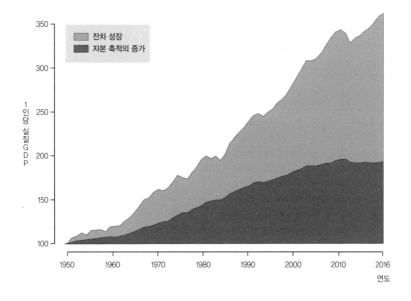

비고: 위쪽 그래프는 미국 경제분석국의 데이터를 사용해 1950년 수치를 100으로 설정했을 때의 1인당 실질GDP 지수를 나타낸다. 두 영역을 구분하는 중간 선은 1인당 실질GDP의 가상 경로로, 물적자본과 인적자본 축적만 발생했다고 가정한 후 계산했다. 옅은 회색 영역은 잔차 성장으로 비롯된 1인당 실질GDP 성장률을 의미한다.

잔차 성장이 성장 둔화를 설명할까?

그림 4.2는 장기적으로 1인당 실질GDP 성장에서 잔차의 중요성을 나타낸다. 하지만 성장 둔화를 설명할 때도 잔차 성장이 유용할까? 잔차의 중요성을 살펴보기 위해 다른 기간의 1인당 실질GDP 성장률을 표시한 표 4.1을 살펴보자. 표 4.1은 여러 기간의 1인당 실질GDP 성장률에 관한 모든 성장 회계 결과를 보여준다. 맨 윗줄은 우리가 계산한 1950~2000년 수치다. 1열은 1인당 실질GDP의 평균 성장률

표 4.1 미국의 기간별 성장 회계 결과

기간	성장률(%)			
	1인당 GDP	1인당 물적자본	1인당 인적자본	잔차
20세기, 1950~2000	2.25	0.64	0.62	0.98
1950~1960	1.78	0.66	0.05	1.07
1960~1970	2.92	0.89	0.62	1.41
1970~1980	2.07	0.67	1.06	0.33
1980~1990	2.32	0.57	0.82	0.93
1990~2000	2.17	0.42	0.57	1.18
21세기, 2000~2016	1.00	0.27	−0.10	0.82
지난 10년, 2006~2016	0.61	0.13	−0.16	0.64

비고: 1인당 실질GDP의 실제 성장률(1열)에 기여한 정도를 물적자본(2열), 인적자본(3열), 잔차 성장(4열)으로 나누어 표시했다. 물적자본과 인적자본의 기여도는 주어진 기간의 실제 연간 성장률에서 관련 탄력성(물적자본은 0.35, 인적자본은 0.65)을 곱한 값이다. 잔차는 1인당 실질GDP 성장률에서 물적자본과 인적자본의 기여도를 뺀 값이다. 반올림을 했으므로 2~4열의 값을 합하더라도 정확하게 1열의 값이 산출되지 않을 수 있다.

(2.25퍼센트)이고, 2열과 3열은 물적자본(0.64퍼센트)과 인적자본(0.62퍼센트)의 증가 가중치다. 여기서는 각 자본이 GDP 성장에서 차지하는 비중을 파악하기 위해 우리가 계산한 탄력성을 사용했다. 4열은 평균 잔차 성장률(0.98퍼센트)이며 1열에서 2열과 3열을 뺀 값이다.

표의 중간 부분은 20세기 각 10년간의 성장 회계 결과다. 성장률은 1950년대(1.78퍼센트)에는 조금 더 낮았다가 1960년대(2.92퍼센트)에는 약간 증가했지만, 대부분 평균 2.25퍼센트에 근접했다. 수십 년 동안 성장을 추진한 요소는 물적자본과 인적자본의 축적, 일부 잔차 성장의 결합이었다. 잔차 성장률은 1970년대에는 0.33퍼센트로 낮았지만 1960년대에는 1.41퍼센트로 높은 것처럼 수십 년 동안 다양한 수치로 나타나지만 항상 성장에 크게 기여했다. 2000년부터 2010년까지 10년은 제외했는데, 그 이유는 해당 기간의 종료점이 장기 추세에 관한 정보를 왜곡하는 금융위기에 영향을 받았기 때문이다.

표에서 마지막 두 행은 2000년부터 2016년까지에 해당하는 성장 회계 결과다. 어쨌든 제2차 세계대전 이후 21세기에 들어서면서 다른 어떤 10년보다 1인당 실질GDP 평균 성장률이 더 낮았다는(1.00퍼센트) 사실을 확인할 수 있다.

21세기에 해당하는 열을 훑어보면 성장 둔화가 어디에서 비롯됐는지 알 수 있다. 2000~2016년 1인당 물적자본 증가의 기여도는 20세기 평균인 0.64퍼센트를 크게 밑도는 연 0.27퍼센트에 불과했다. 단순하게 말하자면 21세기 물적자본 증가율은 20세기 대비 0.37퍼센트포인트(0.64퍼센트-0.27퍼센트) 하락했다. 1인당 인적자본도 상황은 비슷하다. 20세기 인적자본의 기여도는 연간 약 0.62퍼센트였지만 2000~2016년에는 매년 0.10퍼센트로 하락했다. 21세기 인적자본 증가율은 20세기와 비교할 때 2000~2016년 증가율에서 0.72퍼센트포인트(-0.10퍼센트-0.62퍼센트) 줄었다. 물적자본과 인적자본을 합했을 때 21세기 1인당 실질GDP 성장률은 20세기와 비교해 연간 1.09 퍼센트포인트 하락했다.

하지만 전반적인 성장률은 20세기 연 2.25퍼센트에서 21세기 1.00 퍼센트로 1.25퍼센트포인트 하락했다. 나머지 성장률 하락은 잔차 증가율의 감소로 설명할 수 있다. 20세기 잔차 증가율 평균은 연 0.98퍼센트였지만 2000~2016년에는 0.16퍼센트포인트 하락한 0.82퍼센트에 불과했다. 따라서 물적자본과 인적자본의 증가율이 하락한 원인에 초점을 맞추는 것만으로는 충분하지 않고, 잔차 증가율을 끌어내린 요인도 고려해야 한다.

표 4.1의 마지막 행은 2006~2016년, 즉 지난 10년간의 성장 회계 결과다. 이 데이터를 살펴보면 경제 성장률이 훨씬 심각하게 둔화해서 연간 0.61퍼센트까지 떨어졌다는 사실을 알 수 있다. 20세기, 심지어 2000~2016년 수치와 비교하더라도 이 마지막 기간에 나타난 성장 둔화는 자본 스톡의 축적보다 잔차에 더 많이 기인한다. 2006~2016년 잔차 성장의 기여도는 20세기 평균인 0.98퍼센트보다 낮은 연 0.64퍼센트다. 0.34퍼센트포인트의 하락은 1인당 실질GDP 성장률이 2.25퍼센트에서 0.61퍼센트로 하락한 부분적인 원인이다. 여기서 비교군으로 사용한 정확한 기간과 상관없이, 잔차 성장이 성장 둔화에 기여했음을 확인할 수 있다.

물적자본은 보기보다 중요하지 않다

표 4.1에서 제시한 성장 회계 결과를 보면 경제 생산에 기여하는 세 가지 요소가 모두 성장 둔화를 낳았음을 알 수 있다. 그러면서도 물적자본의 중요성이 얼마간 과장돼 있다. 건물, 불도저, 노트북 같은 물적자본은 이를 생산하는 것 역시 실질GDP의 일부이기 때문이다. 다른 이유, 예컨대 인적자본의 증가가 정체되거나 잔차 성장이 하락했기 때문에 실질GDP 성장이 둔화됐다면 그다음에는 물적자본의 성장도 둔화될 것이다.

이 개념을 이해하기 위해 개인이 토마토를 기르는 텃밭으로 경제를 생각해보자. 개인이 생산하는 토마토의 수를 결정하는 요인은 씨를 뿌리고 잡초를 뽑는 등 개인이 제공하는 인적자본, 식물에 투입되는 비와 햇빛의 양에 따라 달라지는 잔차 성장, 토마토 씨앗과 토양에 있는 영양소의 양 같은 물적자본이다. 개인은 매년 토마토를 수확해서 자본스톡에 추가하기 위해 산출량의 일부를 떼어놓는다. 다음 해 식물을 새로 키울 씨앗으로 쓰기 위해 일부 토마토를 비축하고, 토마토 넝쿨은 퇴비로 만들어 토양에 섞어서 영양분을 공급한다. 주어진 해에 토마토 수확량이 많을수록 자본 스톡 축적에 더 많이 '투자'할 수 있다.

만약 어떤 해에 극심한 가뭄이 발생하면(예컨대 잔차 성장률이 낮거나 마이너스가 된다면) 토마토 수확량, 씨앗 수, 퇴비로 만들 넝쿨 양도 줄어든다. 그러면 자본 스톡이 감소하고, 따라서 다음 해에는 강수량이 정상으로 돌아오더라도 토마토 산출량은 줄어든다. 이처럼 단순한 성장 회계를 거치고 나서 올해 토마토 생산량이 감소한 원인은 씨앗과 퇴비라는 자본 스톡이 감소한 탓이라고 생각할 수도 있다. 하지만 이 생각은 옳지 않다. 토마토 수확량이 감소한 진짜 원인은 작년에 가뭄이 들어 결국 투자 능력에 영향이 미쳤기 때문이다.

토마토 비유는 지나치게 단순하지만 경제에서 물적자본의 축적에도 같은 원칙이 작용한다. 물적자본은 실질GDP를 생산하는 능력에 따라 달라지므로 21세기 물적자본 증가율이 하락한 것은 성장 둔화의 원인인 만큼이나 결과일 수도 있다. 인적자본과 잔차가 같은 문제를 겪는다고 주장할 수 있지만, 문제의 정도는 물적자본이 훨씬 크다. 예를 들어 실질GDP의 성장률 하락은 학교에 직원을 배치할 때 사용 가능한 자원을 제한시킬 수 있지만, 대개 인적자본 증가에 변화를 가하는 요소는 나이와 관련해 노동시장에 진입하거나 퇴장하는 사람들의 인구통계다. 또한 실질GDP 성장률이 하락하면서 잔차 성장에 영향을 미칠 가능성이 있는 연구·개발 등에 이용할 수 있는 자원이 제한될 수도 있지만, 잔차 성장은 단순한 연구·개발을 넘어선 많은 요소에 따라 결정된다.

표 4.1이 물적자본 증가율의 중요성을 과장하고 있다면 바로잡을 수 있을까? 그렇다. 표 4.1이 열거한 결과를 조정하는, 지루하지만 단순한 작업을 거치면 된다. 간단히 말해서 '1인당 물적자원이 전반적으로 얼마나 빨리 증가하느냐'가 아니라 '1인당 GDP 성장과 비교해 얼마나 빨리 증가하느냐'를 알아야 한다. 표 4.1과 전반적인 구조가 같은 표 4.2를 보자. 1열에 열거된 1인당 실질GDP 성장률은 모두 같다. 관찰 가능한 결과를 바꾸지 않고 다른 열에서 그 결과를 설명하는 방법만 바꿀 것이기 때문이다.

'물적자본' 열은 1인당 실질GDP 성장에 자본이 미치는 영향을 조정한 결과다. 20세기에 그 영향은 마이너스로, 연 −0.22퍼센트를 기록했다. 자본 스톡이 감소하고 있다는 뜻이 아니라 단지 자본 스톡의 증가가 실질GDP 성장을 따라잡지 못하고 있다는 뜻이다. 다시 토마토 비유를 사용하자면, 시간 경과에 따라 토마토 수확량이 늘어나더라도 매년 텃밭에 투입되는 몫은 더욱 작아지고 있다는 것이다. 2000~2016년 물적자본의 영향은 연 −0.12퍼센트에 불과했다. 이것은 21세기에 나타난 물적자본의 영향이 20세기보다 긍정적이므로 그 자체로 성장률을 더 높였어야 했다는 뜻이다. 표 4.2에 따르면 물적자본 축적의 정도가 바뀌더라도 성장 둔화를 유발하는 데는 거의

표 4.2 미국의 자본 기여도를 조정한 회계 결과

기간	성장률(%)			
	1인당 GDP	1인당 물적자본	1인당 인적자본	잔차
20세기, 1950~2000	2.25	−0.22	0.96	1.51
1950~1960	1.78	0.05	0.08	1.65
1960~1970	2.92	−0.21	0.95	2.17
1970~1980	2.07	−0.08	1.64	0.51
1980~1990	2.32	−0.37	1.26	1.43
1990~2000	2.17	−0.52	0.88	1.81
21세기, 2000~2016	1.00	−0.12	−0.15	1.26
지난 10년, 2006~2016	0.61	−0.13	−0.25	0.99

비고: 1인당 실질GDP의 실제 성장률(1열)에 기여한 정도를 물적자본(2열), 인적자본(3열), 잔차 성장(4열)
으로 나누어 표시했다. 여기서 물적자본과 인적자본의 기여도를 조정한 까닭은 암묵적인 탄력성을 조정
해 계산한 실질GDP를 사용해 물적자본이 생산되기 때문이다. 잔차는 1인당 실질GDP 성장률에서 물적자
본과 인적자본의 기여도를 뺀 값이다. 반올림을 했으므로 2~4열의 값을 합하더라도 정확하게 1열의 값이
산출되지 않을 수 있다.

또는 전혀 영향을 미치지 않았다. 물적자본의 축적은 1950년대부터
성장을 약간 지체시켰을 뿐이다.

일단 물적자본을 조정하자, 대조적으로 인적자본과 잔차의 암묵
적 영향이 증가했다. 말하자면 사람들은 가뭄이 씨앗과 퇴비의 비
축에 미친 영향을 탓하지 않고 가뭄 자체를 탓한다. 20세기 경제
성장에서 차지하는 인적자본의 기여도는 0.96퍼센트였다. 하지만
2000~2016년에는 마이너스를 기록해 −0.15퍼센트였다. 인적자본
증가율 하락은 그 자체로 1인당 실질GDP 성장률의 1.11퍼센트포인
트(0.96퍼센트−[−0.15퍼센트]) 하락을 이끌었다. 이것은 성장 둔화의 대

부분 원인을 설명한다. 나머지는 잔차 성장의 하락에서 비롯된다. 제대로 설명하자면, 잔차 성장률은 20세기 연 1.51퍼센트 안팎이었지만 2000~2016년에는 연 1.26퍼센트에 불과했다. 잔차 성장이 하락했으므로 성장률이 0.25퍼센트포인트 하락했다는 뜻이고, 이것이 성장 둔화의 나머지를 설명한다.

표 4.2의 마지막 행에 나열한 2006~2016년 수치도 비슷한 경향을 보인다. 다시 말하면 1인당 인적자본 증가율이 0.96퍼센트에서 -0.25퍼센트로 하락한 것이 성장 둔화의 상당 부분을 설명할 수 있고, 잔차 성장률이 1.51퍼센트에서 0.99퍼센트로 떨어진 것이 나머지를 설명할 수 있다. 2006~2016년을 비교 기간으로 사용했을 때, 잔차 성장이 성장 둔화의 거의 3분의 1을 차지했고 나머지는 인적자본이 차지했다. 인적자본 증가율과 잔차 성장률의 둔화가 성장 둔화의 원인인 것이 분명하다.

21세기 중에서 2000~2016년이나 2006~2016년을 1990년대 10년과 비교하면 성장 둔화를 유발한 원인에 대해 비슷한 답을 찾을 수 있다. 잔차 성장의 추가 하락을 동반한 1인당 인적자원의 증가율 하락이 두드러지기 때문이다. 다음 장부터는 이 모든 증거를 동원해 물적자원 증가에 변화를 일으킨 요인보다는 21세기 인적자본 증가율과 잔차 성장률이 하락한 원인을 중점적으로 설명하려 한다.

거짓 정확성에 주의한다

마지막으로 하고 싶은 말은 표 4.1과 4.2에 열거된 정확한 수치 자체에 집착하지 말아야 한다는 것이다. 두 표가 제시하는 수치는 소수

점 이하 두 자리까지인데, 그렇게까지 정확한 것은 아니다. 나는 인적자본 스톡의 정의 방식과 탄력성의 크기를 포함해 계산할 때 세운 가정에 따라 성장 회계를 했다. 내가 사용한 코드와 데이터는 온라인에서 구할 수 있으므로 누구든 활용할 수 있다. 조정 작업을 거치면 표에 열거되어 있는 수치도 바뀔 것이다. 적절한 조정 작업으로는 인적자본의 측정이 있을 수 있는데, 여기에는 많은 가정이 내재해 있다. 일부 연구자는 인적자본에 대한 대안들을 사용해 앞서 제시한 것과 다른 결과를 얻을 수도 있을 것이다. 하지만 그렇다고 해도 성장 둔화에서 인적자본이 차지하는 상대적 중요성에 대한 결론은 바뀌지 않을 것이다.

5 인구 고령화의 영향

4장에서 제시한 회계 결과에 따르면 성장 둔화를 설명하는 가장 중요한 단일 원인은 1인당 인적자본 증가율 하락이었다. 1인당 인적자본 증가율은 20세기 0.96퍼센트에서 21세기 -0.15퍼센트로 떨어졌다. 결론부터 말하자면, 인적자본 증가율 하락을 몇 가지 차원에 걸친 성공으로 보는 것이 최선이다. 따라서 성장 둔화는 성공의 결과라고 할 수 있다.

이런 성공은 수십 년에 걸쳐 지속적으로 발생했지만, 21세기에는 인구 고령화 형태로 나타났다. 고령화의 가장 뚜렷한 결과로서 인구 대비 노동자 수가 감소했고, 따라서 1인당 인적자본량이 감소했다. 하지만 여기에 그치지 않고 연령 구조는 교육과 노동자 경험의 증가에 더욱 미묘하게 영향을 미쳤다.

추락하는 출산율

21세기 인구 고령화의 출발점은 수십 년 전 시작된 출산율 하락이
다. 그림 5.1은 두 가지 출산율 척도를 보여준다. 첫째 척도로 y축에
표시된 조출생률은 주어진 해에 여성 1,000명당 출생아 수를 말한다.
1910년에는 여성 1,000명당 신생아가 30명 가까이 태어났지만 1930
년대에는 약 17명으로 하락했다. 1940년대 중반 베이비붐 시기에 조
출생률은 1947년 1,000명당 25명으로 치솟았고 1950년대 내내 높은
수준을 유지하다가 1960년대에 다시 감소했다. 1970년대 조출생률

그림 5.1 시간 경과에 따른 두 가지 출산율 척도

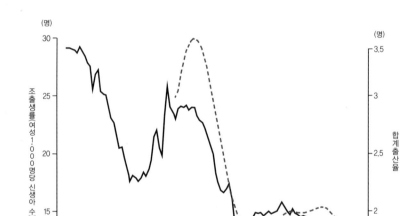

비고: 조출생률(왼쪽 y축)과 합계출산율(오른쪽 y축)에 관한 데이터의 출처는 미첼Mitchell의 저서(2013)다.

은 1,000명당 약 15명을 기록했고 그 후로 비슷한 수준에 머물고 있다. 전체 기간을 살펴보면 베이비붐이 조출생률의 꾸준한 하락을 막았다는 사실을 알 수 있다.

조출생률은 인구에 추가된 신생아 수를 추적할 수 있는 좋은 척도지만, 조출생률이 시간 경과에 따라 하락한 원인은 출산 행동의 변화가 아니라 인구 연령 구조의 변화다. 예를 들어 출산율이 가장 높은 연령대인 20~35세 여성이 1960년대에 많았다면 조출생률도 높았을 것이다. 그 여성들은 오늘날 80~95세이므로 더는 아이를 출산할 수 없다. 게다가 요즈음 20~35세 여성은 80~95세 여성보다 수적으로 적으므로, 자신들의 어머니나 할머니만큼 많은 자녀를 출산한다고 하더라도 조출생률은 낮을 수밖에 없다.

조출생률 하락이 단순히 1950년대와 1960년대 대규모 어머니 집단의 메아리가 아니라 행동 변화를 반영한다는 사실을 확인하려면 합계출산율을 살펴봐야 한다. 합계출산율은 그림 5.1의 오른쪽 y축에 표시했다. 합계출산율은 각 여성이 주어진 해에 연령별 출산율에 따라 출산하는 경우 예상되는 자녀 수를 알려주는 척도다. 합계출산율이 3.5명을 넘었던 1960년에 가임기(예: 15~45세)에 진입한 여성들의 경우, 연령별 출산율이 시간이 지나도 일정하게 유지된다면 아이를 3.5명 출산하리라 예상할 수 있다. 즉 한 여성이 1960년에 다른 연령대 여성들과 동일한 출산 선택을 했다면 평생 약 3.5명의 자녀를 출산했으리라는 얘기다.

1950년 합계출산율은 3명이었다가 1950년대 후반까지 3.5명 이상으로 증가했고 조출생률과 마찬가지로 다시 급락했다. 1980년에 바닥을 치고 나서 2010년 여성 1인당 출생아 수 약 2명으로 회복했다. 이런 추세는 시간 경과에 따라 가임 여성의 수는 물론 출산 행동도 바뀌었다는 뜻이다. 1950년 이후 1980년까지 각 연령 집단의 여성이 출산한 아이 수는 급격히 줄었다. 1980년 합계출산율이 1.75인데, 그해에 가임기에 진입한 여성이 출산하는 아이 수는 3.5명이 아니라 1.75명에 그칠 것으로 예상할 수 있었다는 뜻이다.

조출생률이 하락한 이유는 출산할 예정인 아이 수에 대한 가족의 선호도가 바뀌었기 때문이다. 이런 행동 변화는 인구 고령화와 성장 둔화를 주도하는 원동력이다. 지금부터 이런 현상들을 자세히 살펴보고 나서 어째서 출산 행동이 바뀌었는지, 어째서 이것을 성공의 신호로 해석할 수 있는지, 어째서 이것이 언제든 바뀌리라고 기대할 수 없는지를 탐색할 것이다.

연령 분포

그림 5.2는 시간이 지나면서 출산율 감소가 연령 집단의 크기에 미치는 영향을 보여준다. 그림에서는 미국 인구를 5세 단위의 연령 집단으로 분류하고, 각 집단의 최저 연령을 x축에 표시했다. 예를 들어 '5'로 분류된 집단은 5~9세인 인구로 구성된다. 마지막 집단인 85는 약간 달라서 80세 이상인 인구를 모두 포함한다.

이 그림에서 곡선의 이동으로 보아 1960년부터 1990년까지 인구의 절대적 규모가 증가했다는 사실을 확인할 수 있고, 1990년보다 2020년에 더 커지리라 예측할 수 있다. 인구 고령화에도 불구하고 2020년 0~4세와 5~9세 아이 수는 절대적 기준에서 과거 어느 때보다 많을

그림 5.2 시간 경과에 따른 연령 구조

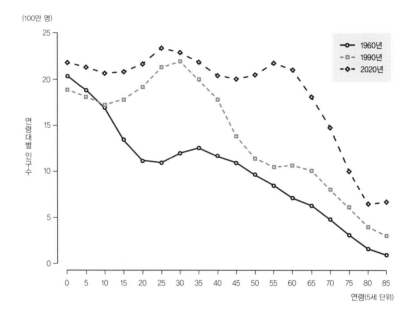

(100만 명)

비고: 데이터의 출처는 경제협력개발기구(OECD)의 인구통계 데이터베이스다. x축의 각 항목은 주어진 집단에서 최저 연령을 의미한다. 예를 들어 '5'는 연령이 5~9세인 인구 집단이다. 다만 '85'는 85세 이상 모든 인구를 포함한다.

것이다. 동시에 노인 수도 과거 어느 때보다 많을 것이다.

1960년 노인 인구는 절대적 기준으로든 더 젊은 인구와 비교해서든 매우 적었다. 1990년까지는 노인의 절대적인 수가 훨씬 커졌다. 예를 들어 1960년 70~74세 인구는 약 500만 명이었지만, 1990년에는 750만 명이었다. 2020년까지 70~74세 인구는 1990년의 2배인 1,500만 명에 도달할 것이다. 50~75세 연령대 인구를 살펴보면 2020년까지 상당수 증가하는 추세를 보이면서 미국 연령 분포는 과거보다 훨씬 '평평한' 곡선을 그릴 것이 분명하다.

인구 고령화로 유소년(0~20세)과 노인(65세 이상)처럼 '피부양자' 범주에 속하는 인구와 비교한 노동 연령 인구의 비율이 바뀌었다. 예를 들어 그림 5.2에서 1990년 곡선을 살펴보면, 주요 노동 연령에 속하는 20~24세부터 40~44세까지 범위에서 인구가 크게 늘어났다. 그에 비해 유소년 수가 적었고, 노인 수는 매우 적었다. 즉 비노동자 대비 잠재 노동자의 비율이 높았다.

하지만 2020년 곡선을 살펴보면 이런 현상이 어떻게 바뀔지 알 수 있다. 그렇다. 잠재 노동자들이 많아질 것이다. 하지만 50세 이상인 고령 노동자와 노인의 비율이 20~44세인 주요 노동 연령 인구에 비해 훨씬 더 높다는 사실에 주목해야 한다. 우리 사회는 노동자 수와 총인구수의 관계에서 중대한 변화를 겪고 있다.

그림 5.3은 부양 비율이라는 용어를 사용해 이런 현상을 보여준다. 맨 위의 실선 그래프는 20~64세에 해당하는 전체 노동 연령 인구 대비 0~20세 유소년의 비율을 나타낸다. 1960년 무렵 유소년 수가 노동 연령 인구의 거의 80퍼센트에 도달할 정도로 폭발하면서 베이비붐의 영향이 두드러지게 나타났다. 이와 동시에 노동 연령 인구 대비 65세 이상 인구의 비율인 고령 인구 부양 비율은 20퍼센트 미만이었다.

1960년부터 거의 2010년까지 출산율이 감소하자 유소년 부양 비율도 줄어들었다. 현재는 45퍼센트 안팎으로 1960년 정점을 찍었을 때와 비교하면 거의 절반 수준이다. 같은 기간 고령 인구 부양 비율도 20퍼센트 안팎에서 일정하게 유지됐다. 이는 총인구 대비 노동자의

그림 5.3 시간 경과에 따른 부양 비율

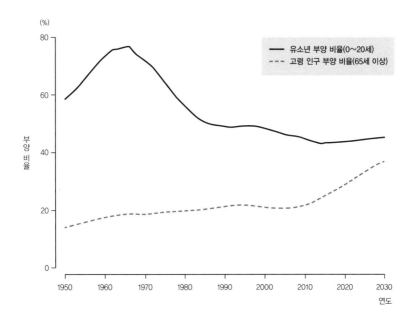

비고: 데이터의 출처는 경제협력개발기구의 인구통계 데이터베이스다. 유소년 부양 비율은 20~64세인 노동 연령 인구 대비 0~20세 인구의 비율이고, 고령 인구 부양 비율은 20~64세인 노동 연령 인구 대비 65세 이상 인구의 비율이다.

비율이 20세기 내내 그리고 21세기로 진입하면서 증가했다는 뜻이다. 하지만 그림에서 확인할 수 있듯이, 이후 베이비붐 세대가 은퇴하기 시작하면서 심각한 변화의 시대를 맞이하게 됐다. 2030년까지 고령 인구 부양 비율은 40퍼센트에 가까워지는 반면, 유소년 부양 비율은 크게 떨어지지 않을 것으로 전망된다. 또 2000년대 초반에 고령 인구 부양 비율이 증가했으므로 이미 감소하기 시작한 전체 인구 대비 노동자의 비율은 지속적으로 떨어질 것이다.

나는 이 모든 현상이 발생한 원인이 출산율 감소라고 언급했지만 물론 사망률 변화도 있다. 1960년 미국인의 기대수명은 약 70세였는데, 2015년에는 79세로 늘어났다. 기대수명은 주어진 해에 다른 연령대 사람들에게 해당하는 사망률을 고려하므로 합계출산율과 매우 비슷하게 나타난다. 1960년의 기대수명이 70세라는 말은, 연령별 사망률이 바뀌지 않는다면 1960년에 태어난 사람이 70년을 살 것으로 예상한다는 뜻이다. 기대수명이 증가했다는 말은 연령별 사망률이 1960부터 2015년까지 감소했다는 것이다. 사망률 감소는 상당 부분 고령 인구에서 발생했다. 70~80세 인구가 0~5년을 더 사는 것이 아니라 10~15년을 더 생존하리라 기대할 수 있다는 뜻이다. 사망률이 감소하면서 미국 고령층 인구는 늘어났지만 노동자 스톡은 증가하지 않았기에 인구 대비 노동자의 비율이 낮아졌다.

경험과 교육

앞에서 인적자본 스톡이 노동자의 수만이 아니라 학교 교육과 경험에 따라서도 어떻게 달라지는지를 다뤘다. 앞의 그림 5.2를 보면 인구 고령화가 학교 교육은 물론 경험에도 얼마간 영향을 미쳤다고 추측할 수 있다.

먼저 고령화의 영향을 가장 뚜렷하게 드러내는 '경험'을 생각해보자. 1960~1990년에 20~45세인 노동자 수가 엄청나게 증가했다. 이들이 초기 직업 경험을 최대한 활용하면서 노동시장에 진입해 직업에 대해 배우기 시작하자 인적자본 스톡이 증가했다. 하지만 1990년부터 오늘날까지 노동력이 가장 크게 증가한 것은 좀더 나이 든 45~65

세 집단이다. 이들은 여전히 경험을 쌓고 있지만 경험에서 파생한 인적자본 이익은 적자까지는 아니더라도 현저히 줄어들었다. 21세기 들어서서도 젊은 노동자들이 노동시장에 계속 진입했지만 평균 노동자의 연령대는 훨씬 높아졌고, 따라서 경험을 습득한 노동자가 창출하는 인적자본 증가율은 감소했다.

지금까지의 이야기를 듣고 경험으로 인한 인적자본 증가율 감소는 교육 수준이 높아지면 극복할 수 있다고 생각할지도 모르겠다. 이론상으로는 가능하지만, 실제로는 그렇지 않다. 지난 수십 년 동안 교육적 성과는 제자리걸음을 하고 있다. 특히 고등학교 졸업률은 1980년경부터 정체되기 시작했다. 리처드 머네인 Richard Murnane은 20~24세 집단의 졸업률에 대한 데이터를 수집했다. 고등학교를 졸업하거나 검정고시로 고등학교 졸업 학력을 인정받은 비율은 1970년 해당 집단 (1946~1950년 출생)의 80.8퍼센트였고, 1990년(1966~1970년 출생)에는 78.5퍼센트, 2010년(1986~1990년 출생)에는 83.7퍼센트였다. 정체한 지 수십 년이 지난 뒤 2000년대에 약간 증가하기는 했지만 엄청난 변화가 나타난 건 아니었다.

종합하면 1970년 이후 각 세대의 약 5분의 4가 기본 중등교육 과정을 마쳤다. 물론 그 전에는 미국에서 고등학교 교육이 보편적이지 않았으므로 졸업률은 훨씬 낮았다. 하지만 1900~1970년 중등교육이 엄청나게 성장하면서 20세기 대부분 기간에 걸쳐 미국은 고등학교 졸업률 확대를 단연코 선도했다. 클라우디아 골딘 Claudia Goldin과 로런스 카츠 Lawrence Katz의 연구에 따르면, 18세 학생들의 고등학교 졸업률은 1910년 약 9퍼센트에 지나지 않았다. 하지만 불과 30년 후인 1940년

에는 50퍼센트까지 치솟았다. 머네인은 이 비율이 1970년대 들어서
는 약 80퍼센트까지 증가했다고 밝혔다. 이처럼 20세기 동안 고등학
교 졸업률이 지속적으로 증가한 것은 인적자본이 상당히 증가했다는
뜻이며, 이는 20세기 급속한 경제 성장에 기여했다.

1980년경부터 고등학교 졸업률은 제자리에 머물렀지만 지난 수십
년 동안 대학 진학률과 졸업률은 증가했다. 57쪽 3장의 그림 3.3에서
교육 수준별 25세 이상 인구의 비율을 제시한 바 있다. 1990년대 초
반에는 25세 이상 인구의 약 20퍼센트만 4년제 대학 이상을 졸업했
는데, 2015년에는 그 비율이 32.5퍼센트를 기록했다. 부분적으로는
더 높은 연령대의 집단, 즉 대학 진학이 흔하지 않았던 20세기 초에
아이였던 집단이 사라지면서 도출된 결과다. 이후 해마다 바뀌는 새
로운 25세 집단은 대학 입학률이 훨씬 높아졌다.

하지만 출산율이 감소하자 노동력이, 더 낮은 교육 수준의 나이 든
사람들에서 더 높은 교육 수준의 젊은이로 대체되는 속도가 정체됐
다. 골딘과 카츠의 계산에 따르면 1960~1980년 고등학교 졸업 노동
자 대비 대학교 졸업 노동자의 공급이 연간 3.77퍼센트 증가했다. 이
런 현상은 노동자의 평균 기술 수준을 끌어올려 인적자본 증가에 기
여했다. 하지만 1980~2005년 대학 졸업 노동자의 상대적인 공급은
연간 2.0퍼센트 증가하는 데 그쳤다. 인적자본 스톡이 증가하기는 했
지만 증가 속도는 예전보다 느렸다.

인적자본 증가의 둔화에 대한 회계

인적자본의 성장을 둔화시킨 모든 원인에 관한 좀더 확실한 수치

를 살펴보자. 표 5.1은 앞서 성장 둔화를 설명할 때 시도한 작업과 비슷하게 1인당 인적자본 증가를 10년 단위로 구분했다. 1열에서는 앞에서 본 것과 같은 수치를 확인할 수 있다. 인적자본 스톡 증가율은 1950~2000년 1인당 실질GDP를 연간 0.96퍼센트씩 증가시켰다. 2000~2016년 인적자본 기여도는 연 −0.15퍼센트이므로 인적자본이 성장 둔화의 주요 원인 중 하나라는 사실을 알 수 있다.

나머지 열은 인적자본의 성장 기여도를 네 가지 구성 요소, 즉 교육, 경험, 인구 대비 고용 비율, 평균 노동시간으로 구분해 나타냈다. 20세기 교육 성취도가 높아지자 실질GDP 성장률은 연 0.70퍼센

표 5.1 시간 경과에 따른 1인당 인적자본 증가의 회계

| | 성장 기여도(%) | | | | |
| | 1인당 인적자본 | 인적자본의 구성 요소 | | | |
기간		교육	경험	인구 대비 고용 비율	평균 노동시간
20세기, 1950~2000	0.96	0.70	0.05	0.45	−0.24
1950~1960	0.08	0.62	0.23	−0.63	−0.13
1960~1970	0.95	0.87	−0.18	0.54	−0.28
1970~1980	1.64	0.92	−0.27	1.62	−0.64
1980~1990	1.26	0.57	0.11	0.70	−0.12
1990~2000	0.88	0.55	0.35	0.01	−0.03
21세기, 2000~2016	−0.15	0.31	0.08	−0.35	−0.19

비고: 1인당 인적자본 증가율(1열)을 교육(2열), 경험(3열), 인구 대비 고용 비율(4열), 평균 노동시간(5열)으로 구분한 결과다. 데이터의 출처는 현재인구조사, 미국 경제분석국, 노동통계국이다. 반올림을 했으므로 2~5열의 값을 합해도 정확하게 1열의 값이 나오지 않을 수 있다.

트 늘어났고, 1980년대와 1990년대 약 0.55퍼센트에서 베이비붐 세대가 학교에 입학하고 부모와 조부모의 교육 수준을 훨씬 넘어섰던 1960년대와 1970년대 약 0.90퍼센트까지 다양하게 나타났다. 하지만 21세기에 들어서 교육의 기여도는 0.31퍼센트로 떨어졌다. 이런 현상이 발생한 원인은 앞에서 살펴본 대로 고등학교 졸업률이 정체되고, 인구 고령화가 진행되면서 대학교 교육을 받지 않은 나이 든 노동자들이 대학교 교육을 받은 젊은 노동자들로 대체되는 속도가 느려졌기 때문이다.

20세기 인적자본 성장에 대한 경험의 평균 기여도는 연 0.05퍼센트에 불과했고, 이것은 21세기 동안 경험의 기여도인 0.08퍼센트보다 낮다. 하지만 20세기 동안 경험이 인적자본 성장에 기여한 정도가 어떻게 바뀌었는지에 주목하자. 1960년대와 1970년대에 베이비붐 세대가 노동시장에 진입하자 노동자의 평균 경험 수준이 크게 낮아져 성장에 미치는 영향이 마이너스를 기록했다. 그러다가 1980년대 다시 연 0.11퍼센트까지 증가했고, 1990년대에는 베이비붐 세대가 가장 생산적으로 활동하면서 기여도 0.35퍼센트를 기록했다. 20세기부터 21세기까지 경험의 변화가 성장 둔화를 유발한 주요 원인으로 보이지는 않지만, 1990년대와 21세기를 비교해보면 인구 고령화가 단기간에 발생한 성장률 감소에 크게 기여했다는 사실을 알 수 있다.

표 5.1의 마지막 열에서는 인적자본 스톡에서 노동시간의 기여도가 감소했다는 사실을 확인할 수 있다. 하지만 2000~2016년 노동시간의 기여도가 마이너스이기는 하지만 20세기보다 크게 악화하지 않았다는 사실에 주목하라. 우리가 좀더 부유해지면서 주당 노동시간이

줄어들었지만, 성장 둔화기에 특유하게 나타나는 현상은 아니라고 할 수 있다.

성장 둔화를 설명할 때는 교육, 경험, 노동시간보다 노동자의 증가율이 훨씬 중요하다. 20세기 동안 주로 베이비붐 덕에 인구 대비 노동자의 비율이 높아지면서 1인당 실질GDP를 0.45퍼센트 끌어올렸다. 1950년대 베이비붐 세대는 초기에 부정적인 영향을 미쳤다. 당시에 노동 연령이 아니었던 탓에 인구 대비 노동자의 비율을 떨어뜨렸기 때문이다. 1970년대에는 베이비붐 세대의 효과 덕에 성장률이 1.62퍼센트 증가했지만, 그 후 효과는 사라졌다. 1990년대까지 인구 대비 노동자의 증가 비율은 기본적으로 0퍼센트였고, 21세기에는 마이너스로 돌아서서 −0.35퍼센트까지 떨어졌다.

21세기에 나타난 영향은 금융위기의 잔재에 그치지 않았다. 해리스 엡스타이너Harris Eppsteiner, 제이슨 퍼먼Jason Furman, 윌슨 파월Wilson Powell은 금융위기를 전후로 한 2007년부터 2017년까지 인구 대비 노동자의 비율 감소 중 5분의 4는 인구 고령화만으로 설명할 수 있다고 주장했다. 니콜 마에스타스Nicole Maestas, 캐슬린 멀린Kathleesn Mullen, 데이비드 파월David Powell은 미국에서 상대적으로 나이 든 인구와 젊은 인구를 비교하는 방식을 사용해서 인구 고령화의 영향을 확인했다. 세 사람이 도출한 연구 결과는 인구 고령화가 성장에 미치는 영향이 이 책에서 제시한 것과 비슷하게 약 1퍼센트포인트라고 암시했다. 21세기 전체를 놓고 보면 성장 둔화는 최근 경기 침체의 여파가 아니라 장기적인 인구통계상 변화의 영향을 반영한다.

소가족 선호

인적자본의 증가 속도가 느려지면서 성장 둔화를 크게 부추겼고, 20세기 출산율이 하락하면서 인적자본의 증가 속도를 크게 늦췄다. 그림 5.1에서 확인할 수 있는 출산율 감소는 대부분 선진국에서 19세기, 심지어 일부 국가에서는 더 일찍 시작된 장기적인 쇠퇴 현상이다. 경제학, 사회학, 심리학, 인류학, 역사, 인구통계학, 정치학, 의학을 망라한 분야에서 상당히 많은 문헌이 각 가정의 자녀 수가 5~8명에서 1~3명으로 감소한 근본적인 원인을 규명하려고 시도했다. 나는 이 연구들에 담긴 미묘한 의미보다는 미국의 출산율 감소를 설명하는 데 결정적으로 중요하다고 믿는 요소에 집중하고자 한다. 간단히 말해서 출산율 하락은 매우 넓은 의미에서 생활 수준 향상에 대한 반응, 즉 성공의 징후다.

경제학자들은 무엇이든 냉정하고 무미건조하게 비용과 이익 측면에서 비교한다는 비판을 많이 받는데, 가족과 관련한 문제도 예외가 아니다. 그들은 게리 베커^{Gary Becker}가 고안했다고 알려진 가족 규모의 경제학을 주요 사례로 자주 인용한다. 베커는 가족 크기를 선택하는 것은 예컨대 시리얼 종류를 선택하는 것과 다르지 않다고 주장했다. 선호도와 예산 제약이라는 요소가 작용하기 때문이다. 가족은 자녀에 대해 어느 정도 선호도를 갖지만, 자녀가 늘어날 때마다 부모에게 돌아오는 효용성은 감소한다. 그렇다고 부모가 자녀들을 동등하게 사랑하지 않는다는 뜻은 아니지만, 가정을 꾸리기 시작하는 것(즉, 첫 자녀의 출산)은 자녀를 더 많이 양육하는 것과 다르다. 첫 자녀를 낳고 나서 부모의 생활 방식은 근본적으로 바뀌지만 둘째를 낳았을 때도 같은 현상이 발생하는 것은 아니다.

베커는 자녀를 양육할 때 예산 측면에서 결정적으로 중요한 투입 요소를 시간으로 가정했다. 자녀를 양육하면 부모에게는 다른 활동에 쓸 수 있는 시간이 줄어든다. 여기서 다른 활동이란, 아이와 관계가 없는 상품을 사기 위해 일하거나 다른 자녀에게 시간을 쓰는 것 등을 말한다. 이때 시간 비용은 한 부모가 일하는 동안 다른 부모가 집에 머물면서 풀타임으로 자녀를 돌보거나, 파트타임으로 일하거나, 노동 일정이 빡빡하지 않은 저임금 일자리에서 일하는 형태를 띨 수 있다. 여하튼 각 자녀에게 들어가는 비용은 자녀를 키우는 데 시간을 소비하느라 가족이 놓치는 소득이다. 베커에 따르면, 부모는 막내를 양육할 때의 한계효용이 한계비용(즉, 포기한 소득)과 같은 수준에서 자녀 수를 선택한다.

이런 관점에서 생각하면 출산율 하락은 부분적으로 경제 성장의 한 가지 작용이다. 임금이 상승하면서 부모의 시간이 더욱 가치를 띠게 됐고, 따라서 자녀를 더 낳아 양육하느라 들어가는 한계비용이 증가했다. 여느 경제적 결정과 마찬가지로 자녀 1명당 한계비용이 증가하자 가족은 자녀 수를 줄이는 선택을 했다. 출산율 감소를 설명하는 것은, 로봇 부모가 자녀를 낳을지 말지를 결정하기 위해 일종의 스프레드시트를 돌리는 것과는 다르다. 가족 크기를 둘러싼 결정에서 중요한 부분은 가족이 존재하기 훨씬 전에 내려진다. 남녀를 막론하고 대부분 결혼 후반기에 더 높은 임금을 받는데, 가족 크기가 감소하는 것은 부분적으로는 높은 임금 때문에 출산을 제한하겠다고 의식적으로 결정해서가 아니라 자녀를 낳아 키울 수 있는 시간이 더 적기 때문에 발생한 결과다.

이런 예측을 뒷받침하는 증거가 있다. 거의 2세기 동안 모든 선진국에서는 1인당 GDP와 임금이 증가하면서 출산율이 하락했다. 게다가 미국을 비롯한 대부분 선진국에서는 시기와 상관없이 언제나 고소득자의 출산율이 더 낮다. 래리 존스$^{Larry Jones}$와 미셸 터틸트$^{Michele Tertilt}$는 미국 역사에서 목격할 수 있는 가족의 소득과 출산율의 관계에 주목했다. 두 사람은 과거 인구조사국 데이터를 사용해 1828년에 출생한 여성 집단을 시작으로 연도별 조사를 이어갔는데, 그 결과에 따르면 가족의 소득과 여성이 출산하는 자녀 수는 분명히 반비례했다. 시간이 흐르면서 소득 수준을 불문하고 모든 여성의 출산율이 다소 하락하는 경향을 보이지만, 아직까지는 소득 증가가 출산율을 낮춘다는 것이 지배적인 견해다. 또 남녀의 교육 수준과 자녀 수도 일관성 있게 반비례하는데, 이런 현상은 게리 베커의 이론과 일치한다.

출산율 하락은 미국이 20세기에 생활 수준과 교육 수준을 향상시키는 데 성공했다는 증거다. 이뿐만이 아니라 20세기 동안 발생한 기술 변화도 출산율 하락에 기여했다. 제러미 그린우드$^{Jeremy Greenwood}$, 네지흐 구너$^{Nezih Guner}$, 기욤 반덴브루크$^{Guillaume Vandenbroucke}$는 노동 절약형 가전제품이 보급되면서 여성에게 돌아오는 기회가 어떻게 바뀌었는지를 다룬 문헌을 많이 검토했다. 애당초 집안일은 여자 몫이라는 생각이 생겨난 이유는 제쳐두고, 노동 절약형 가전제품 덕에 집안일에 소비하는 시간이 줄어들었으므로 여성들은 노동시장에 더욱 쉽게 진입할 수 있었다. 노동시장에 진입하고 나자, 베커의 원래 주장과 비슷하게 자녀를 출산해 키우는 기회비용이 증가했고 출산율은 낮아졌다. 게다가 기술 발달은 남녀를 막론하고 독신 생활을 더욱 매력적으로 부각하고, 결혼 연령을 늦추고, 전반적인 결혼율을 저하시키는 데 기여했다.

경제적 이유 이외에 출산율 감소의 주요 원인은 출산 결정에 대한 여성의 통제권이 증가했다는 것이다. 가장 주목할 만한 예는 1960년대와 1970년대에 시작된 피임약의 사용이다. 물론 피임약이 보급되기 전에도 피임 기술은 있었지만, 효과가 떨어졌고 남성이 적극적으로 협조해야 했다. 피임약과 기타 피임 장치(예: 자궁 내 장치)를 사용하면서 여성은 역사상 유례없이 독립적으로 출산 관련 결정을 내릴 수 있게 됐다. 앞서 인용한 골딘과 카츠의 다른 연구와 더불어 마사 베일리Martha Bailey가 실시한 연구에 따르면, 피임약은 노동시장의 다양한 결과에 지대한 영향을 미쳤다. 피임약은 여성의 결혼 연령을 높이고, 의학과 법률을 포함해 여성이 전문직에 진출하는 숫자를 늘리고, 노동시장에서 여성이 차지하는 비율을 높였다. 여성의 연간 노동시간을 늘리고, 22세 이전에 첫 출산을 하는 확률을 줄였다.

성장 둔화를 생각할 때 중요한 점은 시간 경과에 따라 임금이 지속적으로 상승하고, 피임약이 보급되면서 20세기 동안 출산율이 지속적으로 현저하게 하락했다는 사실이다. 이런 출산율 하락은 인구의 연령 구조를 바꾸면서 경험과 평균 교육 정도의 향상에 영향을 미쳤다. 지난 20년 동안 인적자본 증가율이 하락한 것은 불가피한 현상이었다. 1950년대와 1960년대에 시작된 출산 결정이 배후에서 작용했기 때문이다. 일단 시작한 연령 구조의 변화는 피할 수 없었다.

성장 둔화에 대한 기여도

현재 나타나는 성장 둔화는 20세기에 발생한 성공적인 경제 성장과 향상된 여성 권리에 상당 부분 기인한다. 99쪽 표 5.1에서 1인당 인적 자본 증가율을 10년 단위로 나타냈다. 넓은 관점에서 보면 표에 나타난 대부분 변화는 지금까지 설명한 가족 크기의 변화에서 발생했다. 이것은 인구통계상 변화만으로도 성장률이 1.11퍼센트포인트 하락했다는 뜻이다.

하지만 나는 좀더 조심스러운 입장에서 설명하기 위해 그 수치를 약간 줄일 것이다. 인구 대비 노동자의 비율이 하락한 것은 경험의 변화와 마찬가지로 주로 인구 고령화의 영향이었다. 하지만 교육 성장률이 하락한 부분적인 이유는 인구통계상 변화이고, 노동시간 감소가 미치는 영향은 인구 고령화의 영역 밖에 있다고 주장할 수 있다. 어림잡아서 가족 크기가 작아지는 추세 때문에 발생한 인구 고령화가 성장 둔화의 0.80퍼센트포인트를 설명한다고 해보자. 이렇게 추정치가 낮은 반면에 생활 수준의 향상과 여성 생식권리의 증가는 20~21세기까지 1인당 GDP 성장률 하락 1.25퍼센트포인트 중 3분의 2를 설명한다.

6

생 산 성 과 기 술 의 차 이

지금까지 인적자본의 역할을 설명했으므로 이제 성장 둔화의 나머지 주요 원인인 잔차 성장을 살펴보자. 사람들이 잔차 성장에 대해 흔히 알고 있는 모든 사항은 실제와 다르다. 잔차 성장은 더 많은 물적자본이나 인적자본의 축적에 기인하지 않은 경제 성장을 뜻한다. 잔차 성장은 공식적인 정의가 없으며, 1인당 실질GDP 성장률에 영향을 미쳤거나 미치지 않았을 수도 있는 모든 힘을 포괄한다. 4장의 회계에서 살펴봤듯이, 세기가 바뀔 무렵 벌어진 상황 때문에 결과적으로 잔차 성장률이 하락했다. 하지만 잔차가 측정하는 단일 경제활동이나 개념이 없으므로 잔차 성장률이 하락한 원인은 분명하지 않다.

잔차 성장은 '생산성 증가'라는 친숙한 명칭으로도 불린다. 자료에 따라서는 '총요소 생산성 증가total factor productivity growth'나 '다요소 생산성 증가.multifactor productivity growth'라고 불린다. 생산성 증가(지금부터는 일반적인 의미의 용어로 사용할 것이다)는 잔차 성장의 일부도 아니고, 잔차 성장의 추정치도 아니다. 잔차 성장과 생산성 증가는 동의어다. 앞으로 몇 장에 걸쳐서 생산성 증가율이 하락하는 주요 원인 몇 가지를 설명하고, 특히 그중 하나가 성공의 징후라는 점을 살펴보려 한다.

기술이라는 단어를 사용하지 마라

설명을 시작하기 전에 지적인 제초 작업을 약간 하고 싶다. 생산성 증가를 기술과 연결하려는 경향은 용어의 범위를 지나치게 넓히거나 좁힌 것이다. 기술을 구성하는 요소가 무엇인지 찾아보면 이 말이 무슨 뜻인지 알 수 있다. 자동차 제조사가 시제품의 부품을 생산할 때 사용하는 3D 프린터는 기술일까, 아닐까? 당연히 기술로 봐야 할 것 같지 않은가? 과학적 요소가 들어가고 값도 비싸므로 틀림없이 기술일 것이다. '특히 산업에서 실용적인 목적을 달성하기 위해 과학적 지식을 적용한 것'이라는 기술의 사전적 정의에도 들어맞는다.

그렇다면 트럭으로 입고되는 상품을 창고에 보관하지 않고 분류나 재포장을 거쳐 곧장 다시 출고하는 크로스 도킹cross-docking은 어떨까? 이것은 기술일까? 과학적 지식이 적용됐을까? 아니면 트럭끼리 물건을 효율적으로 옮기는 좋은 방법에 불과할까? 케첩이나 마요네즈를 더욱 쉽게 짤 수 있도록 거꾸로 세운 용기는 어떨까? 이것은 누구나 쉽게 생각해낼 수 있으므로 기술이 아닌 걸까? 아니면 용기의 디자인 이면에 중요한 유체 역학의 원리가 숨어 있으므로 기술로 간주해야 할까? 크로스 도킹이나 케첩 용기는 전기를 사용하지 않으므로 기술적인 요소가 더 적은 것일까. 아니면 더 많은 것일까? 크루아상과 도넛을 합친 패스트리인 크로넛cronut을 만드는 건 기술일까? 입고된 재료를 재고로 두지 않고 곧장 사용하는 적시생산 방식은 기술일까? 매출 부진으로 고전하는 매장에 고위 경영자를 배치하는 것은 기술일까?

대체 기술의 정의가 무엇인지 고민하는 수고를 덜어주려 한다. 경제 성장의 관점에서 볼 때 기술이라는 단어에는 아무 뜻도 없다. 다만 생산성 증가가 있을 뿐이다. 생산성 증가는 우리가 사용한 인적자본과 물적자본의 증가량을 넘어 실질GDP의 추가 성장량을 가리킨다. 전기를 사용했는지, 어제 또는 100년 전에 설계한 기법을 활용했는지, 흰색 실험실 가운을 입은 사람들이 참여했는지에 따라 달라지는 게 아니다.

나는 크로넛의 제조가 기술로 간주되는지 어떤지는 알지 못한다. 하지만 크로넛이 생산성을 증가시켰다는 사실은 알고 있다. 미가공 투입물에 더 높은 가치를 부여하도록 사람들을 유도했기 때문이다. 크로스 도킹도 생산성을 높였다. 기업이 창고 공간(물적자본)과 트럭 운전자의 시간(인적자본) 등 더 적은 투입으로 같은 양을 생산할 수 있기 때문이다. 적시생산 방식도 비슷하게 생산성을 끌어올렸다. 기업이 값비싼 창고 사용 비용을 들이지 않게 하고, 부품이 부족해 공장 가동을 중단하는 사태를 막을 수 있기 때문이다. 매출이 부진한 매장에 고위 관리자를 배치하는 방법도 생산성을 높이는 방법이다. 일정한 투입물에서 더 많은 양을 생산함으로써 실적을 호전시키기 때문이다.

상품이나 공정이 첨단 기술이냐 아니냐는 생산성 증가와 무관하며, 따라서 경제 성장과도 무관하다. 우리는 오로지 생산된 상품과 서비스의 가치에만 신경을 쓴다. 4장에서 인용한 케이크 사례를 떠올려보자. 만드는 공정에는 첨단 기술이 들어가지 않지만 케이크에는 여전히 가치가 있다. 케이크가 완성됐다고 알려주는 앱을 내장한 새 최첨단 오븐을 사용했기 때문에 케이크 가치가 올라갔다고 말할 것도 없다. 케이크를 만들며 견과류를 첨가했을 뿐이다. 어쩌면 달걀흰자를 수동으로 휘저어 적절한 수준으로 거품을 내는 것 같은 저차원적 기술을 사용했기 때문에 케이크의 가치가 올라갔을 수도 있다. 하지만 케이크의 가치가 증가했으므로 생산성도 커졌다.

그렇다고 기술이 경제 성장에 중요하지 않다는 뜻은 아니다. 자동차 제조사가 새 모델을 생산하기 시작하면서 완성할 때까지 걸리는 시간을 단축해주는 첨단 3D 프린터도 생산성을 높인다. 태양전지와 배터리 기술의 발달은 생산 비용을 낮추고, 기업과 개인에게 대체 에너지원을 제공해주므로 생산성 증가에 기여한다. 이런 예는 무수히 많다.

하지만 기술 변화와 생산성 증가는 별개 개념으로 생각해야 한다. 생산성 증가율이 둔화했다고 해서 우리의 창의성이나 능력이 줄었다는 뜻은 아니다. 다만 자율주행차, 유전자 편집, 바이오 연료 등 흥미진진한 신기술의 발전이 생산성 증가율에 반드시 영향을 미치는 것은 아니라는 얘기다. 나는 미래 기술이 앞으로 어떤 모습을 띨지, 미래 기술이 인류의 번영에 어떤 근본적인 영향을 미칠지 여전히 모르겠다. 아마도 현재가 일종의 테크노 유토피아에 막 진입하려는 시점일 수도 있고, 아니면 군사용 통신 위성 스카이넷이 인류를 모두 죽일 수도 있다. 내가 아는 것은 최근에 나타나는 생산성 증가율의 둔화만 보아서는 이런 일들이 일어날 개연성을 거의 발견할 수 없다는 것이다.

생산성 증가율이 정말 둔화되고 있는가?

생산성 증가율 둔화의 이면에 기술만 있는 것이 아니라면 대체 무엇이 있을까? 일종의 계산 오류일 뿐, 생산성 증가율이 전혀 둔화하지 않았을 가능성도 있다. 특히 2000년 무렵 어느 시점에서 측정된 실질GDP 성장은 상품·서비스 가치의 실제 증가를 더는 따라잡지 못했다. 측정된 GDP 성장률이 과소평가됐는데 물적자본과 인적자본의 증가율이 정확했다면, 잔차 성장과 마찬가지로 생산성 증가율이 과소평가되는 결과를 낳았을 것이다. 이것이 사실이라면 생산성 증가율 둔화는 성장 둔화를 유발하지 않았다. 성장 둔화가 전혀 없었기 때문이다. 둘 다 실질GDP를 측정하는 방법에 관한 문제의 증상일 뿐이다.

마틴 펠드스타인Martin Feldstein은 최근에 몇 가지 측정 문제를 설명하는 논문을 발표했다. 실질GDP 성장은 같은 기간 가격 증가와 총지출(달러 단위) 증가를 비교하는 방식으로 측정된다. 만약 지출이 가격보다 빨리 증가했다면 실질GDP는 틀림없이 상승했을 것이다. 펠드스타인은 가격 상승을 과대평가한다면 실질GDP 성장을 과소평가하는 것이라고 지적했다. 또 미국 경제분석국이 특정 상품이나 서비스를 지나치게 허술하게 일률적으로 다뤄서 가격 상승을 과대평가했을 수도 있다.

텔레비전을 생각해보자. 2005년 아내와 나는 새집으로 이사하면서 당시 기준으로 신기술인 32인치 HD 텔레비전을 약 800달러를 주고 샀다. 해상도는 480p였고 여전히 진공관 텔레비전이었으며 폭스바겐 자동차만큼이나 무거웠다. 그 후 2010년에 42인치 텔레비전을 역시 약 800달러를 주고 새로 샀다. 해상도가 1,080p인 LCD 평면 화면이었고 나 혼자 들어서 벽에 걸 수 있을 정도로 가벼웠다. 그리고 몇 년이 지난 2015년에 이 텔레비전을 방으로 옮기고 거실에는 업그레이드된 텔레비전을 역시 약 800달러를 주고 하나 더 사서 들여놓았다. 해상도는 1,080p로 46인치 LED 텔레비전인데 무게가 훨씬 가볍고 스마트 텔레비전 앱을 탑재해 외부 장치를 장착하지 않아도 넷플릭스와 HBO의 프로그램을 시청할 수 있었다. 하지만 우리 부부의 구매 행동은 텔레비전 기술이 발전하는 속도를 여전히 따라잡지 못하고 있다. 지금 베스트바이Best Buy 매장에 가면 약 800달러 가격이면서 해상도가 4K이고 광범위한 스마트 텔레비전 앱을 탑재한 62인치 LED 텔레비전을 볼 수 있다.

각 텔레비전을 단순히 '1대의 텔레비전'으로 생각한다면 가격은 10년 넘게 800달러를 유지했거나 가격 상승률이 0퍼센트에 그친 것처럼 보인다. 하지만 이것은 지나치게 허술한 생각이다. 각 텔레비전의 성능이 이전보다 분명히 개선됐기 때문이다. 내가 2005년에 구매한 텔레비전과 비교할 때, 2015년에 구매한 46인치 텔레비전의 성능이 높은 해상도와 앱 덕에 4배 개선됐다고 해보자. 그러면 2015년에 구매한 텔레비전은 2005년에 구매한 텔레비전 4대에 해당한다. 다시 말해 2005년의 텔레비전 가격이 2015년에는 200달러에 불과해졌다는 뜻이다. 2005년 텔레비전 1대 가격이 800달러에서 200달러로 떨어졌으므로 상승률은 -75퍼센트가 된다. 만약 경제분석국이 텔레비전 1대 가격의 상승률로 0퍼센트를 사용했다면 가격 상승을 과대평가하는 동시에 실질GDP 성장률을 과소평가한 것이다.

펠드스타인은 이런 문제를 안고 있는 상품과 서비스가 많으므로 우리가 전반적으로 가격 상승을 과대평가하고 실질GDP 성장률을 과소평가한다고 주장했다. 완전히 새로운 상품이나 서비스를 경제에 도입하는 경우에는 이 문제가 훨씬 악화된다. 출시하기 전에는 새 품목의 가격을 책정할 길이 없다. 따라서 가격을 책정하기 위해 경제분석국은 그 품목이 없었던 수년 동안 이것을 더욱 큰 범주로 분류해야 하므로 결국 같은 문제에 부딪힌다. 여러 가지 다른 범주(예: 컴퓨터, 휴대전화, 라디오, GPS 장치)에서 발견한 기능을 결합한 신제품(예: 스마트폰)이 시장에 나왔음을 고려할 때, 이것은 과거 수십 년 동안 겪어온 문제일 것이다.

하지만 성장 둔화를 이렇게 설명하려면 몇 가지 난관을 넘어야 한다. 펠드스타인이 논문을 발표한 같은 학술지에서 채드 시버슨Chad Syverson이 펠드스타인에게 의문을 제기했다. 그의 주장에 담긴 전제에 대해서가 아니라 그 영향이 중요할 정도로 큰지에 대해서다. 만약 실질GDP를 잘못 측정한 것이 성장 둔화의 원인이라면, 측정 오류는 2000년 이후 훨씬 심각해졌을 것이다. 하지만 시버슨은 이런 문제가 성장 둔화보다 수십 년 먼저 발생했다고 설명했다. 1961년으로 거슬러 올라가 미국은 스티글러위원회(경제학자 조지 스티글러George Stigler의 이름을 땄다)를 결성해 GDP의 척도가 시간 경과에 따른 질적 변화를 효과적으로 포착하는지 연구했다. 성장 둔화가 시작되기 전인 1996년 보스킨위원회(경제학자 마이클 보스킨Michael Boskin의 이름을 땄다)는 비슷한 이유로 소비자물가지수Consumer Price Index, CPI의 구조를 연구해달라는 요청을 받았다. 실질GDP 측정이 정확하게 과학적인 적은 없었고, 지난 10년 동안 출시된 스마트폰과 4K 텔레비전을 포함한 상품들이 냉장고·자동차·에어컨보다 많은 문제를 일으켰는지 역시 분명하지 않다.

만약 스마트폰 같은 현재 상품에 이런 측정 문제가 발생할 가능성이 크다면 이런 상품을 제조하는 산업에서 생산성 증가율 둔화가 두드러지게 나타나리라 예상할 수 있다. 어떤 산업에서도 우리는 실질GDP에서 그랬듯이 비슷한 종류의 회계처리를 할 수 있고, 따라서 생산성 증가를 나타내는 잔차를 계산해낼 수 있다. 시버슨은 컴퓨터와 기타 전자제품을 생산하는 산업에서 이 작업을 수행한 후에 해당 산업에서 발생하는 생산성 증가율 하락이 다른 상품과 서비스를 생산하는 산업과 다르지 않다는 사실을 발견했다. 모든 산업에서 성장세가 동시에 둔화하고 있다면 몇 가지 업종에서 측정 오류가 발생했다고 탓하기는 어렵다. 이에 시버슨은 다음과 같이 결론 내렸다.

"우리가 실질GDP 성장률을 잘못 측정하고 있을지는 모르지만, 지금까지 항상 측정해왔고 성장 둔화에 원인을 제공할 수 있는 측정 오류에 대해서는 지난 수십 년 동안 특별하게 밝혀진 사항이 전혀 없다."

이제 혁신은 바닥났을까?

기술 혁신이 생산성 증가에 관여하는 유일한 요소는 아니지만 중요한 역할을 하는 것은 분명하다. 성장둔화에 대한 가능한 설명은, 혁신을 발견하기가 더욱 힘들어지고 있다는 것이다. 최근 니컬러스 블룸Nicholas Bloom · 찰스 존스 · 존 밴 리넨John Van Reenen · 마이클 웨브Michael

Webb는 이런 개념을 확인하는 방법을 고안하고, 인력과 자원의 형태로 연구·개발에 투입된 노력을 조사해서 이것이 새로운 혁신의 생산 속도와 어떤 관계가 있는지 연구했다.

네 사람의 연구 결과가 발표된 논문을 살펴보면, 잔차 생산성 너머를 겨냥하고 몇 가지 선별 분야에서 달성한 명백한 기술 향상에 관한 데이터를 도입했다는 사실이 흥미롭다. 무어의 법칙 Moore's Law 을 조사한 것이 한 가지 예다. 이 법칙에 따르면 컴퓨터와 전자제품에 들어가는 집적회로의 밀도는 2년마다 2배씩 증가한다. 이런 현상은 1970년대 초에 시작했고, 칩 하나에 들어가는 트랜지스터는 당시 2,000여 개였지만 오늘날에는 20억 개가 넘는다. 무어의 법칙은 트랜지스터 밀도의 증가율이 거의 50년 동안 연간 약 35퍼센트로 일정했다고 말한다.

블룸 등의 주장에 따르면, 트랜지스터의 밀도 증가율이 일정하기는 했지만 같은 성장률을 달성하기 위해 투입되는 연구 노력은 같은 기간 거의 80배 증가했다. 그들이 주장하는 대로라면 트랜지스터의 밀도 증가율은 바뀌지 않았으므로 오늘날 트랜지스터 밀도를 2배로 증가시키는 것은 1970년대보다 약 80배 힘들다. 이런 의미로 판단할 때 혁신을 달성하는 것은 시간이 흐를수록 더욱 힘들어졌다.

네 저자는 다른 분야에서도 비슷한 맥락을 발견했다. 종자 품질, 비료, 기타 영역에서 달성하는 혁신에 따라 달라지는 농업 수확량은 지난 50년 동안 꾸준한 증가율을 보였다. 하지만 수확량을 끌어올리기 위해 기울이는 노력은 연구 대상인 작물에 따라 6~24배 증가했다. 의학 분야에서는 FDA에 등록된 합성신약 New molecular Entity, NMEs 의 수를 추적했다. 합성신약은 프릴로섹Prilosec, 클라리틴Claritin, 프로작Prozac 같은 다수의 친숙한 약물을 포함해 시판 중인 모든 중요한 약물을 아우른다. 집적회로나 농업 수확량에서 그렇듯이, 블룸 등은 1970년부터 2015년 사이에 연구 노력은 16배 증가한 반면 출시된 합성신약의 증가율은 시간이 지나도 거의 같은 수준을 유지했다는 사실을 발견했다.

이 밖에도 그들이 발표한 논문에서 몇 가지 사례를 검토해보면 생산성 증가율이 둔화된 원인은 혁신에 따르는 어려움이 증가하기 때문이라고 할 수 있다. 하지만 각 사례에서 저자들이 시간 경과에 따라 혁신 성장률이 하락하지 않고 일정하다고 기록했다는 사실에 주목할 필요가 있다. 그렇다. 혁신을 달성하려면 시간이 지날수록 더 많은 노력을 기울여야 하겠지만, 우리는 그 분야에서 꾸준히 노력하면서 혁신 성장률을 유지해왔다.

공동 저자 중 한 명인 찰스 존스는 1990년 중반 비슷한 주장을 담은 논문 두 편을 발표하면서 종합적인 데이터를 검토했다. 결과적으로, 20세기 동안 미국뿐 아니라 모든 선진국에서 고용 연구자 수는 분명히 증가했는데 생산성 증가율과 1인당 실질GDP 성장률은 바뀌지 않았다는 사실을 발견했다. 존스는 이런 발견을 토대로 장기적인 성장률을 결정하는 요소에 관해 더욱 깊이 있는 통찰을 제시했다. 이런 통찰은 흥미롭기는 하지만 이 책에서 다루는 범위를 약간 벗어난다. 우리가 추구하는 목적에 맞추어 내릴 수 있는 중요한 결정은, 혁신을 달성하기 위해서는 더욱 많은 노력을 기울여야 하고 그래야 장기적으로 혁신 성장률이 0퍼센트에 가까워지는 사태를 막을 수 있다는 것이다.

블룸 등의 논문과 존스의 다른 연구 성과를 살펴보면, 성장 둔화의 이면에 혁신율 하락이 도사리고 있는 경우에는 혁신을 향한 노력의 하락이 주요 동인으로 작용했다는 결론이 나온다. 이런 하락이 존재했는지 알아보기 위해 그들과 비슷하지만 종합적인 수준에서 일부 데이터를 살펴보려 한다.

그림 6.1은 경제협력개발기구가 정의한 대로 연구 활동 참여자의 수를 근거로 종합적인 연구 노력을 측정하는 척도 두 가지를 제시한다. 실선이 나타내는 피고용인 1,000명당 연구자 수는 1981년 약 5명 (즉, 피고용인의 약 0.5퍼센트가 연구자였다)에서 2015년 약 9명으로 증가

그림 6.1 시간 경과에 따른 연구자 수

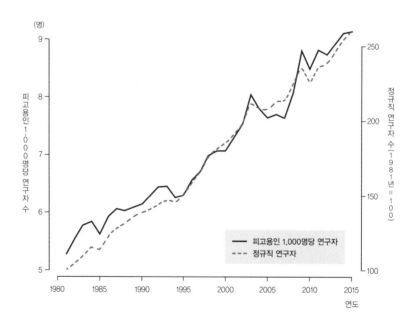

비고: 피고용인 1,000명당 연구자 수에 관한 데이터의 직접적인 출처는 경제협력개발기구이며, 정규직 연구자 지표는 직접 계산했다. 1981년 정규직 연구자 수를 100으로 설정하고 각 연도의 수치를 지수로 나타냈다.

했다. 2003~2007년처럼 비율이 정체된 기간이 있었지만 2010년 다시 예전 추세로 증가했다. 더욱이 전체 기간의 연구자 수가 2000년을 전후로 해서 근본적으로 바뀌었다는 징후는 전혀 없다.

점선은 시간 경과에 따라 절대적인 연구자 수(1981년 정규직 연구자 수를 100으로 설정하고 각 연도를 지수화했다)를 추적해 표시했다. 2015년의 연구자 수는 1981년의 2.5배를 약간 넘어섰다. 다시 말하지만 21세기로 접어드는 시점에 연구자 수의 증가 현상이 바뀌었거나 중단됐다는 증거는 거의 찾아볼 수 없다. 성장 둔화 시기에도 최소한 고용 측면에서는 끊임없이 더욱 많은 연구 노력을 쏟았다는 뜻이다. 그림 6.1에 표시된 데이터를 종합해보면 21세기로 접어들 무렵에 연구 노력이 근본적으로 하락했다고 의심할 만한 근거가 없다. 시간 경과에 따라 혁신하기가 더욱 힘들어지는 것은 사실이지만, 그렇다고 해서 이것이 성장 둔화를 설명하는 설득력 있는 이유인 것 같지는 않다.

어디에 답이 있을까?

지금까지 생산성 증가율 둔화를 규명하지 못하는 몇 가지 사항에 대해 설명했다. 한편으로는 생산성 증가율이 둔화한 원인을 확실히 제시할 수 없다는 점이 안타깝다. 생산성은 잔차이므로 거의 무한대로 많은 설명이 가능하지만, 어떤 것도 명확한 설명이 되지 못한다. 하지만 몇 가지 설명을 뒷받침하는 중요한 실증적 증거를 살펴보려 한다.

첫째, 우리의 지출 구성이 장기적으로 상품에서 벗어나 서비스 쪽으로 이동하고 있다는 점이다. 앞으로 설명하겠지만 이것은 성공으로 간주해야 하는 현상이다. 지출이 서비스 쪽으로 이동하는 이유는 우리가 상품을 워낙 능숙하게 생산하게 됐으므로 상품 가격이 매우 저렴해져서 더는 상품 구매에 많은 돈을 쓸 필요가 없기 때문이다. 그리고 지출에서 발생한 변화가 생산성 증가에 직접적으로 영향을 미쳤다.

4장에서 계산한 잔차인 경제 전체의 생산성 증가는 제조업, 보건의료, 소매업 등 경제를 구성하는 모든 개별 산업을 대상으로 산출한 생산성 증가의 가중평균이다. 경제 전체를 대상으로 한 것과 마찬가지로, 각 산업에서 물적자본과 인적자본의 사용을 토대로 예측한 성장을 실질적인 산출 증가와 비교함으로써 잔차 생산성 증가를 계산할 수 있다. 그러면 결과적으로 서비스 생산 산업의 생산성 증가율이 상품 생산 산업보다 낮은 경향이 있다는 사실을 알 수 있다. 지출이 서비스 쪽으로 이동하면서 경제는 생산성 증가율이 하락하는 쪽으로 이동하고 있다. 이런 이동 현상은 경제 전반에 걸친 생산성 증가율 하락의 절반가량을 설명한다. 하지만 이런 하락은 우리가 물리적 상품을 저렴하게 만드는 데 성공했기에 나타난 결과다.

둘째, 지난 수십 년 동안 기업의 시장 지배력이 증가했다는 점이다. 수집한 증거를 조사해보면 기업이 청구한 평균 마크업markup, 즉 '한계비용 대비 가격의 비율'은 1990년 이후 꾸준히 증가했다. 이런 마크업 증가는 같은 기간 GDP의 일부인 경제적 이익의 증가와 일치했다. 아마도 경쟁 감소에 직면한 기업이 혁신이나 투자를 제한함으로써 시장 지배력의 증가가 성장 둔화에 기여했으리라고 생각할 만한 근거들이 있다. 하지만 생산성 증가율의 회계를 생각하면 이야기는 모호해진다. 데이터에서 확인할 수 있는 마크업과 이익의 일부 증가는, 개인 기업의 시장 지배력이 증가한 결과가 아니라 소비자 스스로 시장 지배력을 더 많이 보유한 기업 쪽으로 지출 패턴을 바꾼 결과일 수 있기 때문이다. 게다가 수익 대비 생산성이 더 높은 기업 쪽으로 자원을 이동하므로, 마크업이 높은 기업으로 지출을 이동한 것이 생산성 증가율을 끌어올렸을 수도 있다. 이 경우에 데이터에서 확인할 수 있는 시장 지배력의 증가는 성장 둔화를 유발한 것이 아니라 실제로는 성장 둔화가 더욱 심해지지 않도록 막아주었을 것이다.

셋째, 약간 모호한 설명이기는 하지만, 서로 다른 사용 사이에 인적자본과 물적자본을 재분배하는 속도가 둔화됐다는 점이다. 노동자들이 다른 물리적 지역으로 이동하는 것을 포함해 일자리를 바꾸는 속도가 지난 수십 년 동안 둔화됐다. 이와 더불어 같은 기간 새 기업들이 생겨나고 기존 기업들이 문을 닫는 속도도 느려졌다. 다른 증거들을 추적해보면 산업에서 목격하는 생산성 증가는 상당 부분 재분배를 통해 추진된다. 이때는 노동자가 더 많은 임금을 받는 직업을 찾아 움직이거나, 실패한 식당을 새 주인이 인수하거나, 오래된 서킷시티 Circuit City 매장을 베스트바이가 인수하는 등의 형태를 띤다. 이와 같은 재분배 빈도는 지난 20년 동안 분명히 줄어들었지만 그 이유를 밝히는 명쾌한 설명은 없다. 이런 역동성 쇠퇴가 성장 둔화와 같은 시기에 발생하면서 생산성 증가율을 감소시키는 데 일부 기여했을 것이다.

앞의 설명을 모두 종합해보면 지난 20년 동안 생산성 증가율이 둔화한 원인을 파악할 수 있다. 성장 둔화는 경제활동이 상품에서 서비스로 전환한 것에 상당 부분 기인하므로, 나는 이를 현저한 성공의 결과로 생각하는 것이 최선이라고 주장한다. 그렇더라도 시장 지배력 상승과 역동성 감소 등의 현상이 성장 둔화를 부추겼을 것이다. 두 가지 현상이 반대로 나타났다면 우리 모두 아니면 최소한 우리 대부분이 더욱 잘 살았을지 모른다는 점을 고려할 때, 둘 다 실패로 비칠 것이다. 그런 맥락에서 생산성 증가율 둔화에 기여하는 모든 요소가 반드시 성공을 가리키는 것은 아니지만, 생산성 증가율 둔화는 대부분 성공에 기인했다.

상품에서 서비스로의 전환

상품에서 서비스로 이행하는 재분배는 생산성 증가율 둔화에 중요한 요인으로 작용했으며 성공을 상징한다. 생산성을 증가시키기 위해 재분배가 상품에서 벗어나 서비스 방향으로 이행하는 현상이 얼마나 중요한지를 이해하기 위해 4차선 고속도로를 달린다고 생각해보자. 왼쪽은 빠른 차로이고, 오른쪽은 느린 차로다. 우리가 여행할 때 차로를 달리는 평균 속도는 '한 차로 대 다른 차로에서 보내는 시간'으로 결정된다. 운이 좋아서 내내 왼쪽 차로를 달릴 수 있다면 느린 차로로 계속 달려야 하는 사람보다 평균 속도는 훨씬 빠를 것이다.

경제 전반에 걸친 생산성 증가는 경제의 평균 속도와 약간 비슷하다. 자체적으로 높은 생산성 증가율을 상징하는 '빠른 차로로 달리는 산업'들은 상품 생산과 관계가 있는 경향을 보인다. 그리고 낮은 생산성 증가율을 상징하는 '느린 차로로 달리는 산업'들은 서비스 생산과 관계가 있는 경향을 보인다. 각 차로에서 보내는 시간은 각 산업에 투입하는 노동이나 자본의 양이다. 우리는 지난 수십 년 동안 노동이 빠른 차로인 상품 생산 산업에서 벗어나 느린 차로인 서비스 생산 산업으로 합류하는 현상을 목격했다. 우리가 이러한 현상을 가장 친숙하게 목격할 수 있는 분야로는 제조업을 꼽을 수 있고, 제조업에서는 빠른 생산성 증가를 경험하는 경향이 있다. 제조업은 1980년에 노동력의 약 20퍼센트를 고용했지만 2017년 들어서는 약 9퍼센트만 고용했다.

상품에서 서비스로 전환하고, 생산성 증가율이 감소한다고 해서 생산성이 하락한다는 뜻은 아니다. 이제 느린 차로로 합류한다고 생각해보자. 후진한다는 뜻이 아니라 좀더 천천히 전진한다는 뜻이다. 차로 변경이 총생산성 증가, 따라서 성장 둔화에 얼마나 중요한지를 파악하려면 이 모든 것을 수치화해야 한다. 그러려면 각 차로를 달리는 평균 속도를 계산하고, 각 차로에서 보낸 시간을 알아야 한다. 또 생산은 단순히 상품과 서비스를 분리하는 것보다 복잡하므로 4차선이나 8차선이 아니라 무려 수십 차선의 경제 초고속도로를 대상으로 계산해야 한다.

각 산업에 해당하는 생산성이나 속도를 계산하기 위해 4장에서 1인당 실질GDP를 다룰 때와 같은 분석을 시도할 것이다. 즉 물적자본과 인적자본의 증가된 사용량만을 근거로 특정 산업에서 산출량의 예상 증가율을 살펴볼 것이다. 그 후에는 이것을 실질적인 산출 증가율과 비교할 텐데, 이 잔차 성장은 해당 산업의 생산성 증가율이거나 산업이라는 차로에서 움직이는 속도일 것이다.

산업별 생산성 증가율을 합산하고 그 수치가 경제 전반에 걸친 생산성 증가에 얼마나 기여했는지를 척도로 사용해 각 가중치를 측정할 수 있다. 이 가중치는 각 차로에 얼마나 오래 머물렀는지를 나타낸다. 모든 산업에서 가중치는 총 GDP에서 특정 산업이 차지하는 비중이다. 이 비중은 특정 산업의 부가가치를 총 GDP로 나누어 계산한다. 특정 산업의 부가가치는 그 산업이 경제에 순수하게 기여한 비중이고, 다른 산업에서 구매한 상품과 서비스의 가치를 산출량의 가치에서 뺀 값이다. 따라서 각 산업이 경제 전반에 걸친 생산성 증가를 계산할 때 차지하는 가중치는 산업의 원 산출량이 아니라 생산할 때 사용하는 상품과 서비스에 '부가한 가치'의 양에 따라 달라진다.

산업 간 이동

우선 이 책에서 뜻하는 산업의 정의를 밝혀야겠다. 산업은 생산되는 물건의 종류, 판매 방식, 판매 대상자에 근거해 경제활동을 임의로 구분한 것이다. 한 가지 산업을 바닥부터 생각해보면 유용하다. 당신이 가구점을 운영하지만 가구를 제조하지는 않는다고 가정하자. 당신은 가구를 다른 가구점에 판매하지 않고 개인에게만 판매한다. 이 단계에서 사업은 도매업과 소매업으로 나뉜다. 또 당신의 가게는 대중에게 직접 판매하지 않고 가게에만 판매하는 가구 제조사와 구별되며, 이때 제조사는 제조업에 속한다.

모든 단일 경제활동을 특정 산업으로, 다시 각 산업을 구성하는 하위 산업으로 분류하는 작업은 복잡하다. 중요한 점은 여기서 거론할

고차원 산업들은 미국에서 시행되고 있는 경제활동 유형을 대략 안내할 뿐이지 확정하지 않는다는 것이다. 경제활동을 분류하는 체계가 몇 가지 있는데, 모든 체계는 상품과 서비스의 동향이 바뀌면서 시간 경과에 따라 바뀌어왔다.

시간이 흐르면서 미국 실질GDP의 산업 구성에는 어떤 현상이 발생했을까? 그림 7.1은 총 17개 산업 중에서 선택한 4개 산업의 GDP 대비 부가가치 점유율을 보여준다. 그림에서 가장 두드러지는 점

그림 7.1 선택한 산업에서 GDP 대비 부가가치 점유율

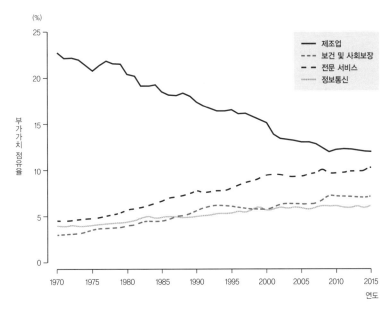

비고: 데이터의 출처는 KLEMS의 데이터베이스다. 점유율은 매년 현재 가격 부가가치를 사용해 계산했다. 국제표준산업분류 코드에서 C는 제조, Q는 보건 및 사회보장, M–N은 전문 서비스, J는 정보통신을 의미한다.

은 GDP에서 제조업의 비중이 1970년 약 23퍼센트에서 2015년 약 12.5퍼센트로 꾸준히 감소했다는 것이다. 이 과정에서 하락세는 급격할 때도 있고 둔화되거나 역전되는 때도 있었지만, 지배적으로 유지되고 있다.

제조업의 하락 추세는 나머지 서비스 관련 산업 3개의 점유율 증가와 대조를 이룬다. 보건 및 사회보장 분야는 거의 전적으로 보건의료 산업으로 구성된다. 해당 산업에서 GDP 대비 부가가치 점유율은 1970년 약 4퍼센트에서 2015년 약 8퍼센트로 2배 증가했다. 이 수치가 더 크지 않은 것을 의아하게 생각할지도 모르지만, 개인소득에서 지출이 차지하는 비중이 아니라 GDP에서 부가가치가 차지하는 비중이라는 사실을 기억할 필요가 있다. 다음 장에서는 시간 경과에 따라 지출이 어떻게 변했는지 살펴보는 대안적 방법을 다룰 것이다. 다만 여기서는 보건의료가 GDP의 일부로 성장했다는 사실만 이해하고 넘어가자.

전문 서비스(예: 공인회계사, 건축사, 광고대행사)와 정보통신(예: 출판, 텔레비전 프로그램 제작, 컴퓨터 프로그래밍)도 같은 기간 GDP의 일부로 부상했다. 전문 서비스는 경제의 약 5퍼센트에서 10퍼센트로, 정보통신은 약 4퍼센트에서 6퍼센트로 성장했다. 이 세 가지 산업은 소규모 서비스 관련 몇몇 산업과 함께 제조업의 쇠퇴를 반영한다. 그림 7.1이 의미하는 바는 시간 경과에 따라 실질적인 제조 생산량이 감소한 것이 아니라 제조업의 GDP 대비 부가가치 점유율이 감소했다는 뜻이다. 1970~2015년 제조업의 부가가치 증가율은 플러스였지만, 전문 서비스·보건의료·정보통신만큼 높지 못했다.

총생산성 증가에 미치는 영향

그림 7.1을 보면 2000년이나 1980년과 비교할 때 2015년에 제조업 차로에서 보낸 시간은 적은 반면에 보건 및 사회보장, 전문 서비스, 정보통신 차로에서 보낸 시간은 많았음을 알 수 있다. 각 산업 차로마다 생산성 증가율이 다르기 때문에 차로를 변경했다면 생산성 증가율이 달라졌을 것이다. 특히 제조업과 기타 상품 생산 산업의 생산성 증가율이 더 높고 서비스 생산 산업을 포함해 다른 산업의 생산성 증가율이 더 낮은 경향을 보였다면, 상품에서 서비스로 이동한 것이 생산성 증가율 둔화를 일부 초래했을 것이다.

그리고 대체로 그런 현상이 발생했다. 표 7.1에서 1열은 17개 산업이 2000~2015년에 기록한 연간 생산성 증가율을 나타낸다. 앞서 언급했듯이 산업의 분류는 다소 자의적이지만, 상품 생산이나 서비스 생산 정도는 어렵지 않게 생각할 수 있다. 농업(0.91퍼센트), 광업(3.02퍼센트), 제조업(1.36퍼센트)은 분명히 상품 생산 산업이다. 열을 따라 내려가면 세 가지 산업의 개별 생산성 증가율이 표에서 가장 높은 수준을 보인다는 사실을 알 수 있다. 해당 기간에 그 산업들만큼의 높은 생산성 증가율을 보이는 다른 산업으로는 유일하게 정보통신(3.03퍼센트)이 있다.

부동산(0.89퍼센트)도 상품 관련 산업으로 생각할지 모르지만 약간 다르게 분류된다. 여기서 부동산은 주택 스톡과 관계가 있는 서비스의 흐름을 나타낸다. 아파트를 임대한다고 생각해보자. 임차인은 건물을 소유한 기업에게서 서비스를 구매하는 것이다. 주택 소유주는 암묵적으로 자신에게서 서비스를 구매하는 것이다. 이와 대조적으로 건설 산업은 새 주택을 건설하고, 이때 주택은 상품으로서 자격을 갖춘다. 하지만 건축의 생산성 증가율은 모든 산업을 통틀어 최악에 가까운 −1.70퍼센트다.

한편 서비스의 생산성 증가율은 낮은 경향을 보인다. 도소매(0.73퍼센트), 전문 서비스(0.27퍼센트), 교육(0.36퍼센트), 금융·보험(0.09퍼센트) 모두 생산성 증가율이 상대적으로 낮다. 또한 숙박·음식(−0.31퍼센트), 공공 행정(−0.36퍼센트), 보건·사회복지(−0.23퍼센트)의 생산성 증

표 7.1 산업별 생산성 증가율 분석

산업	생산성 증가율(%) 2000~2015	GDP 대비 부가가치 점유율(%)			
		1980	1990	2000	2015
농업	0.91	2.19	1.63	0.97	0.98
광업	3.02	3.22	1.50	1.09	1.84
제조업	1.36	20.63	17.60	15.32	12.20
전기·가스·수도	−2.12	2.35	2.73	2.03	1.85
건설업	−1.70	4.65	4.18	4.55	4.11
도소매	0.73	13.63	12.70	13.01	12.08
운수업	−0.28	4.29	3.60	3.63	3.35
숙박·음식	−0.31	2.31	2.58	2.83	2.95
정보통신	3.03	4.50	5.11	5.77	6.22
금융·보험	0.09	4.84	5.89	7.39	7.27
부동산	0.89	9.99	10.68	10.89	12.13
전문 서비스	0.27	5.83	7.89	9.60	10.45
공공 행정	−0.36	13.76	14.06	12.47	12.84
교육	0.36	0.63	0.70	0.85	1.14
보건·사회복지	−0.23	4.10	5.71	5.87	7.30
예술·연예	0.39	0.64	0.83	0.98	1.04
기타 서비스	−1.37	2.44	2.62	2.76	2.26

비고: 데이터의 출처는 KLEMS의 데이터베이스다. 점유율은 매년 현재 가격 부가가치를 사용해 계산했고, 연간 생산성 증가율은 부가가치 총요소 생산성에 대한 KLEMS 시리즈를 사용해 계산했다.

가율은 모두 마이너스다. 일반적으로 서비스 생산 산업의 생산성 증가율은 상품 생산 산업보다 낮게 나타났다.

표 7.1이 제시한 생산성 증가율은 2000~2015년 연평균 수치이지만 총생산성 증가율을 산출하려면 1년간(예: 2003~2004년) 산업별 생산성 증가율을 계산하고, 첫해(2003년)의 부가가치 점유율을 기준으로 가중치를 구한 다음, 모든 산업에 걸쳐 합산해야 한다. 그러면 1년(2003년)의 생산성 증가율을 산출할 수 있다. 매년 이 작업을 실시해 총생산성 증가율을 합산한 다음에 2000~2015년 연간 총생산성 증가율을 배열할 수 있다. 이 계산 과정은 지루하지만 시간 경과에 따라 각 산업의 부가가치 점유율이 바뀔 뿐 아니라 각 산업의 생산성 증가율도 바뀔 수 있다는 점을 고려하게 해준다.

우리의 목적을 달성하기 위해 중요한 것은 최종적인 답이다. 그림 7.1과 표 7.1을 뒷받침하는 미국 경제분석국 데이터베이스에서 산업 수준 데이터를 근거로 계산한 총생산성 증가율은 연 0.4퍼센트였다. 좀더 세심하게 주의를 기울여 살펴보면 이 수치가 86쪽 표 4.2에 기록된 2000~2016년 연간 총생산성 증가율 1.26퍼센트와 같지 않다는 사실을 알아차릴 수 있을 것이다.

증가율이 다른 한 가지 이유는 산업 수준의 데이터에서 사용하는 가정이 내가 물적자본과 인적자본을 측정할 때 사용한 것과 약간 다르기 때문이다. 나는 표 4.2에서 사용한 데이터를 선호한다. 산업별로 분리할 수 없기는 하지만, 더 오래전으로 거슬러 올라가(1950년까지) 그때부터 생산성 증가율을 추적할 수 있기 때문이다. 표 7.1에서는 과거로 거슬러 올라갈 수 없는 대신(특정 데이터는 2000년부터만 존재한다)

산업 차원의 회계를 주의 깊게 실시할 수 있다. 또 다른 이유는 표 4.2는 자본 축적이 GDP 성장 자체에 부분적으로 의존한다는 개념(토마토밭을 기억하라)을 허용한 반면, 표 7.1이 제시한 산업 차원의 회계에서는 그렇지 않다는 것이다. 모두 일치하면 좋겠지만 여기서 우리가 하려는 작업, 즉 상품과 서비스 간에 발생한 변화 때문에 생산성 증가율이 얼마나 바뀌었는지를 알아보는 작업에서는 크게 중요하지 않다.

재분배가 생산성 증가에 미치는 영향

86쪽 표 4.2에서 볼 수 있듯 경제 전체에서 생산성 증가율(잔차)은 20세기 1.51퍼센트에서 21세기 1.26퍼센트로 0.25퍼센트포인트 하락했다. 그런데 이 중 생산성 증가율이 높은 상품 산업에서 생산성 증가율이 낮은 서비스 산업으로 전환했기 때문에 발생한 하락폭은 얼마나 될까?

변화가 일어났다는 사실을 확인하기 위해 표 7.1에 있는 2~5열을 살펴보자. 1980년부터 2015년까지 실질 부가가치 점유율이 어떻게 바뀌었는지 알 수 있다. 제조업의 점유율 감소치와 전문 서비스, 보건 의료, 정보통신의 점유율 증가치는 그림 7.1에서 확인할 수 있었다. 다른 산업의 경우에는 상품 생산 산업 대 서비스 생산 산업에서 비슷한 패턴을 보였다. 상품을 생산하는 농업과 광업에서는 부가가치 점유율이 하락했다. 반면 금융, 교육, 예술, 숙박 및 음식 같은 서비스 산업에서는 예외 없이 부가가치 점유율이 증가했다.

이번에는 이 정보를 사용해 서비스로 전환하지 않았다면 생산성 증가율이 어떻게 바뀌었을지를 계산해보자. 그러려면 산업별 생산성 증가율의 가중평균을 구해야 하는데, 이때 부가가치 점유율은 바뀌지 않도록 일정하게 유지해야 한다. 우선 2000년에 해당하는 부가가치 점유율을 사용하고, 이 점유율이 2000년부터 2015년까지 같다고 가정하자. 이 경우에 생산성 증가율은 연 0.5퍼센트이거나 실제 생산성 증가율보다 0.1퍼센트포인트 높았을 것이다. 차이가 크지 않은 것처럼 보일지 모르지만 생산성 증가율이 25퍼센트 늘어난 것이다. 그렇다면 차이가 발생한 이유는 무엇일까? 생산성 증가율이 높은 상품 생산 산업에 대한 가중치가 시간 경과에 따라 부가가치 점유율을 감소시키지 않고 2000년 수준에서 유지됐기 때문이다. 상품에서 서비스로 전환하지 않았다면 생산성 증가율은 더 높았을 것이다.

시간을 더 거슬러 올라가더라도 이와 같은 계산을 할 수 있다. 1990년으로 가보면 생산성 증가율이 높은 산업에 대한 가중치는 훨씬 더 크고, 서비스에 대한 가중치는 훨씬 더 작다. 1990년 부가가치 점유율을 가중치로 사용한 2000~2015년 잠재적인 생산성 증가율은 0.51퍼센트이고 2000년 가중치를 사용한 수치와 거의 같다. 하지만 상품 생산이 GDP에서 훨씬 큰 비중을 차지했던 1980년 가중치로 거슬러 올라가면, 21세기의 암묵적인 생산성 증가율은 0.6퍼센트였거나, 실제 생산성 증가율보다 0.2퍼센트포인트 높았을 것이다.

여기서 요점은 산업 전반에 걸친 자원 분배가 생산성 증가율에 매우 중요하다는 것이다. 20세기 동안 생산성이 높은 산업에 대한 가중치는 훨씬 더 컸고, 따라서 생산성 증가율도 더 높았다. 가중치가 해마다 바뀌었으므로 20세기 전반에 걸쳐 모든 산업에 대한 가중치를 알 수 있는 편리한 방법은 없다. 하지만 대표적으로 1980년 부가가치 점유율을 예로 들어보면, 내가 방금 실시한 간단한 계산을 통해 21세기 동안 서비스로의 전환이 생산성 증가율을 약 0.2퍼센트포인트 떨어뜨렸다는 것을 알 수 있다. 실제 생산성 증가율 하락폭이 0.25퍼센트포인트였으므로, 서비스로 전환한 것이 성장 둔화 이면에 있는 생산성 증가율 하락을 대부분 설명할 수 있다.

이 계산은 많은 불확실성을 내포하고 있으며, 20세기 전체를 21세기와 비교하려는 노력과 연관성이 크다. 내가 생각하기에 1980년 가중치는 우리가 비교하고 싶어 하는 20세기 산업 구조를 잘 나타내지만, 누구든 여전히 합리적인 대안을 주장할 수 있다. 더욱이 사후 가정에 근거해 계산할 때 나는 시간 경과에 따라 부가가치 점유율을 유지하더라도 생산성 증가율 자체는 영향을 받지 않으리라 가정하지만, 아마도 이 가정은 부정확할 것이다. 한 산업의 생산성 증가율이 시간 경과에 따라 자체적인 부가가치 증가에 반응할 수 있기 때문이다. 이런 사후 가정들은 일어났을 현상에 대한 구체적인 진술로 간주되어서는 안 되지만, 서비스로의 전환이 생산성 증가와 얼마나 관계가 있는지를 알려주는 지침을 제시하는 것만은 분명하다.

서비스로의 전환

경제활동이 서비스로 전환되는 이유를 설명하기 전에 전환 자체의 이면에서 작용하는 약간의 추가 정보를 제공하려 한다. 앞서 그림 7.1은 4개 산업에 해당하는 전체 GDP 대비 부가가치 점유율을 보여줬다. 각 산업의 부가가치 점유율을 지배하는 요인은 두 가지다.

첫째, 산업의 실질 부가가치 생산이다. 실질 부가가치 생산을 산업의 원 산출로 생각하는 것은 정확하지 않다. 신발 산업을 예로 들자면, 실질 총산출은 생산한 신발의 원 개수일 것이다. 하지만 부가가치를 계산하려면 예컨대 가죽 등 신발 산업이 사용한 중간 투입물의 실질 가치를 빼야 한다. 생산에서 실질 부가가치는 원 산출보다 약간 더 미묘한 개념이지만, 우리의 목적을 위해서는 원 생산을 염두에 두는 것이 좋다.

그림 7.2는 그림 7.1에서 다룬 4개 산업에 해당하는 실질 부가가치 생산의 수준을 보여준다. 산업 전반에 걸쳐 실질 부가가치를 비교하

그림 7.2 선택한 산업의 부가가치 지수

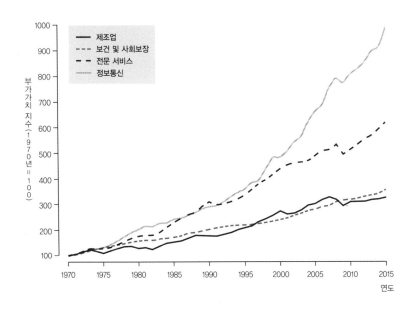

비고: 데이터의 출처는 KLEMS의 데이터베이스다. 점유율은 각 연도의 KLEMS 부가가치를 사용해 계산했다. 1970년 부가가치를 100으로 설정하고 각 연도의 수치를 지수로 나타냈다.

기가 어려우므로 1970년 수치를 100으로 설정하고 나머지 연도의 부가가치를 지수로 바꿨다. 그림을 보면 시간 경과에 따라 실질 부가가치가 얼마나 증가했는지 쉽게 확인할 수 있다. 정보통신업은 1970년과 비교해 2015년 10배의 실질 부가가치를 창출해서 생산 속도가 두드러지게 빨라졌다. 전문 서비스업도 여기에 크게 뒤처지지 않아서, 1970년과 비교할 때 2015년 약 6배의 실질 부가가치를 창출했다. 제조업과 보건의료업은 실질 부가가치 창출량이 1970년과 비교해 2015년에 더 많았지만, 정보통신업 및 전문 서비스업과 비교할 때 저조했다. 실질 부가가치 창출량은 1970년과 비교할 때 2015년에 제조업은 약 3배, 보건의료업은 3배를 약간 넘겨 증가했다.

4개 산업은 시간 경과에 따라 실질 부가가치를 더욱 많이 창출하고 있지만 정보통신이나 전문 서비스 같은 특정 서비스 산업들의 증가 속도가 훨씬 빠르다. 따라서 제조업의 부가가치 점유율이 하락한 까닭은 부분적으로 제조업의 생산량이 더 적었기 때문이 아니라, 일부 서비스 산업의 증가세에 보조를 맞추지 못했기 때문이라고 말할 수 있다.

둘째, 시간이 흐르면서 산업의 부가가치 점유율에 영향을 미친 요인으로 상대적 가격도 있다. 한 번 더 강조하지만, 이때 조심해야 하는 사항이 있다. 신발 산업이 창출하는 부가가치의 상대적 가격은 신발 가격과 같지 않지만, 우리의 목적에 비추어 볼 때 아마도 형편없는 근사치는 아닐 것이다.

그림 7.3은 각 산업의 부가가치에 대한 가격 수준을 보여준다. 여기서도 1970년 수치를 100으로 설정하고 나머지 연도의 가격을 지수

그림 7.3 선택한 산업의 가격 지수

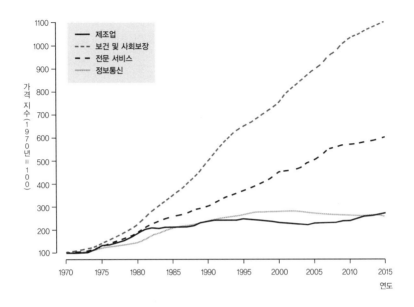

비고: 데이터의 출처는 KLEMS의 데이터베이스다. 가격 지수는 각 연도의 KLEMS 가격 데이터를 사용해 계산했다. 1970년의 가격을 100으로 설정하고 각 연도의 수치를 지수로 나타냈다.

로 바꿨다. 그림에서는 1970년부터 2015년까지 11배 증가한 보건의료 산업의 급격한 가격 상승이 가장 두드러진다. 그림 7.2에서 확인한 것처럼 실질 부가가치 창출량이 다른 산업들만큼 빨리 증가하지 않았더라도, 이런 가격 상승은 보건의료 산업의 GDP 대비 부가가치 점유율이 시간 경과에 따라 크게 증가한 이유를 설명한다. 전문 서비스의 가격도 약 6배 증가했고, 여기에 실질 부가가치까지 증가하면서 해당 산업의 부가가치 점유율을 끌어올렸다.

그림 7.3에 따르면 제조업의 가격 수준이 상승한 건 분명하지만 다

른 산업의 수준에는 미치지 못했다. 실질 부가가치 산출과 가격의 증가폭이 적어 시간 경과에 따라 GDP 대비 제조업의 점유율을 하락시켰다. 제조업의 공산품 생산량이 줄었기 때문이 아니라 다른 산업들과 비교해서 상대적으로 적었기 때문이다. 또 한 가지 중요한 점은 시간이 지나면서 공산품의 가격이 서비스보다 더 저렴해졌다는 것이다.

앞에서 살펴봤듯이, 이런 변화는 총생산성 증가에 상당한 영향을 미쳤다. 그림 7.2와 7.3에 나타난 변화는 경제가 부유해지면서 우리가 목격할 것으로 예상할 수 있는 변화이고, 따라서 실패가 아니라 성공의 결과라는 점을 다음 장에서 설명하려 한다.

8

보 멀 의 비 용 질 병

이번 장에서는 경제학자 윌리엄 보멀의 연구 내용을 살펴보려 한다. 어째서 경제활동이 서비스로 이동하기 시작했는지, 어째서 서비스로 이동하는 현상이 생산성 증가율 하락과 관계가 있는지, 어째서 해당 현상이 성공을 나타내는지 설명하기 위해서다.

보멀은 70년 가까운 세월을 학자로 활동하면서 경제학의 많은 분야에 공헌했는데, 아마도 가장 유명한 것은 서비스 생산과 상품 생산의 근본적인 차이에 대한 연구일 것이다. 이 사상의 기원은 1960년대 중반 보멀이 발표한 논문 두 편으로 거슬러 올라간다. '구식' 경제학으로 불릴 수도 있을 이 두 논문은 일련의 등식이 아니라(등식이 몇 개 등장하기는 하지만 많지는 않다) 단어로 개념을 설명한다. 때로 용어를 약간 많이 사용할 수는 있지만 단어로 개념을 설명하므로 기본적인 경제학 훈련을 받은 사람이라면 거의 누구라도 논문의 내용을 이해할 수 있다. 보멀은 2017년 세상을 떠나기 직전까지도 활발하게 활동하면서 자신의 논문을 대중이 좀더 쉽게 이해할 수 있도록 풀어 써서 발표했다.

시간의 중요성

보멀은 두 편의 논문에서 서비스를 상품과 차별화하는 요소에 대해 썼다. 다음 글들은 보멀이 1967년 발표한 논문에서 인용했으며, 내가 이 책에서 의도한 목적에 매우 적절하다고 판단했다. 무엇보다 보멀은 경제활동을 다음 방식으로 나눴다.

> 차별화는 기본적으로 노동이 경제활동에서 수행하는 역할에서 비롯된다. 어떤 경우에 노동은 도구로, 주로 최종 생산물을 획득하기 위한 부수적인 필요조건인 반면, 다른 분야에서는 노동이 그 자체로 최종 생산물이다.

우선 노동이 도구라는 관점에서는 노동을 '상품'으로 해석할 수 있다. 보멀은 에어컨을 예로 들었다. 보기만 하거나 사용하기만 해서는 에어컨을 생산하기 위해 얼마나 많은 노동력이 투입됐는지 평가할 방법이 없고, 소비자는 그에 대해 신경을 쓰지 않는다. 에어컨을 생산하는 데 투입된 노동력은 상품 소비자의 관점에서는 부수적인 요소일 뿐이다. 자동차, 집, 냉장고, 노트북, 스마트폰도 마찬가지다.

이 개념을 다음과 비교해보자.

다른 한편으로 노동이 자체로 목적인 서비스가 많은데, 이때 품질은 전적으로 노동량을 대상으로 판단한다. 명쾌한 예로 강의를 들 수 있다. (…) 훨씬 더 극단적인 예로는 내가 다른 문맥에서 소개했던 라이브 공연이 있다. 30분짜리 호른 5중주 공연을 하려면 2.5맨아워(man hour, 작업에 투입된 전체 인력을 1인의 작업 시간으로 환산한 개념—옮긴이)를 지출해야 한다. 이때 생산성을 증가시키려고 노력한다면, 그 노력이 비평가와 청중에게는 우려사항으로 보일 가능성이 크다.

대부분의 서비스에서 노동은 바로 상품의 본질이다. 보멀이 얘기했듯이, 30분짜리 호른 5중주 콘서트에 가는 것은 다섯 연주자의 시간을 30분씩 구매하는 것과 같다. 레스토랑에서는 음식만이 아니라 웨이터의 시간과 관심도 구매한다. 교육, 보건의료, 전문 서비스처럼 시간이 지날수록 성장하는 서비스 산업에서는 유형의 상품과 달리 거의 예외 없이 노동자의 시간이나 관심을 구매한다.

의사를 찾아간 환자는 어째서 허리가 아픈지, 어떤 치료를 받을 수 있는지에 대해 의사에게 설명을 듣고 싶어 한다. 의사가 시간을 들여 환자의 상태에 관심을 기울여주기를 바라는 동시에 그런 관심을 필요로 하며, 이때 전문가의 시간과 관심을 대신할 수 있는 것은 없다. 허리 건강에 좋다는 의사의 조언에 따라 60분짜리 요가 수업을 받는다면, 환자는 다시 몸을 다치지 않는 동시에 허리 통증을 최대한 완화할 수 있도록 자세를 바로잡기 위해 강사의 관심을 받고 싶어 한다. 요가를 해도 효과가 없고 의사가 허리 수술을 제대로 하지 못하면, 환자는 소송을 걸기 위해 변호사를 찾을 것이다. 이는 또 변호사의 시간과 관심을 구매하는 것이다. 따라서 변호사는 특정 상품에 대해서가 아니라 시간을 단위로 비용을 청구한다. 에어컨 같은 상품은 어떤가? 에어컨 공장에서 일하는 사람들에게 아마도 매력이 있겠지만, 나는 집을 시원하게 만들기 위해 에어컨을 틀 때마다 그들과 함께 시간을 보내고 싶어 하지 않을뿐더러 그럴 필요도 없다.

보멀에 따르면 노동의 도구적 역할은 생산성이 높은 이유를 설명한다. 그리고 더욱 중요하게는 왜 생산성이 첫 번째 종류의 생산(상품)에서는 매우 신속하게 증가하는 반면, 두 번째 종류의 생산(서비스)에서는 느리게 증가하는지도 설명한다. 상품을 생산할 때는 "더 적은 것을 가지고 더 많은 것을 할 수 있다." 이것은 기업이 기존의 노동력을 활용해 에어컨·자동차·노트북을 더 많이 생산할 방법을 고안하거나, 더 적은 노동력을 활용해 같은 수의 상품을 생산할 방법을 고안할 수 있다는 뜻이다. 노동자가 사용하는 시간은 소비자에게 중요한 요소가 아니므로, 기업은 상품에 대한 수요를 손상시키지 않으면서 노동자의 1인당 산출을 최대한 늘리거나 노동자 수를 줄일 수 있다. 기업에는 사용하는 노동력을 줄이려는 온갖 동기가 있다. 그만큼 비용을 절감할 수 있기 때문이다.

하지만 서비스를 생산할 때는 "더 적은 것을 가지고 더 많은 것을 할 수 없다." 30분짜리 호른 5중주 티켓을 구매한 사람 중 10분 동안만 연주하고 끝내는 공연을 반길 사람은 없다. 60분짜리 요가 수업을 30분만 하는 것도 용납되지 않는다. 웨이터 수를 절반으로 줄이는 방식을 사용한다면, 손님은 좋은 레스토랑에서 시설에 걸맞은 수준의 관심과 서비스를 얻을 수 없다. 검안사에게 시력 검사를 받는 데 30분이 걸리는데 15분 만에 클리닉을 나왔다면 한쪽 눈만 검사를 받았다는 뜻이다. 이런 산업에서 소비자는 노동자의 시간과 관심에 가치를 두므로, 기업이 시간과 관심을 축소하면 서비스 수요에 타격을 받을 것이다.

상품과 서비스에서 노동이 담당하는 역할의 차이, 이 역할의 차이가 생산성 증가에서 함축하는 의미는 절대적인 우주 법칙이 아니다. 그렇다. 수요를 크게 바꾸지 않고 노동력을 줄이는 방식으로 일부 서비스에서 생산성을 높일 방법이 있기는 하다. 요가 강사는 수업에 더 많은 학생을 받을 수 있다. 온라인 강좌를 열면 대학교수는 같은 시간에 더 많은 학생을 가르칠 수 있다. 원격의료를 실시하면 의사의 시간이 자유로워지므로 하루에 진료하는 환자 수를 늘릴 수 있다. 하지만 이런 사례들조차 일정 시점에 이르면 문제에 부딪힐 것이다. 요가 수업에 수강생을 지나치게 많이 받으면 강사는 모든 사람의 자세를 관찰하고 교정해줄 수 없다. 온라인 강좌도 비슷해서 교수는 모든 학생에게 개별적인 피드백을 제공할 수 없다. 원격의료는 의사가 환자를 직접 만나지 않아도 되는 수준에서만 가능하다. 대부분 서비스에서 생산성 향상의 범위는 제공자의 실제 시간과 관심의 범위에 가해진 조건에 따라 제한된다.

이처럼 보멀의 첫 번째 핵심적인 통찰에 따르면, 상품 생산과 비교할 때 서비스의 생산성 증가율은 상대적으로 낮다. 앞 장에서 우리는 지난 15년 동안 서로 다른 산업에 걸친 생산성 증가율에 대한 데이터에서 이런 사실을 정확하게 확인했다.

비용 질병

보멀은 상품과 서비스의 생산성 증가율 차이에서 두 번째 통찰을 얻고, 여기에 '서비스의 비용 질병'이라는 용어를 붙였다. 기업이 생산성을 증가시킬 때마다(일테면 노동자의 시간 등 더 적은 투입으로 더 많은 산출을 거둘 때마다) 비용은 감소한다. 상품 생산 기업은 서비스 생산 기업보다 더 높은 생산성 증가율을 달성할 수 있으므로, 상품 생산 비용은 서비스 생산 비용보다 더 빨리 내린다. 이것은 서비스와 비교할 때 상품의 상대적인 비용이 점점 더 작아진다는 뜻이다. 역으로, 상품과 비교할 때 서비스의 상대적인 비용이 시간이 지나면서 더욱 커져야 한다는 뜻이다.

시장 경제에서 가격과 비용은 함께 움직여야 한다. 따라서 보멀이 얘기한 서비스의 비용 질병은 서비스 대비 상품의 상대적 가격이 더욱 낮아지는 형태로 나타나야 한다. 그리고 이런 현상이 실제로 데이터에 반영되고 있다.

그림 8.1은 여섯 가지 유형의 상품에 대한 가격 지수를 보여준다. 여기서는 고등교육·보건의료·음식 서비스는 서비스로 간주하고, 차량·의류·가정용 내구재(예: 식기세척기)는 상품으로 간주한다.

상품과 서비스는 상당히 두드러진 궤적을 그리면서 보멀의 이론과 완전히 일치한다. 고등교육과 보건의료 분야의 가격 상승은 상품을 훨씬 능가한다. 심지어 음식 서비스 분야의 가격조차 상품의 가격보다 훨씬 가파른 증가세를 보인다. 그 차이가 클 뿐만 아니라 소비자가 잘 인식하고 있을 가능성이 있다. 최근 들어 병원에 가본 적이 있거나 자녀를 대학에 입학시켰다면 특히 그럴 것이다. 2016년 고등교육비

그림 8.1 상품 유형에 따른 가격 지수

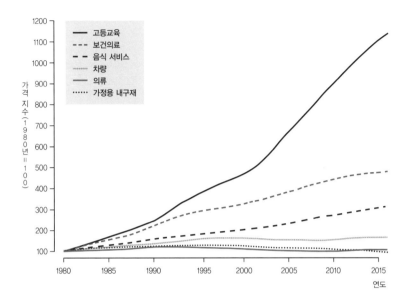

비고: 데이터의 출처는 미국 경제분석국에서 발표한 개인 소비 지출 관련 표 2.4.4다. 1980년 가격을 100
으로 설정하고 각 연도의 수치를 지수로 나타냈다.

는 1980년과 비교할 때 거의 12배 올랐고, 보건의료비는 거의 5배 올
랐다. 음식 서비스의 2015년 가격도 1980년보다 3배 증가했다. 그림
에 표시된 의류와 가정용 내구재의 데이터를 보면 시간이 흘러도 가
격이 변하지 않았다. 다만, 차량 가격은 소폭 상승했다.

앞의 문장 가운데 어떤 것도 이 상품들의 '절대' 비용을 가리키지
않는다. 1980년 이후 모든 상품에서 물가가 상승했으므로 소비자가
2016년 자동차, 식기세척기, 학비, 응급실 방문에 써야 했던 비용은
1980년보다 컸다. 하지만 서비스 가격은 상승한 반면, 상품 가격은

상대적으로 거의 일정했다. 보멀의 '비용 질병'이 데이터에 뚜렷하게 나타난 것이다.

낮은 생산성 서비스에 대한 수요

서비스 산업의 생산성과 생산성 증가율이 낮은 이유를 설명하는 보멀의 주장은 타당해 보인다. 그리고 이 이유가 상품과 비교해 서비스의 가격이 오르기 때문이라는 그의 예측은 데이터로 입증됐다. 그렇더라도 앞 장에서 살펴봤듯이, 생산성 성장률이 높은 상품 생산 산업에서 벗어나 생산성 성장률이 낮은 서비스 생산 산업으로 경제활동이 이동하는 이유는 알 수 없다. 보멀은 같은 1967년 논문에서 이 점을 추론했다. 보멀이 사용한 용어는 이해하기 약간 어려우므로 여기서는 내가 쓰는 단어로 표현해보려 한다.

서비스 수요가 소득 탄력적이고 상품 수요가 소득 비탄력적이라면, 어떤 산업에서든 생산성이 증가하면 서비스에 대한 지출이 늘어날 것이다. 소득의 절반을 상품에 쓰고, 나머지 절반을 서비스에 쓴다고 하자. 소득 탄력적이라는 말은 추가로 100달러가 생기면 서비스에 절반 이상을 쓴다는 뜻이다. 이 예를 상품에 반영하면 소득 비탄력적이라는 게 무슨 뜻인지 알 수 있다. 만약 추가로 100달러가 생겼을 때 서비스에 절반 이상을 쓴다면 상품에는 당연히 절반 이하를 쓸 것이다. 시간이 지나면서 소득이 증가할 때, 소득에서 서비스에 소비하는 비중이 늘어난다는 뜻이다. 정확하게 이런 현상을 목격할 수 있다. 빌 게이츠를 생각해보라. 그는 나보다 수천 배 많은 수입을 거둔다. 나보다 더 큰 집에서 살고, 더 많은 냉장고를 소유하고, 더 좋은 차를 탄다. 하지만 상품에 소비하는 돈이 나보다 수천 배 많지는 않다. 반면에 게이츠가 소득에서 서비스(예: 여행, 레스토랑, 법률 서비스, 비즈니스 서비스, 개인 비서)에 사용하는 비중은 나와 비교할 수 없을 정도로 엄청나게 크다. 보멀은 사람들이 부유해지면서 지출의 유형을 바꾸어 서비스 쪽으로 이동한다고 주장한다.

상품과 서비스에 대한 수요가 이런 방식으로 작용하므로 상품 생산성이 계속 증가할 때 소비자는 더욱 풍요로워졌다고 느끼고(더 적은 것으로 더 많은 것을 생산할 수 있으므로), 이렇게 비축한 자원을 사용해서 더 많은 서비스를 구입한다. 애초에 서비스가 생산성 증대의 원천이 아닌데도 노동자들은 서비스 분야로 이동한다. 그렇다고 소비자가 상품 소비를 줄였다는 뜻은 아니다. 노동자들이 상품 생산 산업을 떠나는 한편 나머지 노동자들의 생산성은 더욱 커지므로, 소비자는 과거와 여전히 같거나 심지어 과거보다 많은 수의 상품을 누릴 수 있다. 또 서비스의 생산성이 증가하지 않았더라도 예전보다 더 많은 서비스를 누릴 수 있다.

상품과 서비스가 서로 완벽하게 보완하느냐 아니냐가 이런 논리의 극단적인 예다. 일테면 양상추 1통을 생산할 때마다 요가 수업 1시간을 제공하기로 마음먹었다고 가정해보자. 우선 양상추 1통을 재배하는 데 1시간 정도 일해야 한다고 하자. 요가 1시간을 제공하려면 당연히 1시간 동안 일해야 한다. 만약 노동시간이 20시간 있으면 양상추 10통을 생산하고 요가 수업 10시간을 하는 데 쓸 것이다. 자, 이제 생산성이 높아져서 양상추 1통을 생산하는 데 30분밖에 걸리지 않는다고 해보자. 여전히 10시간씩으로 나눠서 양상추 20통을 수확하고 요가 수업 10시간을 할 수도 있다. 하지만 사람은 대체로 비대칭을 좋아하지 않으므로, 양상추 생산성은 커지고 요가 생산성은 그대로인데도 노동시간의 일부를 양상추 생산에서 떼어내 요가 생산으로 돌린다. 양상추와 요가를 균등하게 생산하기 위해 요가에 13.3시간, 양상추 생산에 6.67시간(양상추 13.3통 수확)을 사용한다. 노동력을 생산성이 증가하는 산업에서 생산성이 정체된 산업으로 옮겼지만, 결과적으로 획득하는 요가와 양상추의 양은 같다.

경제활동이 계속 서비스로 이동하므로 생산성과 성장 둔화에 대해 매우 신중한 태도를 취해야 한다고 말하는 이유가 바로 이런 논리 때문이다. 서비스 산업에서 생산성 증가율이 둔화하는 이유는 서비스 산업이 지닌 시간과 관심 집약적인 특성 때문이지, 기술 노하우나 적성이 반드시 실패했기 때문은 아니다. 다시 말해, 상품에서 서비스로 전환하는 것은 경제에 문제가 있거나 경제가 실패했기 때문이 아니라 우리가 상품 생산에 믿기지 않을 정도로 성공했기 때문이다.

보멀의 비용 질병과 서비스로의 전환을 고려할 때, 매우 소득 탄력적인 두 서비스 산업인 보건의료와 교육을 재창출하거나 재구성하는 계획을 세우더라도 두 서비스가 경제활동에서 차지하는 점유율이 하락하지 않는 이유를 이해할 수 있다. 보건의료 비용이 증가하는 현상을 막았을 뿐 아니라 실제로 소비자가 지출하는 보건의료 비용을 1인당 수천 달러까지 낮추는 기적적인 정책을 생각해냈다고 해보자. 구체적으로 말해서 모든 국민이 오늘날과 똑같은 보건의료 서비스를 받을 수 있지만, 보건의료 서비스를 연간 5,000달러어치 적게 사용하면 각자 현금으로 5,000달러를 받는다고 해보자.

약간 우스꽝스러운 예처럼 들릴 수 있지만, 응급실을 찾아갔다가 반창고를 붙이고 50달러, 아스피린을 먹고 40달러, 병원에 이틀 입원하고 수십만 달러를 지출했다는 이야기를 떠올려보자. 보건의료 서비스를 제공하는 방식을 혁신하면 1인당 수천 달러의 비용을 분명히 낮출 수 있을 것으로 보인다. 일테면 이것은 보건의료 서비스의 생산성을 끌어올릴 수 있는 일회성 부양책이라고 할 수 있다. 이렇게 함으로써 GDP에서 보건의료에 소비되는 비중을 낮추고, 노동자들을 보건의료 산업에서 벗어나 더 생산성 높은 산업으로 이동하게 할 수 있을 것이다.

이 지점에서 보멀은 묻는다. 사람들은 추가로 얻은 5,000달러를 어디에 소비할까? 자동차나 가전제품처럼 제조 상품을 구매할 수 있을 것이다. 그러면 해당 상품에 대한 수요가 늘어나고, 노동자를 해당 산업으로 끌어들여 GDP에서 제조업이 차지하는 비중을 늘릴 수 있을 것이다. 또는 휴가를 떠나 관광 서비스에 5,000달러를 소비할 수도 있다. 자녀를 시설이 더 좋은 학교에 보내거나, 돈이 없어서 생각지도 못했던 대학에 진학시키는 데 소비할 수도 있다. 직장에서 승진하는 데 도움이 되도록 석사 학위를 취득하는 데 쓸 수도 있다. 아니면 5,000달러에서 일부를 떼어 보건의료 서비스를 더 사용할 수도 있다. 보건의료 서비스를 사용하는 비용이 저렴해지면 단순히 증상을 완화하는 데 그치지 않고 만성적인 증상을 완전히 치료하는 절차를 밟을 수도 있다. 아마도 치아 하나만 곧게 펴는 부분적인 교정이 아니라 전체적인 교정 치료를 자녀에게 받게 할 수도 있다. 일반 개업의가 아니라 전문의를 찾아가거나, 물리치료사에게 치료를 받거나, 노인 친척을 돌보도록 간호사를 고용하는 데 쓸 수도 있다.

서비스, 특히 교육과 보건 서비스는 소득 탄력적인 성격을 띤다. 사람들이 보건의료 분야를 혁신해서 획득할 돈의 상당 부분을 다시 보건의료, 교육, 기타 서비스에 즉시 투입한다는 뜻이다. 그러면 어떤 결과를 낳을까? 해당 서비스에 대한 수요를 증가시켜 더욱 많은 노동자를 해당 산업으로 끌어들이게 된다. 보건의료와 교육에 지출하는 금액은 GDP에서 여전히 큰 비중을 차지하고, 앞으로는 훨씬 더 큰 비중을 차지할 것이다. 보건의료 산업에서 생산성을 증가시킬 수 있으면 우리는 확실히 더 잘 살 수 있다. 하지만 보건의료 가격은 어느 시점에서 하락할 가능성이 크고, 그런 다음에는 시간이 흐를수록 상품 대비 가격이 상대적으로 계속 늘어날 것이다. 다양한 형태의 상품에 대한 소비자의 선호도가 작용하기 때문이다.

선호도가 미치는 장기 영향

경제활동이 상품 생산에서 서비스로 재분배되다 보면 결국 성공에 도달한다. 매우 생산적으로 상품을 만들기 때문에 서비스에 소비할 돈이 생긴다. 상품보다 서비스의 생산성을 향상시키기 더 어려운 것은 생산성 증가 속도가 빠른 차로에서 벗어나 느린 차로로 합류하고 있다는 뜻이다. 이는 최근에 나타난 현상이 아니라 과거 20년 동안 점차 두드러졌다. 여기서 기억해야 할 사항이 있다. 보멀이 이런 현상을 서술한 시기는 경제활동에서 상품 생산이 여전히 훨씬 큰 비중을 차지했던 1960년대라는 사실이다. 보멀은 이런 영향이 작용하는 것을 당시에도 이미 감지한 것이다.

경제활동이 상품에서 서비스로 재분배되는 현상이 얼마나 오랫동안 진행돼왔는지 파악하기 위해서 제2차 세계대전 직후의 데이터로 돌아가 전체 개인 소비 지출액에서 상품과 서비스가 차지하는 비중을 살펴보자. 상품에 관해서는 데이터를 내구재(예: 식기세척기, 자동차)와 비내구재(예: 음식, 의류)로 나누었다. 그림 8.2는 1950년으로 거슬러 올라가 당시 실질GDP에서 서비스, 내구재, 비내구재가 차지하는 비중을 보여준다. 여기서는 두 가지 사항에 주목해야 한다.

그림 8.2 시간 경과에 따라 실질GDP에서 서비스와 상품이 차지하는 비중

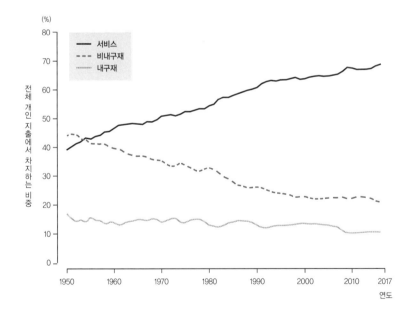

비고: 데이터의 출처는 미국 경제분석국에서 발표한 개인 소비 지출 관련 표 2.3.5다. 서비스, 내구재, 비내구재가 전체 지출에서 차지하는 비중은 직접 계산했다.

첫째, 서비스는 심지어 1950년에도 지출에서 상당 부분인 약 40퍼센트를 차지했다는 것이다. 이 비중은 2017년에 약 70퍼센트까지 증가했다.

둘째, 1950년 비내구재에 대한 지출 비중은 매우 높아서 전체 지출의 40퍼센트 안팎이었다는 점이다. 그러다가 시간이 흘러 2017년 약 20퍼센트로 절반가량 줄었다. 이와 대조적으로 내구재가 지출에서 차지하는 비중은 크게 감소하지 않아서 약 16퍼센트에서 시작해 11퍼센트로 하락했다. 경제활동이 상품에서 벗어나 서비스로 이동하는 전반적인 변화를 추진한 요인은 일상생활에서 사용되는 비내구재에 대한 지출의 감소였음을 알 수 있다.

성장 둔화에 부분적으로 기여한 서비스로의 전환은 21세기에 국한된 특징이 아니고 1950년 이후, 심지어 그 전부터 진행되어왔다. 이는 서비스(소득 탄력적)와 상품(소득 비탄력적)에 대해 소비자가 장기적인 선호도 차이를 보인다는 보멀의 주장을 뒷받침한다. 2000년에 들어서면서 경제활동에서 서비스가 차지하는 비중이 매우 커졌고, 이런 변화 때문에 발생한 생산성 증가율 둔화가 마침내 가시화됐다.

하지만 우리가 이런 지점에 도달할 수 있었던 것은 20세기 동안 상품 생산의 생산성을 계속해서 성공적으로 증가시킬 수 있었기 때문이다. 비내구재에 대한 지출 비중이 감소한 것은 더는 소득에서 큰 몫을 지출할 필요가 없도록 매우 싼 가격으로 상품을 제공하는 데 성공했다는 뜻이다. 그 덕에 우리는 상품과 서비스를 더 많이 소비할 수 있게 됐다. 그에 따라 서비스의 상대적인 가격이 상승하고 전체 지출에서 서비스가 차지하는 비중이 커졌지만, 두 가지 형태의 상품에 대한 소비는 여전히 늘어나고 있다.

성공을 위한 회계

다음 내용으로 넘어가기 전에 이 책에서 성장 문화에 대해 어느 정도 설명했는지 요약하고, 다음에 어떤 단계를 밟을지 짚어보고자 한다. 1인당 실질GDP 성장률은 20세기 연 2.25퍼센트에서 21세기에는 1.25퍼센트포인트 하락해 연 1퍼센트를 기록했다. 1.25퍼센트포인트 중에서 0.80퍼센트포인트, 아마도 1.11퍼센트포인트는 1인당 인적자본 증가율 하락의 결과로 생각할 수 있다. 이런 현상을 뒷받침하는 인구통계상 변화는 두 가지 이유로 성공의 징후가 된다. 생활 수준의 향상이 자녀를 적게 낳겠다고 선택하도록 영향을 미쳤고, 여성들이 더 많은 기회와 생식권을 소유하면서 자신의 생식 선택에 대해 더욱 많은 통제권을 행사하기 시작했다.

생산성 증가 문제로 돌아가서, 앞의 두 장에서는 경제활동이 상품 생산에서 서비스 생산으로 이동하면서 성장이 최대 0.2퍼센트포인트까지 둔화했다고 설명했다. 이런 변화를 추진한 요인은 물질적 생활 수준의 엄청난 향상이었다. 우리가 달성한 성공의 결과를 모두 합하면 1.25퍼센트포인트의 성장률 하락 중에서 최소한 1퍼센트포인트, 즉 전체 성장 둔화의 80퍼센트에 해당한다. 그러면 성장 둔화에서 설명해야 하는 부분은 극히 일부만 남는데, 인적자본 증가율 하락에 큰 비중을 둔다면 그 부분은 훨씬 작아질 것이다.

다음 장부터는 실패(예: 과잉 규제, 기업의 시장 지배력 증가)로 규정될 가능성이 큰 성장 둔화에 대한 몇 가지 설명을 검토하고, 이런 설명이

기껏해야 성장 둔화의 일부에만 해당한다는 점을 밝힐 것이다. 그리고 마지막으로는 이런 실패를 다루는 우리의 능력을 낙관적으로 생각해야 하는 이유를 제시하려 한다.

9

시 장 지 배 력 과 생 산 성

성장 둔화의 원인으로 자주 거론되는 경제 현상
으로는 기업이 행사하는 시장 지배력의 증가가
있다. 기업의 시장 지배력은 몇 가지 경향으로 나
타나는데, 여기에는 산출에서 경제적 이익의 형
태로 지급되는 몫의 증가, 총산출의 일부인 임금
의 하락, 기업이 비용에 대해 부과하는 가격의 인
상, 많은 산업 내에서 기업의 집중 현상 강화가
포함된다. 앞으로 몇 장에 걸쳐 지난 수십 년 동
안 시장 지배력이 증가했다는 사실을 입증하기
위해 증거를 제공하거나 논의할 것이다. 앞으로
검토할 몇 가지 이유로 시장 지배력은 생산성 증
가에 영향을 미치는 것은 물론, 모든 기업에서 노
동과 자본의 분배를 방해했다. 하지만 이런 영향
은 일반적인 생각과 전혀 달라서, 시장 지배력의
증가가 경제에서 분배를 왜곡한다는 의미에서는
분명한 실패지만 성장 둔화 자체는 거의 설명하

지 못한다.

시장 지배력의 측정

시장 지배력과 성장 둔화를 연결하기 전에 시장 지배력이 커졌다는 사실부터 입증해보자. 가장 직접적으로 입증하는 방법은 시간 경과에 따라 GDP에서 경제적 이익으로 지급되는 몫을 살펴보는 것이다. 하지만 이 경제적 이익은 보고된 회계 이익과 같지 않으므로 들여다보는 작업이 쉽지 않아서 데이터로 입증해야 한다.

이 과정을 이해하기 위해 우선 GDP에 대한 회계를 다시 생각해보자. 앞에서 생산 측면에 초점을 맞춰 GDP를 계산했다. GDP를 물적자본, 인적자본, 생산성의 조합으로 계산했다는 뜻이다. 하지만 소득 측면에서도 GDP에 초점을 맞출 수 있다. 그 모든 자본을 제공한 대가를 누가 받았는지 물어보고, 지급하고 남은 것이 있는지 살펴보는 방식을 사용하는 것이다.

그러므로 GDP의 일부는 직원 보상이 차지하며, 이는 사실상 인적자본을 제공한 사람들에게 돌아간다. 보상은 건강보험이나 401(k) 기업연금제도처럼 직원이 고용의 일부로 받는 혜택과 직접 임금으로 구성된다. GDP에는 물적자본 소유주에게 돌아가는 지급도 있다. 여기에는 부동산 소유주에게 지급하는 임대료, 기업의 물적자본을 소유한 주주에게 지급하는 배당금 등이 포함된다.

직원에게 돌아가는 보상과 물적자본 소유주에게 돌아가는 지급을 결합한 것이 GDP 전부는 아니다. 기업은 특정 연도에 생산한 모든 상품과 서비스를 팔아서 돈을 버는데, 여기서 직원에게 제공하는 급여와 자본주에게 제공하는 보상을 제하고도 남는 돈이 있다. 이 나머지 돈을 경제적 이익으로 간주한다. 이것은 생산에 사용된 투입의 대가를 지급하는 데 필요한 지출 이상의 소득이다. 기업의 시장 지배력은 이런 방식으로 측정할 수 있다. 또 상품 가격을 생산비보다 많이 청구하는 능력으로도 정의할 수 있다. 시장 지배력의 원천(예: 경쟁 업체가 진출하지 못하도록 방해하거나 독특한 상품을 생산하지 못하도록 차단하는 행위)은 중요하지 않다. 투자비용보다 많이 청구할 수 있는 기업이 시장 지배력을 확보한다. 그리고 경제적 이익은 시장 지배력을 드러내는 증거다.

하지만 기업들이 보고하는 사항이 아니므로 기업이 거두는 경제적 이익의 규모를 파악하기는 매우 어렵다. 기업이 보고하는 회계 이익은 본질적으로 물적자본과 경제적 이익에 대한 지급을 합한 것이다. 경제적 이익을 파악하는 접근법으로는 물적자본에 대한 미보고 지급을 추정해 회계 이익에서 차감하는 것이 있다.

심차 바카이Simcha Barkai는 논문에서 해당 접근법을 소개하면서 기업이 투입한 물적자본에 대한 암묵적 지급을 계산했다. 기본적인 개념은 그다지 복잡하지 않다. 실제 자본 스톡을 측정할 때 기업이 사용하는 척도가 있는데, 자본을 사용하고 대가를 지급하는 명시적인 거래를 조사하는 것이다. 예를 들어 창고를 빌렸다면 임대료를 지급하고, 불도저를 구입하기 위해 대출을 받았다면 이자를 지급한다. 이 경우 해당 자본에 대한 수익률을 파악할 수 있고, 이 수익률이 경제에서 모든 자본에 대해 지급되고 있다고 가정할 수 있다. 자본의 가치 하락은 물론 자본의 가치에 작용하는 인플레이션을 설명해야 하므로 방법을 좀더 정교하게 다듬을 필요가 있지만, 어쨌거나 옳은 개념이다.

이런 작업을 하기 위한 데이터는 모두 공개되어 있으므로 누구나 자유롭게 사용할 수 있다. 그림 9.1은 산출의 일부인 경제적 이익뿐 아니라 물적자본 지급에 관한 바카이의 방법론을 사용해 내가 계산한 결과를 보여준다. 여기서 산출은 기업이 생산한 것에만 국한한다는 점이 중요하므로, 공공 단체(예: 지방정부, 주정부, 연방정부)가 생산하

그림 9.1 GDP에서 자본 지급과 경제적 이익이 차지하는 비중

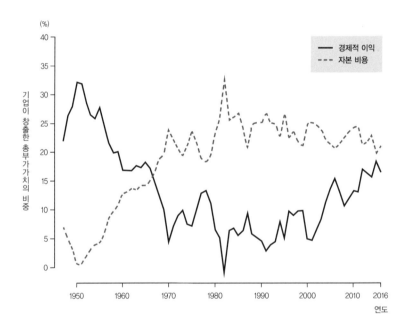

비고: 두 그래프의 수치는 미국 경제분석국의 데이터를 사용해 계산했다. 데이터의 종류는 고정형 민간 자산의 가치, 기업이 창출한 총부가가치, 기업이 직원에게 지급한 보상, 기업 생산에 대한 세금, 기업의 자본 감가상각 등이다. 계산할 때 사용한 명목 금리는 무디스의 Aaa 회사채 금리이며, 계산은 바카이(2017)의 방법을 따랐다.

는 산출은 제외된다. 따라서 그림은 경제적 이익을 GDP에서 차지하는 몫으로 나타내지 않고, 기업이 거두는 사업 수익에서 차지하는 몫으로 나타냈다. 그렇더라도 전체적인 패턴을 보면 시간 경과에 따라 시장 지배력이 어떻게 변해왔는지 알 수 있어야 한다. 내가 계산할 때 별도의 자본 유형(예: 구조물 대 장비)을 허용하지 않았기 때문에 그림 9.1이 바카이의 연구 결과를 정확하게 구현하지는 않지만, 도출된 결과는 바카이와 매우 비슷하다.

그림 9.1로 많은 현상을 이야기할 수 있다. 우선 경제적 이익이 거의 없었던 1980년에 초점을 맞춰보자. 경제적 이익이 없었던 이유는 이자율이 급증했고, 이에 따라 임대 자본에 대한 암묵적 지급이 큰 비중을 차지했기 때문이다. 하지만 경제적 이익의 점유율은 1980년부터 증가하기 시작해서 2016년 약 17퍼센트에 도달했다. 이런 점유율 상승은 여러 차례 변동을 겪으면서 시장 지배력의 증가라는 결과를 낳았다. 경제적 이익과 시장 지배력은 20세기 후반보다 21세기에 훨씬 높게 나타난다.

하지만 같은 계산을 근거로 1980년부터 거슬러 올라가면 경제적 이익의 비중은 1960년 약 20퍼센트, 1950년 약 30퍼센트였다. 이런 현상이 발생한 부분적인 이유는 그 수십 년 동안 이자율이 매우 낮았고, 따라서 물적자본에 필요한 암묵적 지급 수준도 매우 낮았기 때문이다. 그렇다고 하더라도 21세기에 거둔 경제적 이익이 20세기 전체보다 크다는 것은 지나치게 강한 표현이지만, 1970년대나 1980년대 초반 이후보다 큰 것은 사실이다.

마크업과 시장 지배력

시장 지배력을 상상하고 측정하는 또 다른 방법이 있다. 전체 경제적 이익에 초점을 맞추지 않고, 기업이 비용에 비례해 부과하는 가격에 초점을 맞추는 것이다. 그러면 시장 지배력이 무엇을 뜻하는지 좀 더 생각할 수 있으므로 앞으로 10장과 11장을 읽을 때 유용할 것이다.

당신이 정기적으로 들르는 커피숍에서 커피를 산다고 해보자. 아마도 커피에 지급하려는 최대 가격이 있을 것이다. 그 가격을 결정하는 요소는 커피 자체의 품질, 장소의 편리성, 직원의 서비스 등이다. 한편으로, 커피숍 입장에서도 비용을 충당하기 위해 받아들이는 최저 가격이 있다. 소비자가 커피에 지급하는 실제 가격은 이 두 가지 가격 사이에 존재한다. 그렇지 않으면 소비자와 판매자 중 하나가 거래에 참여하지 않겠다고 결정할 것이기 때문이다. 대략 말하면 시장 지배력은 판매자가 실제 판매가를 소비자가 지급할 최대 가격에 얼마나 가깝게 설정할 수 있느냐를 결정하는 척도다.

모든 기업이 얼마간 소유하고 있지만, 시장 지배력은 비슷한 상품을 제공하는 다른 기업의 능력과 선호도에 따라 결정된다. 커피숍이 시장 지배력을 갖는 경우는 소비자의 출근 동선에 있어서 커피를 사기에 편리하거나, 소비자가 좋아하는 에티오피아산 원두를 사용하거나, 소비자가 자주 주문하는 커피의 종류를 바리스타가 알고 있는 것 등이다. 이런 특징 때문에 소비자는 커피 한 잔을 만드는 비용보다 많은 금액을 커피숍에 지급하는 것이다.

커피숍과 비교할 때, 내 집 근처에 있는 주유소의 시장 지배력은 미미하다. 휘발유라는 상품에는 두드러진 특징이 거의 없고, 나는 기계를 활용해 결제를 마치므로 직원이 친절한지 아닌지에 대해서는 신경 쓰지 않는다. 다만 집으로 가는 길모퉁이에 있다는 이점을 보유해서, 길 건너에 있는 주유소에 가느라 유턴을 해야 하는 수고를 덜어주기는 한다. 이 사소한 이점 때문에 나는 갤런당 몇 센트를 더 지급하더라도 길 건너 주유소보다 길모퉁이 주유소를 찾는다. 하지만 어떤 계기가 생긴다면 별로 고민하지 않고 주유소를 바꿀 수 있으므로 길모퉁이 주유소가 보유한 시장 지배력은 매우 작고, 나는 거래를 유지하는 데 필요한 최저 가격에 가깝게 지급한다.

시장 지배력의 범위에서 반대편 끝에 속하는 애플 같은 기업을 생각해보자. 애플이 아이폰X에 부과할 수 있는 최저 가격은 하나를 생산하는 데 들어가는 한계비용으로, 아마도 150~200달러일 것이다. 하지만 애플은 생산 비용보다 훨씬 높은 1,000달러에 아이폰X를 판매하고 소비자들은 여전히 수백만 개를 구매하고 있다. 애플이 판매가를 소비자가 기꺼이 지급하는 최대 금액에 가깝게 청구할 수 있는 것은 그만큼 시장 지배력을 갖고 있기 때문이다. 이런 시장 지배력은 영리한 엔지니어링, 노련한 마케팅, iOS에서 안드로이드로 시스템을 전환하는 비용을 결합한 데서 창출된다.

그렇다면 시장 지배력을 측정하는 합리적인 방법은 무엇일까? 기업이 받아들일 최저 가격, 즉 한계비용과 소비자가 지급하는 실제 가격을 비교하는 것이다. 경제학자들은 이런 비율을 가리켜 '마크업'이라고 부른다. 소비자가 찾는 커피숍이 커피 한 잔을 만드는 데 비용을 3달러 쓰고 손님에게 3.60달러를 청구한다면 마크업은 1.2(3.6달러÷3달러)다. 아이폰X의 마크업은 5(1,000달러÷200달러)로 훨씬 높다. 주유소의 경우 휘발유 1갤런이 2.50달러이고, 주유소의 한계비용이 약 2.45달러라면, 마크업은 1.02(2.50÷2.45)에 불과할 것이다. 마크업은 각 기업이 보유한 시장 지배력의 규모를 보여주는 간단한 지수다.

얀 드 로에커 Jan De Loecker와 얀 에크하우트 Jan Eeckhout는 1950~2014년 주식시장에 상장된 기업의 데이터를 추적해 시간 경과에 따른 마크업을 계산했다. 상상할 수 있듯이, 기업들은 모든 범위에 걸쳐 상품을 생산하므로 마크업을 계산하는 작업은 내가 앞에서 인용한 예만큼 간단하지 않다. 또 한 기업이 각 상품에 투입한 최소 금액은 물론이고 개별 가격을 낱낱이 추적하기도 힘들다. 두 경제학자는 기업들이 생산 과정에서 발생하는 비용을 최소화하기 위해 노력한다는 가정을 포함해 기업에 대해 매우 단순한 가정을 세웠다. 그럼으로써 해당 기업의 재무 데이터를 바탕으로 자신들에게 필요한 값을 계산할 수 있었다. 두 사람은 각 기업의 단일 마크업을 계산했는데 이것은 기업이 부과하는 개별 마크업을 모두 합친 값으로 생각할 수 있다. 기업 차원의 마크업은 전반적으로 해당 기업이 보유한 시장 지배력의 규모를 나타내는 지표다.

두 사람이 밝힌 결과에 따르면 1950년부터 1980년까지 모든 기업의 평균 마크업은 약 1.18이었다. 하지만 1980년부터 끊임없이 상승해 2014년에는 1.67을 기록했다. 이런 상승 추세가 발생한 원인은 모든 기업에서 마크업이 전반적으로 상승했기 때문이지만, 특히 소수 기업에서 마크업이 급상승했기 때문이다. 1950~1980년 최고 마크업을 기록한 기업의 상위 10퍼센트가 보인 마크업은 평균 약 1.50으로 2014년 모든 기업의 평균보다 낮았다. 이와 대조적으로 2014년 최고 마크업을 기록한 기업의 상위 10퍼센트가 보인 평균 마크업은 2.50 이상이었다. 평균 마크업 상승을 주도한 것은 바로 상위권에 오른 이 기업들이었다. 제르만 구티에레스Germán Gutiérrez, 토머스 필리폰Thomas Philippon은 드 로에커와 에크하우트가 도출한 연구 결과를 다른 출처의 데이터와 방법론을 사용해 확증했다. 드 로에커와 에크하우트는 추가로 연구해 마크업 증가 현상이 미국뿐 아니라 유럽과 캐나다에서도 발생했다고 주장했다.

그림 9.1에서 본 GDP에서 경제적 이익이 차지하는 점유율과 드 로에커·에크하우트가 한 계산을 비교해보면, 1980년부터 오늘날까지 일관성이 있다는 사실을 알 수 있다. 두 가지 계산에서 기업의 시장 지배력은 시간이 지날수록 증가했다. 하지만 1950년대와 1960년대 경제적 이익의 점유율은 높은 시장 지배력을 가리킨 반면에 마크업은 낮은 시장 지배력을 가리켰다. 이런 불일치가 발생하는 이유로는 몇 가지를 들 수 있는데 나를 비롯하여 바카이나 드 로에커, 에크하우트가 당시에 그다지 적절하지 않은 가정을 사용했을 가능성이 있다. 하지만 이 점을 염두에 두고도 1980년부터 오늘날까지 일반적으로 생각할 수 있는 이유는 시장 지배력이 증가했다는 것이다.

시장 지배력 증가를 확인하는 최종적인 방법은 벌어들인 돈으로 기업이 무엇을 했는지 살펴보는 것이다. 기업의 주주들은 물적자본을 소유하면서 경제적 이익을 요구한다. 구티에레스와 필리폰은 기업이 지급한 전체 금액을 검토했다. 지급액은 배당금(주주에게 직접 지급)과 자사주 매입(주가를 올리는 방식으로 주주에게 주는 암묵적 지급)을 결합한 것이다. 두 사람은 1970년대에 기업이 제공한 총 지급액이 기업 전체 자산의 2~3퍼센트라고 밝혔다. 하지만 2000년대 초반에는 약 4퍼센트가 됐고, 2016년에는 6퍼센트에 근접했다. 두 사람이 기록한 내용에 따르면 이런 증가의 주원인은 자사주 매입의 증가였고, 배당금 지급액도 더욱 늘어났다. 오늘날 배당금 지급액은 1960년대와 1970년대보다 약 4배 많다.

배당금과 자사주 매입의 증가는 기업들이 자본 스톡(자본 소유주에게 더욱 많이 지급해야 하는)이나 시장 지배력을 늘리고, 경제적 이익을 주주들에게 지급하고 있음을 입증하는 증거가 될 수 있다. 다음 장에서는 이 점을 더욱 자세히 살펴볼 것이다. 하지만 구티에레스와 필리폰은 새 자본에 대한 기업의 투자가 지난 수십 년 동안 감소했다고 기록했고, 따라서 오늘날 자본에 대한 지급액은 거의 확실히 과거보다 적다. 이는 주주에 대한 지급액 대부분이 경제적 이익에서 나온다는 사실을 시사한다. 전반적으로 이 증거는 20세기 후반부터 오늘날까지 경제에서 시장 지배력이 증가했다는 것을 뜻한다.

더 높은 마크업과 생산성의 모순

나는 시장 지배력의 증가로 최소한 성장 둔화의 일부라도 설명할 수 있어야 한다고 생각한다. 기본적인 경제 이론에 따르면 단일 독점 기업이든 몇몇 과점 기업이든 시장 지배력을 보유하면 상품 생산량을 제한한다. 이런 기업은 경제적 이익을 창출하지만 소비자는 더 적은 상품을 구매하면서도 더 높은 가격을 지급해야 한다.

다른 조건이 모두 같은 경우에 시장 지배력이 증가한다면, 기업은 마크업과 경제적 이익을 증가시키고 생산량을 훨씬 더 축소할 것이다. 생산량 감소는 그 자체로 실질GDP 성장의 발목을 잡을 것이다. 하지만 물론 실제로는 모든 조건이 같지 않고, 따라서 많은 기업에서 시장 지배력이 한꺼번에 증가하거나 마크업이 낮은 기업에서 마크업이 높은 기업으로 소비가 전환될 때 실질GDP 성장에 함축된 의미는 더더욱 불분명해진다.

총생산성 증가에서 시장 지배력 증가가 어떤 함축적 의미를 지니는지 생각해보기 위해 나는 수샨토 바수와 존 퍼널드가 주장하고, 데이비드 바콰이David Baqaee와 에마뉘엘 파르히Emmanuel Farhi가 확장한 논리에 의존하려 한다. 가장 먼저 고려해야 할 점은 모든 또는 대부분의 기업에 나타나는 시장 지배력 증가의 영향이 한 기업의 시장 지배력 증가와 매우 다를 수 있다는 사실이다. 특정 상품 시장에서 시장 지배력이 증가하면, 예를 들어 단일 보건의료 기업이 특정 도시에 있는 병원을 모두 인수한다면 우리는 그 기업이 앞으로 산출량을 제한하리라 예상할 것이다. 그러면 필요한 노동자와 자본이 줄어들기에 해당 보건의료 기업은 일부 간호사, 의사, 행정 직원을 해고할지 모른다.

이 단일 상품 시장에 대해서만 생각하면 더는 논의할 것이 없다. 해고 노동자나 미사용 자본에 어떤 상황이 벌어질지 생각할 필요가 없다. 하지만 많은 상품 시장에서 시장 지배력이 증가하면, 각 시장에서 노동자는 해고당하고 자본은 사용되지 않을 것이다. 이런 변화가 널리 확산되는 경우에 그 영향은 무시할 정도로 작지 않을 것이다. 노동시장이나 자본시장에서 수요가 현저하게 감소하고, 임금과 자본 대여율 모두 하락할 것이다. 투입 비용이 감소하는 경우에는 시장 지배력을 보유한 기업조차 고용 노동자 수와 투자 자본을 늘리리라 기대할 것이다. 또 노동력과 자본의 공급이 임금이나 자본 대여율에 민감하지 않은 경우에는 이 기업들 모두 노동력과 자본을 다시 고용하리라 기대할 것이다.

노동력과 자본이 전부 또는 대부분 고용되어 있는 경우에는 시장 지배력이 증가하기 이전과 비슷한 수준의 산출량을 얻을 것이다. 시장 지배력이 광범위하게 증가한다고 해서 반드시 산출을 낮추거나 대단히 큰 폭으로 감소시키는 것은 아니지만, 산출이 노동자와 자본에서 벗어나 경제적 이익 쪽으로 이동하는 결과를 낳을 것이다. 시장 지배력 증가가 초래하는 주요 결과는 성장 둔화로 나타나지 않고 지급받는 사람이 바뀌는 것으로 나타날 것이다.

다음으로 고려해야 할 점은 개별 기업이 마크업을 늘렸기 때문이 아니라 시장 지배력이 큰 상품 쪽으로 소비가 이동했기 때문에 총체적 수준에서 시장 지배력의 척도가 증가했을 수도 있다는 것이다. 바콰이와 파르히는 구티에레스와 필리폰이 수집한 마크업 데이터를 추가로 연구하고 나서 이것이 사실로 보인다고 주장했다. 비록 기업들이 부과하는 개별 마크업은 많이 바뀌었지만, 실제로 다수는 과거 20년 동안 하락했다. 마크업이 1.18에서 1.67로 전반적으로 증가한 이유는 마크업이 낮은 기업에서 마크업이 높은 기업으로 지출이 이동했기 때문이다. 그렇다면 어떤 기업으로 이동했을까? 정보통신, 기술, 보건의료, 교육 관련 기업처럼 서비스 기업으로 이동했다. 요컨대, 총체적 수준에서 경제적 이익과 마크업의 증가는 상품에서 서비스로의 전반적인 이동에 따른 현상이다.

이 지점에서 상황이 약간 묘해진다. 바콰이와 파르히는 마크업이 높은 기업으로 지출이 이동하는 현상이 생산성 증가에 유용하게 작용했다고 주장한다. 높은 마크업의 원천이 무엇이든 이런 현상은 한계비용에 비례해 상품이 매우 가치 있다는 뜻이다. 만약 우리가 낮은 마크업 상품을 생산하는 데 필요한 투입물을 가져다가 높은 마크업 상품을 생산하는 데 사용했다면 생산물의 가치를 높인 것이다. 이런 가치 증가는 새 물적자본이나 인적자본을 축적하는 데서 나오지 않고, 기존의 투입물을 다른 용도로 재분배하는 데서 나왔으므로, 지출이 높은 마크업 기업으로 이동하는 변화는 생산성을 증가시킨다.

높은 마크업 상품으로 어떻게 이동할 수 있을지 궁금할 것이다. 어떻게 하면 더 높은 가격을 지급할 수 있을까? 이때 두 가지를 마음에 새겨야 한다. 첫째, 지금까지 살펴봤듯이 지출에 발생한 주요 변화는 생산성이 증가하고 그에 따라 우리가 더욱 부유해진 결과다. 둘째, 높은 마크업 상품에서 경제적 이익을 얻는 사람들도 소비자다. 우리가 그들의 상품을 구매하는 방향으로 이동할 때 그들은 더 많은 소득을 거둬서 상품과 서비스에 소비한다. 즉, 시장 지배력의 증가는 소득 분배를 바꾸었지만 성장을 둔화시키지는 않았다.

그렇다면 높은 마크업 상품으로 이동하는 것이 생산성 증가에 얼마나 중요할까? 바콰이와 파르히는 21세기에 관찰된 생산성 증가의 약 절반은 높은 마크업 기업과 시장으로 이동한 결과라고 계산했다. 이동이 일어나지 않았다면 생산성 증가 속도가 훨씬 느렸을 것이고 성장 둔화 역시 더욱 심화됐으리라는 뜻이다. 결론적으로, 시장 지배력 증가는 성장 둔화를 설명하는 의미 있는 이유가 아니다.

그렇다고 하더라도 높은 마크업 산업이 보유한 시장 지배력에 만족해야 한다는 주장과 혼동하지는 말아야 한다. 해당 산업에서 시장 지배력을 줄인다면, 경쟁자들을 시장에 진입시켜 생산량을 훨씬 많이 늘릴 수 있으므로 우리의 생활 수준은 더욱 향상될 수 있다. 이것을 경주에 빗대보자. 계속 앞을 향해 달릴수록 1인당 실질GDP는 커지므로 우리가 달리는 속도를 성장률로 볼 수 있다. 우리 앞에서 달리고 있는 주자는 최대 생산성을 보유한 경제이고, 경주에서 모든 산업은 서로 경쟁하며 생산량을 극대화한다. 특정 기업이 시장 지배력을 갖췄다는 말은, 우리가 늦게 출발해서 뒤처져 있는데도 같은 속도로 달리고 있기 때문에 그 선두주자를 결코 따라잡지 못한다는 뜻이다.

높은 마크업 산업으로 이동하는 것은 이 비유에서 몇 가지 작용을 한다. 고부가가치 생산으로 이동하므로 우리는 약간 더 빨리 달리기 시작한다. 하지만 선두주자는 우리보다 훨씬 속도를 낸다. 따라서 우리는 더욱 빨리 달리지만 최대 생산성에는 훨씬 미치지 못한다. 생산성 증가 속도가 더욱 빨라지는데도 실제 생산성과 최대 생산성의 격차가 더욱 벌어지는 것은 둘 다 시장 지배력 증가에 따른 결과다. 따라서 시장 지배력의 증가가 성장률에 미치는 대단한 영향을 감지하지 못하더라도, 시장 지배력에 대응하고 그 격차를 최대 생산성까지 좁히려는 동기는 수십 년 전보다 지금이 더 클 수 있다.

10

시장 지배력과 투자율의 하락

종합적인 관점에서 시장 지배력 증가는 생산성 둔화로 이어지지 않았고, 오히려 생산력을 증가시켰을 수도 있다. 하지만 개별 기업들의 활동을 검토해보면 자본과 연구·개발에 대한 투자 태도를 바꾸고 있다는 증거를 찾을 수 있다. 특히 시장 지배력 증가는 자본과 연구·개발에 대한 투자 감소와 관계가 있고, 시장 지배력을 보유한 기업이 원가 이상으로 가격을 유지하기 위해 산출량을 제한한다는 기본적인 이론과 일치한다. 이 사실은 시장 지배력과 성장 둔화의 관계를 더욱 모호하게 할 것이다.

투자율 하락

앞 장에서는 제르만 구티에레스와 토머스 필리폰의 연구 결과를 인용하면서 시장 지배력의 증가에 대한 일부 증거로서 시간 경과에 따라 주주에게 지급한 금액이 증가했다고 언급했다. 하지만 이것은 두 사람이 진행한 연구의 일부일 뿐이고, 저자들은 지난 수십 년 동안 자본에 대한 투자 감소를 설명하면서 시장 지배력의 증가가 상당히 큰 역할을 한다고 기록했다.

구티에레스와 필리폰은 투자율을 측정하기 위해 기업의 영업잉여금 대비 순투자액을 검토했다. 여기서 먼저 두 용어의 정의를 내려보자. 순투자^{net investment}는 감가상각에 기인한 자본 손실을 제외하고 새 물적자본재에 지출한 비용을 말한다. 순투자가 긍정적이면 자본 스톡은 늘어나고, 순투자가 부정적이면 자본 스톡은 감소한다. 전체 데이터에서 우리는 특정 연도에 일부 기업이 그럴 수 있다고 하더라도 순투자가 부정적으로 되는 상황은 고려하지 않았다. 다른 하나는 영업잉여^{operating surplus}로, 앞에서 살펴본 자본과 경제적 이익에 대한 지급의 조합이다. 기술적으로는 판매세 같은 간접세에 대한 조정을 포함하지만 실제로는 큰 차이가 없으므로 영업잉여금을 자본과 경제적 이익에 대한 지급의 합으로 생각할 수 있다. 이것은 기업이 투자할 수 있는 총액이다.

구티에레스와 필리폰이 사용한 데이터는 공개되어 누구나 사용할 수 있다. 여기서는 두 사람이 논문에 수록한 기본 수치를 다시 계산하고 확장했다. 그림 10.1은 서로 다른 세 집단의 1950~2016년 순투자율을 보여준다. 그림에서 '모든 사업체'는 법인이냐 아니냐를 불문하고 모든 비금융 기업에 대한 데이터를 포함한다. 집단 사이의 차이를 나타내기 위해 전체를 '법인'과 '비법인' 범주로 세분화했다. 1960년 이전에는 법인 기업만 추적의 대상이었으므로 법인 기업에

그림 10.1 시간 경과에 따른 순투자율

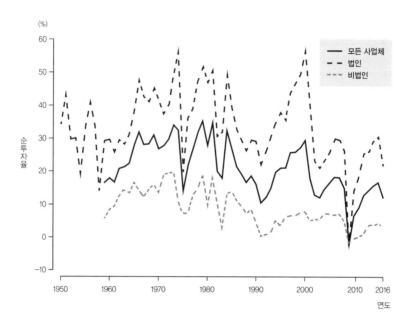

비고: 데이터의 출처는 미국 연방준비제도(Federal Reserve System)다. 이 그림에서 순투자율은 영업잉여금으로 나눈 순자본 형성 관련 데이터를 사용해 계산했다.

대해서만큼은 1950년부터 기록했다.

그림 10.1을 보면 먼저 매년 큰 변동성을 보였다는 사실을 확인할 수 있는데, 세 그래프가 대체로 함께 움직인다. 또한 법인 사업체와 비교할 때 비법인 사업체는 예외 없이 영업잉여금에서 투자하는 금액이 적다. 하지만 모두 별개 유형의 기업들이므로 이 점에 대해서는 그다지 고려할 필요가 없다. 비법인 기업의 예로 로펌을 들 수 있는데, 법인 기업인 GE가 사업하는 방식과 달리 로펌은 물적자본에 많이 투자하지 않을 가능성이 크다.

우리의 목적에 매우 부합하는 사실은 세 그래프 모두에서 2000년 무렵부터 순투자율이 하락세로 전환했다는 것이다. 기업 데이터를 검토하면 순투자율은 1990년대 초 급락하면서 1950년부터 2000년까지 30~40퍼센트를 맴돌았다. 1990년대 후반에 이루어진 기업 투자는 대부분 컴퓨터에 대한 대량 투자 덕이었다. 하지만 2000년 이후 기업의 평균 순투자율은 2008년과 2009년 금융위기가 유발한 투자 급감을 제외하고라도 20~25퍼센트 수준으로 하락했다.

1960년부터 1990년까지 순투자율이 약 10퍼센트였던 비법인 사업체도 비슷한 경향을 보였다. 그들의 투자는 그 후 5퍼센트 안팎으로 떨어졌고 2000년에는 뚜렷한 변화를 보이지 않았다. 그런데도 현재 비법인 사업체의 투자 행태는 30~40년 전과 매우 다르다. 법인 기업 투자율과 비법인 기업 투자율을 합하면 전체 순투자율을 산출할 수 있는데, 이 비율은 1990년대까지 평균 약 25퍼센트를 기록하고 하락했다가 1990년대 후반 기업들이 컴퓨터 시스템에 투자하면서 급증했다. 하지만 2000년 이후 순투자율은 모든 사업체에 걸쳐 금융위기 동안 큰 폭으로 하락한 것을 제외하고도 10~15퍼센트 하락했다. 이렇듯 전반적인 투자율 하락은 어떻게 총자본 스톡 성장률이 21세기 동안 더욱 둔화하기 시작했는지에 관한 이전 데이터와 일치하며, 크게 중요하지 않지만 성장 둔화의 일부를 설명한다.

투자할 가치가 있는가?

4장에서 토마토의 비유를 들어 설명했듯이, 투자와 성장은 몇 가지 면에서 서로 연결되어 있으므로 주의를 기울여야 한다. 하지만 알고 보면 좀더 미묘한 점이 있다. 토마토라는 식물을 생각해보자. 장기 일기예보를 들었거나 달력의 절기를 참고해 내년에 가뭄이 찾아오리라고 판단한다면, 아마도 수확한 토마토를 더 많이 소비할 것이고 내년에 심기 위해 따로 챙겨두는 양을 줄일 것이다. 어차피 가뭄 때문에 농사를 망칠 거라면 굳이 고생해가며 경작할 필요가 없지 않겠는가.

투자할 때도 비슷한 논리가 작용한다. 만약 미래 성장이 약화되리라 믿는다면 기업은 설비 과잉으로 옴짝달싹 못 하는 상황에 빠지지 않기 위해 합리적 기준에 따라 투자 지출을 줄일 것이다. 따라서 기업의 투자 지출 감소를 주도한 요인이 미래에 대한 예측일 수 있다는 점을 진지하게 고려해야 한다.

따라서 나는 구티에레스와 필리폰의 연구 경로를 따라 기업의 Q비율$^{Q \, ratio}$을 계산했다. Q비율은 1969년 배경 이론을 최초로 소개한 노벨상 수상 경제학자 제임스 토빈$^{James \, Tobin}$의 이름을 따서 '토빈의 Q'로도 불린다. Q비율은 기업이 보유한 기존 자본 스톡의 현재 가격 대비 기업의 시장 가치를 측정한다. Q비율이 1보다 크다면, 주주가 기업의 미래 가치가 현재보다 크다고 믿는다는 뜻이다. 이 경우에 기업이 긍정적인 순투자를 하는 것은 합리적 결정이다. 이때 투자하면 기업이 새 자본에 지출하는 1달러당 1달러 이상의 시장 가치를 얻을 수 있기 때문이다. Q비율이 1보다 작으면 반대 현상이 발생한다. 주주가 보기에 미래 상황이 현재보다 나쁘므로 기업은 마이너스 순투자로 이어지는 기존 자본 스톡을 축소하는 것이 합리적이다.

여기서는 법인 기업을 대상으로 자산의 시장 가치와 현재 자본 스톡의 대체 비용에 관한 데이터를 사용해 '단순한' Q비율을 계산했다. 기업의 시장 가치를 계산하는 과정을 상당히 단순화했으므로 단순 Q비율을 계산하는 것은 간단하다. 이와 대조적으로 구티에레스와 필리폰이 계산한 '복잡한' Q비율은 기업의 기존 금융자산, 부채, 재고를 기업이 보유한 시장 가치의 일부로 포함한다.

그림 10.2를 보면 단순한 Q비율과 복잡한 Q비율의 차이가 크지 않다는 것을 알 수 있다. 또 시간이 흐르면서 나타나는 유형을 알 수 있고, 성장 둔화 기간의 양상을 과거와 비교해서 볼 수도 있다. 예컨대 1950년대와 1960년대 Q비율은 1보다 작거나 1 정도였고, 그림 10.1을 보면 이 시기에는 순투자율이 상당히 높았다. Q비율은 1980년대와 1990년대 초에 급락했다가 1990년대 후반에 치솟았다. 그림에서 볼 수 있듯이, Q비율의 급증은 순투자율의 급증과 일치한다. Q비율

그림 10.2 시간 경과에 따른 Q비율

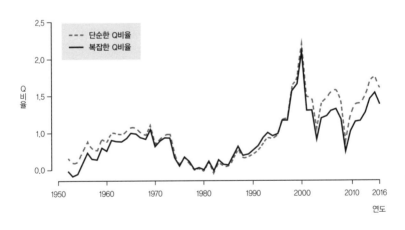

비고: 데이터의 출처는 미국 연방준비제도다. Q비율은 기업의 자산 가치, 부채, 금융자산, 재고, 비금융자산에 관한 데이터를 사용해 계산했다.

은 약 2.0에서 정점을 찍은 후에 하락해 내가 계산한 단순한 Q비율은 약 1.5로, 복잡한 Q비율은 약 1.25로 떨어졌다. 그럼에도 Q비율은 2000년대에 역대 평균보다 훨씬 높은 수준을 유지했다. 최악의 금융 위기 동안 급락했지만, 거의 즉시 역전됐다. 2015년에는 전체 그래프에서 1999년을 제외하고 어떤 다른 해보다 높았다.

그림 10.2의 함축된 의미를 살펴보면, 지난 20년 동안 관찰한 순투자 감소 현상은 기업의 예상 미래 실적이 하락했기 때문이 아니라 다른 요인 때문에 발생했다는 것이다. 기업들은 지난 수십 년 동안 자본 대체 비용에 비해 막대한 시장 가치를 보유한 것으로 보이지만, 예상에 상응할 만큼의 상당한 투자를 창출하지 않았다. 이에 대해 이야기하기 전에, 순투자율 하락을 고려해서 우리가 얼마나 많은 투자를 '놓쳤는지' 생각해볼 가치가 있다.

구티에레스와 필리폰은 1990~2001년에 Q비율과 순투자의 관계를 살펴보고, 이전 관계가 계속 유지됐다고 가정했을 때 2001~2015년 순투자에 어떤 현상이 일어났을지 추론했다. 그런 다음에 결과를 실제적인 순투자와 비교했다. 두 사람이 발견한 사실에 따르면, Q비율을 고려할 때 2001년 이후 매년 순투자는 기대치를 밑돌았다. 부족분을 축적하면 2015년 상실된 투자는 기존 자본 스톡의 10퍼센트에 해당했다. 물적자본 축적량의 감소가 성장 둔화의 주요 원인이 아니라는 사실을 알고 있기는 하지만, 이것은 더 연구를 해봐야 할 만큼 큰 수치다.

기업의 집중

투자 둔화를 설명하는 주요 원인의 하나로 구티에레스와 필리폰이 초점을 맞추고 있는 것은 기업 집중 현상이다. 여기서 말하는 집중은 더욱 적은 수의 거대 기업들이 고용과 경제활동을 지배한다는 뜻이다. 미국 인구조사국이 발표한 기업 관련 통계를 보더라도 이런 사실을 확인할 수 있다. 그림 10.3은 직원이 500명 미만인 기업과 500명 이상인 기업으로 나눠 전체 고용에서 차지하는 고용 비율을 보여

그림 10.3 기업 규모에 따른 고용 비율

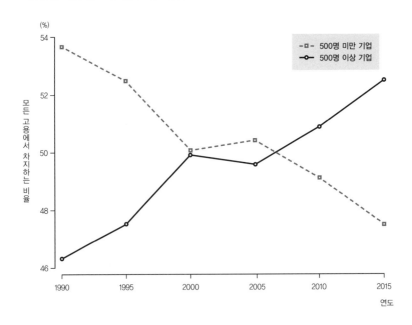

비고: 데이터의 출처는 미국 통계국이다. 고용에서 차지하는 비율은 특정 집단에 속한 기업 수와 총 기업 수에 관해 보고된 데이터를 사용해 직접 계산했다.

준다. 1990년 비교적 작은 기업의 고용 비율은 전체의 약 54퍼센트였지만 2000년 무렵에는 50퍼센트, 2015년에는 약 47퍼센트를 기록하며 감소 추세를 보였다. 이에 대한 반대급부로 대기업의 고용 비율은 1990년 약 46퍼센트에서 2015년 거의 53퍼센트까지 증가했다.

고용이 거대 기업 쪽으로 이동하는 현상은 규모가 더 작은 기업들의 출혈을 바탕으로 이루어졌다. 즉 1~4명만 고용한 기업의 전체 대비 고용 비율은 1990년 약 5.5퍼센트에서 2015년 4.7퍼센트로 감소했다. 5~9명을 고용한 기업의 전체 대비 고용 비율은 같은 기간 6.7퍼센트에서 5.3퍼센트로 감소했다. 10~19명(8.1퍼센트에서 6.7퍼센트로), 20~99명(19퍼센트에서 16.6퍼센트로)을 고용한 기업도 비슷한 감소 추세를 보였다. 100~499명을 고용한 기업만 거의 비슷한 수준을 유지해서 해당 기간에 전체 노동자의 약 14퍼센트를 고용했다.

고용이 집중되면서 더 소수의 대기업이 반드시 더 많은 시장 지배력을 차지하는 것은 아니지만, 이런 현상은 마크업과 경제적 이익 관련 데이터에서 관찰한 시장 지배력의 증가와 일치한다. 또 구티에레스와 필리폰이 투자 관련 데이터를 더욱 꼼꼼하게 검토하고 나서 내린 결론에서는 최대 고용 집중을 보인 산업들이 가장 큰 순투자 하락폭을 기록했다.

더 소수의 기업과 투자 감소

이런 관계를 확인하기 위해 구티에레스와 필리폰은 기관 소유권(예: 기업의 주식을 보유한 연기금)은 물론 순투자, Q비율, 산업 집중도 수치에 관한 기업 차원과 산업 차원의 데이터를 검토했다. 두 사람이 사용한 방법은 기업이나 산업에 따른 Q비율, 산업 집중도, 기관 소유권, 기타 통제 요인을 고려해 순투자의 선형회귀$^{linear regression}$를 실시하는 것이다. 선형회귀라는 단어를 읽자마자 눈이 침침해지면서 졸리기 시작할지도 모르겠다. 하지만 그렇게 겁먹을 필요가 없는 단어이니 여기서 설명을 시도해보려 한다. 만약 회귀에 대해 전혀 알고 싶지 않다면 다음 한 문단은 건너뛰고 읽어도 무방하다.

대부분의 통계학 교수와 경제학 교수가 명쾌하게 정의하지 못하고 있기는 하지만 회귀의 개념은 간단하다. 회귀에서 무엇에 따라 '통제'한다는 말은 모든 관찰에 기초해 작은 하위 집단으로 나누는 것을 의미한다. 예를 들어 기업의 자산과 연령에 따라 통제한다면, 설립한 지 5년이 됐고 자산이 5,000만~1억 달러인 기업으로 구성된 하위 집단을 만든다는 뜻이다. 설립한 지 5년이 됐고 자산이 1억~1억 5,000만 달러인 기업의 하위 집단도 있을 수 있다. 또 설립한 지 6년 됐고 자산이 5,000만~1억 달러인 기업의 하위 집단 등 예를 들자면 끝도 없다. 어쨌든 각 하위 집단 안에서 기관 소유권과 순투자가 맺은 관계를 살펴본다. 마지막으로 모든 하위 집단 관계의 가중평균을 구한 다음에, 특정 하위 집단에 속한 기업의 수에 따라 가중치가 달라지는 기관 소유권과 순투자의 전반적인 관계를 파악한다. 이 과정은 지루할 뿐 복잡하지는 않다.

구티에레스와 필리폰은 기업 차원의 Q비율, 기업 연령, 기업 자산에 따라 통제하면서 집중도를 측정할 목적으로 해당 산업에 속한 총 기업 수에 대한 기업의 순투자를 회귀분석해서 모든 집단을 Q비율, 연령, 자산 측면에서 비슷한 하위 집단으로 나누었다. 각 하위 집단에 속한 기업들은 비슷한 특징을 보이므로 순투자율 차이를 유발하는 요인은 Q비율, 연령, 자산이 아니라는 사실을 알 수 있다. 하지만 두 사람은 해당 기업들의 순투자율을 같은 산업에 속한 전체 기업과 비교한 후에 경쟁자가 적은 기업이 투자를 적게 한다는 사실을 밝혀냈다. 이런 결과는 두 사람이 Q비율, 연령, 자산, 여기에 나열할 가치가 없는 다른 통제 요인 전체에 대한 데이터를 사용해 구성한 모든 하위 집단에도 그대로 적용된다.

구티에레스와 필리폰은 순투자율 하락을 설명할 때 두 가지가 일치한다고 주장했다. 즉, 한 기업의 지분에서 기관 소유권이 차지하는 비중과 같은 산업에 속한 기업들의 집중 현상이 일치한다는 것이다. 기관이 보유한 주식의 비중이 클수록 순투자는 줄어든다. 특정 산업이 소수 대기업으로 집중될수록 그리고 개별 기업의 추정 시장 지배력이 커질수록, 순투자는 줄어든다. 이런 경향은 저자들이 분석하면서 고려하는 기업 고유의 특징들과 상관없이 유효하다. 옳은 분석이다. Q비율이 매우 낮은 기업은 많이 투자하지 않는다. Q비율이 매우 낮으면서 경쟁자가 많지 않은 기업은 훨씬 적게 투자하며, Q비율이 낮으면서 기관 소유권이 많은 기업도 훨씬 적게 투자한다.

이 두 가지 설명은 순투자율 하락에 큰 영향을 미치는 요소로 유일하게 일치한다. 부채 시장에 접근하는 능력, 은행 대출에 대한 의존도, 위험에 대한 투자자의 태도 변화는 그다지 중요해 보이지 않는다. 산업이 직면한 규제의 양, 기업의 해외 활동, 매출 성장에 대한 불확실성도 마찬가지다. 이런 요소의 일부 또는 전부가 특정 시점에 특정 기업이나 산업에 중요할 수는 있지만, 어떤 요소도 모든 산업과 기업 전반에 중요하지 않다. 이와 대조적으로, 기관 소유권과 기업의 집중 현상은 기업과 산업 전체에 중요하다.

게다가 시장 지배력이 물적자본 투자를 약화시키는 영향은 연구·개발을 통한 혁신에 대한 투자로도 흘러 들어간다. 구티에레스와 필리폰은 동일한 데이터 세트를 바탕으로 자산 대비 연구·개발 지출을 결정하는 요인을 조사했다. 두 사람은 순투자에 대한 결과와 비슷하게 기관 소유권이 클수록 연구·개발비가 축소된다는 사실을 발견했다. 게다가 산업에서 기업 집중도가 클수록 연구·개발비 지출도 줄어들기에 순투자 관련 결과와 일치한다. 현재 연구·개발비 지출에서 혁신으로 이어지고, 혁신에서 생산성으로 이어지는 고리는 명확하지 않다. 생산성이 포착하는 것은 단순한 기술 이상이라는 사실을 기억하기 바란다. 하지만 연구·개발비 지출이 하락하는 것은 생산성을 높이기 위한 기업의 투자가 어떻게 시장 지배력 때문에 축소되는지를 설명하는 또 하나의 예다.

전반적으로 기관 소유권이 물적자본과 연구·개발에 대한 투자에 미치는 영향은 투기에 노출된다. 기관 주주가 새 자본에 투자하기보다는 단기 이익과 자사주 매입이나 배당금의 증가에 더 초점을 맞추라고 기업 경영진을 압박하리라는 점을 어렵지 않게 짐작할 수 있다. 이와 대조적으로 산업 집중이 물적자본과 연구·개발에 대한 순투자 감소와 관계가 있다는 구티에레스와 필리폰의 주장은 마크업과 경제적 이익에 관한 데이터와 일치한다. 생산자들이 소수 대기업으로 집중될 때 일반적으로 더 많은 시장 지배력을 행사할 수 있다. 해당 기업이 더 많은 시장 지배력을 보유하면 고객군이 정착되어 있으므로 투자 동기를 그다지 느끼지 못할 수도 있다.

여기서 기업에 대한 증거는 분명해 보이지만, 그렇다고 하더라도 이 증거와 전체적인 성장 둔화를 연결하는 고리는 빈약한 것으로 밝혀졌다. 4장에서 살펴봤듯이, 최소한 인적자본 증가 및 생산성 증가의 변화와 비교했을 때 물적자본 증가율 변화는 성장 둔화의 주요 원인이 아니다. 시장 지배력이 기업의 투자율을 낮춘 것은 분명하지만, 그 자체는 성장 둔화의 중요한 요인인 것 같지 않다. 시장 지배력이 투자에 미치는 영향이 더 컸더라도, 앞 장에서 살펴본 대로 생산성 증가에 미친 긍정적인 영향을 상쇄하기 때문이다. 따라서 시장 지배력과 성장 둔화의 연관성은 여전히 모호한 상태로 남는다.

11 시장 지배력의 필요성

앞서 몇 장에 걸쳐 살펴봤듯이, 기업의 시장 지배력이 증가했고 이런 현상은 대개 성장 둔화와 동시에 발생했다. 하지만 두 가지 현상을 함께 묶기는 어렵고, 생산성 증가와 시장 지배력의 관계는 모호한 것으로 밝혀졌다. 총체적인 관점에서 볼 때 시장 지배력 증가는 생산성에 좋을 수도 있다. 고부가가치 상품과 서비스를 생산하는 기업이나 산업이 더 많은 자원을 투입하고 있다는 뜻이기 때문이다. 경제 전반을 아우르는 관점에서 성장 둔화를 설명하기에 중요한지는 분명하지 않지만, 집중도가 커진 산업에서 물적자본과 연구·개발에 대한 투자가 모두 감소했다는 사실도 앞서 확인했다. 하지만 시장 지배력이 과거에는 큰 영향을 미치지 못했을지라도, 어쩌면 미래에는 영향을 미치게 될 것이다. 시장 지배력이 지속적으로 증가하면 결국 혁신과 생산성 증가의 속도를 늦출 수 있기 때문이다. 역으로, 기업의 시장 지배력을 줄일 수 있으면 혁신을 증가시키고 성장 둔화의 일부를 상쇄할 수 있다.

바로 앞 문단에는 '~ 못했을지라도', '~할 것이다', '어쩌면' 등 예측을 나타내는 표현이 많이 등장했다. 단순히 미래에 대해 말하기 때문이 아니다. 경제 성장 원인을 정확하게 짚어내기 위해 파악해야 하는 시장 지배력과 혁신·성장의 관계가 미묘하고 복잡하기 때문이다. 이를 밝히려면 기업이 비용에 대해 부과할 수 있는 마크업이 수요와 공급의 결과라는 점을 인식해야 한다.

시장 지배력과 큰 마크업은 공급 제한을 반영한 결과일 수도 있다. 예를 들어 보건의료 부문을 통합해서 특정 도시의 한 병원에서만 특정 수술을 할 수 있게 한 것과 같은 이치다. 하지만 시장 지배력과 큰 마크업은 소비자가 우연히 즐기게 됐고, 기꺼이 프리미엄을 지급하고라도 획득하고 싶은 상품이 있기 때문에 생겨난다. 이런 상품은 소비자가 자발적으로 들르고 싶어 하는 커피숍처럼 단순할 수 있다. 그런 커피숍들은 커피의 한계비용보다 훨씬 비싼 가격을 부과한다. 커피를 마시는 것에 특허를 내고 소송을 걸어서 다른 사업체가 문을 닫게 하기 때문이 아니다. 자판기에서 뽑아 마시는 커피의 대안으로 소비자가 가치를 부여하는 커피, 공간, 분위기 등의 상품을 제공하기 때문이다.

따라서 시장 지배력이 미래에 성장을 더욱 둔화시킬지, 시장 지배력을 축소하는 것이 경제 성장에 좋을지 나쁠지를 다루기 전에 시장 지배력의 원천에 대해 더욱 깊이 생각해봐야 한다. 앞으로도 계속해서 설명하겠지만 시장 지배력은 애당초 혁신을 부추기는 동기를 창출한다. 어느 정도 시장 지배력이 없으면 경제도 성장할 수 없다. 성장 둔화에 대한 해답은 시장 지배력과 마크업을 없애는 것이 아니라, 시장 지배력에서 투자와 혁신을 끌어올릴 수 있는 최적의 인센티브를 가장 효율적으로 제공하는 지점을 찾는 것이다.

비경합 아이디어에 보상한다

현대 들어 경제 성장에서 시장 지배력이 차지하는 역할을 파악하려면 폴 로머가 1980년대 후반과 1990년대 초반에 발표한 논문 두 편까지 거슬러 올라가야 한다. 로머는 두 논문에 힘입어 2018년 윌리엄 노드하우스William Nordhaus와 노벨상을 공동 수상했다. 로머는 혁신 발생 원인을 전혀 고려하지 않았던 당대 경제 성장의 표준 모델에 혁신적인 활동을 접목하는 방법을 논문들에 게재했다. 두 논문은 매우 기술적인 내용을 일부 포함하고 있지만 1990년에 발표한 논문의 처음 절반은 경제학에 관심이 있는 사람이라면 누구나 읽을 수 있으며, 내가 여기서 소개하는 내용도 이 논문을 요약한 것에 가깝다.

로머는 생산에 대한 표준 투입물과 비표준 투입물의 차이에 주목했다. 표준 투입물은 물적자본과 인적자본이고, 비표준 투입물은 아이디어, 청사진, 조리법, 표준 투입물을 조직하고 통제하기 위해 사용하는 기술 등이다. 경제학자들은 표준 투입물을 경합재rival goods라고 부른다. 투입물을 한쪽에서 사용하고 있으면 다른 쪽에서 동시에 사용할 수 없다는 뜻이다. 예를 들어 내 노트북은 경합 투입물이다. 내가 노트북을 사용해 글을 쓰고 있는 동안에는 다른 사람이 이 노트북으로 뭔가를 할 수 없기 때문이다. 누군가가 휴스턴에 있는 도로를 평평하게 만들기 위해 물적자본인 캐터필러를 사용하고 있다면, 그 시간에 그 캐터필러로 댈러스에 있는 도로를 평평하게 만들 수 없다. 이런 경합재는 인적자본, 특히 시간에도 똑같이 적용된다. 직장에서 회의에 참석해야 한다면 동시에 책상에 앉아 다른 일을 할 순 없다.

그에 반해 비표준 투입물은 비경합재nonrival goods다. 여러 장소에서 한 번에 비경합 아이디어, 청사진, 조리법, 기술들을 사용할 수 있고 그렇더라도 다른 사람들의 사용 능력을 약화시키지 않는다. 소프트웨어는 비경합 기술의 훌륭한 예다. 내가 사용하고 있는 동안에 옆의 동료가 내 노트북을 쓸 순 없지만, 같은 워드 프로세스 프로그램은 동시에 사용할 수 있고 두 사람 모두 불편을 느끼지 않는다. 앞서 생산성 증가를 설명하기 위해 사용했던 케이크의 예를 기억하는가? 케이크 조리법은 비경합재다. 내가 특정 조리법으로 케이크를 만든다고 하더라도 타인도 완전히 다른 주방에서 같은 시간에 정확하게 같은 조리법을 사용해 케이크를 만들 수 있다. 상품 디자인, 집 청사진, 심지어 기업의 조직도 등은 생산하기 위한 비경합 투입물의 예다. 비경합재는 사용자의 사용 능력과 수를 제한하지 않고 한꺼번에 사용될 수 있다.

비표준 투입은 비경합적 특성을 지니므로 성장에 중요하다. 새로운 아이디어나 기술은 효과를 온전히 유지한 상태로 사람이나 기업 전체에 보급될 수 있다. 한 기업에서 생산을 10퍼센트 증가시키는 아이디어는 또 다른 기업에서도 생산을 10퍼센트 끌어올리거나 총생산을 10퍼센트 증가시킬 수 있다. 이것이 표준 투입과 다른 점이다. 투자자가 생산을 10퍼센트 증가시킬 수 있을 정도로 한 기업에 제공한 자본은 다른 기업에 사용할 수 없다. 따라서 물적자본의 증가는 기업 전체의 산출을 10퍼센트 증가시키지 않고 아마도 3~4퍼센트만 증가시킬 것이다.

앞에서 성장 회계를 설명하면서 물적자본과 인적자본이 가중치로 사용할 수 있는 탄력성을 언급했다. 이런 탄력성은 표준 투입물이 가지는 경합적 성격 때문에 물적자본의 경우는 0.35이고 인적자본의 경우는 0.65로 둘 다 1 미만이다. 경합 투입물은 공유될 수 없으므로 산출량 증가율은 투입량 증가율과 같지 않다. 게다가 표준 투입물은 시간 경과에 따라 가치가 하락하는 경향이 있고, 가치 하락을 앞지를 수 있을 만큼 빨리 축적하는 것도 궁극적으로 불가능하다. 1956년 대부분 경제 성장 이론의 토대를 형성한 논문에서 로버트 솔로^{Robert Solow}가 주장했듯이, 비경합적 아이디어와 계획을 더욱 많이 생각해내지 않으면 경제 성장은 결국 사라지리라는 뜻이다.

로머는 솔로의 연구를 토대로 비경합 투입물과 경합 투입물이 다르다고 주장할 뿐 아니라, 애당초 누가 비표준 아이디어와 계획을 꿈이나 꾸겠느냐는 질문을 던졌다. 앞에서 살펴봤듯이, 비표준 아이디어와 계획은 다른 사람이나 기업의 사용을 제한하지 않은 상태로 복제될 수 있다. 당신이 혁신을 달성하려고 노력할 때 다른 사람들이 당신의 디자인, 아이디어, 레시피, 당신과 경쟁할 계획을 사용할 수 있다는 뜻이다. 만약 다른 사람이 경쟁을 벌여서 당신 사업을 날려버릴 것이라면, 당신 입장에서 애초에 굳이 혁신하고자 노력할 이유가 있을까? 따라서 로머는 비표준 아이디어와 계획을 독점할 수 있게 해야 한다고 분명히 주장했다. 다른 사람이 사용하지 못하도록 막을 능력을 혁신자 손에 쥐여주어야 한다는 뜻이다. 초기 논문들에서 로머는 독점 가능한 아이디어를 창출하는 방법으로 특허에 주목했다. 하지만 다른 선택지들도 있다. 예를 들어 코카콜라는 조제 방법에 대해 특허를 보유하고 있지 않다. 하지만 애틀랜타 어딘가의 금고에 보관하고 있으므로 조제 방법을 독점하고 있다. 다른 비경합 아이디어는 개인에게 내재된 기술이라고 생각하면 적절하다. 심장절개수술에 투입되는 아이디어와 계획은 비경합성을 띠지만, 이를 사용하는 능력은 고도로 훈련된 소수의 외과 의사에 한정되므로 독점성을 띤다.

특허, 비밀 유지, 훈련 등 독점의 출처가 무엇이든 최종 결과는 시장 지배력이다. 시장 지배력의 소유자는 아이디어, 계획, 기술의 독점 제공자로 행동함으로써 제품의 실질 한계비용인 마크업보다 높은 가격을 부과할 수 있다. 가장 좋은 예 중 하나가 소프트웨어다. 마이크로소프트 워드Microsoft Word를 생산하는 데 소요되는 한계비용은 사실상 제로다. 단순히 한 컴퓨터에서 다른 컴퓨터로 프로그램을 복사하면 되기 때문이다. 하지만 마이크로소프트는 제품의 독점 제공자이므로 해당 프로그램에 대해 제로보다 훨씬 많은 금액을 청구한다. 그리고 코드와 브랜드를 보호하는 저작권과 특허를 보유하고 있으므로 워드를 독점 제공한다.

로머는 혁신하려면 시장 지배력이 필요하다고 주장했다. 시장 지배력이 창출하는 마크업은 애초에 혁신하기 위해 투입한 시간과 노력에 대한 보상이기 때문이다. 워드 프로그램에 대한 마이크로소프트의 마크업은 상품을 생산하는 데 필요한 코드를 작성하고 테스트를 실시하는 데 드는 비용을 포함한다. 가장 흔히 인용되는 예로 의약품도 있다. 비록 약의 생산 비용이 매우 싸다는 사실이 밝혀지더라도, 기업이 신약을 연구하고 개발하기 위해 투입한 돈의 액수가 신약의 비싼 가격을 정당화한다. 심지어 주민이 애용하는 지역 커피숍 주인도 소비자가 그토록 즐기는 환경을 조성하기 위해 쏟은 온갖 노력을 정당화하기 위해 마크업을 부과할 가능성이 있다. 흰색 가운을 입고 실험실에서 일하는 사람처럼 공식적이든, 매장에 틀어놓으려고 좋은 음악을 고르는 커피숍 주인처럼 비공식적이든 마크업이 없으면 연구·개발에 투자할 동기가 전혀 없다. 연구·개발이 없으면 비경합적 혁신도 없다. 비경합적 혁신이 없으면 생산성 증가도 없다.

그렇다면 시장 지배력은 좋은 것인가?

이 이론은 시장 지배력 증가가 투자·혁신의 감소와 관련이 있다고 밝히는 증거와 어떻게 조화를 이룰 수 있을까? 내가 서술한 이론에서는 얼마간의 시장 지배력은 필요하지만 최적의 양이 얼마인지는 말하지 않는다. 따라서 나는 필리프 아기옹Philippe Aghion과 피터 호윗의 연구를 중심으로 진행된 몇 가지 작업에 의존하려 한다. 두 사람은 여러 공저자과 함께 로머와 같은 기본적인 개념을 생각하면서, 기업 간 경쟁의 본질에 대해 더욱 열심히 사고했다. 특히 혁신을 사용해 기존 경쟁사에게서 고객과 시장 점유율을 빼앗아 오는 방식을 살펴봤다. 또 기업이 경쟁할 때 기업과 노동자 사이에 발생하는 이직률을 진지하게 고려했다. 아기옹과 호윗은 이론경제학자인 조지프 슘페터Joseph Shumpeter가 최초로 서술했듯이, 오랜 기업을 새 기업으로 대체한다는 창의적인 파괴 개념을 담아 자신들의 이론을 '슘페테리언Schumpeterian'이라고 불렀다.

아기옹과 호윗이 펼친 논리를 살펴보려면 우선 극단적인 사례를 생각하는 편이 가장 손쉽다. 기업끼리 아이디어를 모방하는 사례를 배제하기 힘들기 때문이거나 소비자가 기업의 상품(예: 휘발유)에 강한 선호를 보이지 않기 때문에, 산업 내에서 경쟁이 치열하면 혁신을 시도할 동기가 거의 존재하지 않는다. 기업이 혁신하는 경우에는 누군가가 모방할 것이고, 경쟁사들은 해당 기업이 부과할 수 있는 마크업을 단기간에 잠식할 것이다. 또는 모방하는 기업이 없더라도 고객이 가격에 매우 민감하므로 해당 기업은 고객을 유지하기 위해서라도 매우 높은 마크업을 부과할 수 없다. 어느 쪽이든 이런 환경에서는 혁신하려고 노력할 만한 가치가 없다.

이와 대조적으로 산업 내에 경쟁이 없다면 어떤 기업도 혁신할 동기를 거의 느끼지 않는다. 규제 장벽이 있기 때문이든(예: 케이블 회사, 병원), 소비자에게 강한 선호가 있기 때문이든(예: 애플 마니아), 경쟁 없는 산업에서 기업의 고객 기반은 가격에 둔감하기에 다른 기업이 사업을 빼앗는 것은 거의 불가능하다. 아마도 더욱 중요한 사실은 기업이 흡수할 수 있는 추가 시장이 거의 없다는 점일 것이다. 또 새로 확보할 수 있는 고객이 거의 없으므로 혁신할 동기도 거의 없다. 작은 도시에 있는 작은 병원을 생각해보자. 모든 사람이 이미 이용하고 있으므로 해당 병원에서 서비스를 향상시키기 위해 혁신을 시도하는 일은 거의 찾아보기 힘들 것이다.

아기옹과 호윗의 주장에 따르면, 기업들이 보유한 시장 지배력이 혁신에 대해 보상하기에 충분하기는 하지만, 경쟁자들보다 앞서야 한다는 압박감을 느끼지 않을 정도에는 미치지 못하는 최적의 지점이 양극단 사이에 있다. 아기옹과 호윗은 니컬러스 블룸, 리처드 블런델Richard Blundell, 레이철 그리피스Rachel Griffith와 공저한 논문에서 이런 영향을 입증하는 증거를 제시했다. 저자들은 시간 경과에 따라 산업 내에서 혁신의 대명사가 되는 특허 활동을 계산했다. 각 산업에서 마크업을 측정하는 또 하나의 방법인 산업별 러너 지수Lerner Index도 계산했다. 저자들은 특허 활동을 마크업과 대조했을 때 분명한 언덕 모양 그래프를 발견했다. 마크업이 매우 낮은(즉, 경쟁이 치열한) 산업에서는 특허 활동이 매우 적었고, 마크업이 매우 높은(즉, 경쟁이 거의 없는) 산업에서도 특허 활동은 매우 적었다. 특허 활동이 최고를 기록한 것은 마크업이 중간 수준인 기업들이었다.

반대편 언덕에서

지난 수십 년간 축적된 데이터를 검토하고 나서 확인한 시장 지배력과 혁신 감소의 관계는 앞에서 방금 설명한 경제 성장 이론과 일치한다. 산업에 집중도가 높아질수록 순투자와 연구·개발 지출이 감소한다는 개념에 관해 구티에레스와 필리폰이 제시한 증거를 기억해보라. 이를 해석하면 우리가 최적의 지점을 지나쳐서 이제 기업의 시장 지배력이 '지나치게 큰' 범위에 들어섰다는 뜻이다. 기업들이 막대한 마크업을 부과할 수 있더라도 예전처럼 빠른 속도로 혁신하거나 투자하도록 기업들을 유도할 만큼 경쟁이 치열하지는 않다.

여기에 함축된 의미는 기업의 시장 지배력을 억제하고 기업의 마크업을 낮춰서 생산성 증가율을 높일 수 있으리라는 것이다. 하지만 시장 지배력을 얼마나 줄여야 할까? 모든 기업과 산업에서 시장 지배력을 더 줄여야 할까, 아니면 시장 지배력이 지나치게 큰 일부 기업만 대상으로 삼아야 할까? 이 지점에서 중요한 문제에 부딪힌다. 시장 지배력이 공급과 수요의 결과이기 때문이다. 각 상품과 서비스에 대해 혁신과 성장을 극대화하는 시장 지배력의 최적 수준을 알아내야 한다. 일부 기업에서는 마크업이 자사 상품에 대한 소비자의 욕구와 수요를 나타내고 기업이 문을 닫을지 모른다는 점을 의미한다면, 마크업을 제한하고 싶지 않을 것이다. 하지만 일부 기업에서는 아마도 다른 시장을 개척하려는 미래 경쟁사들과 결탁했기 때문에 마크업이 공급의 제한을 나타낼 수 있다. 이런 경우라면 해당 기업들의 시장 지배력을 줄이는 방향으로 행동하고 싶을 것이다. 하지만 대답은 하나가 아니며, 평균 마크업이 더 높다고 해서(1980년 1.18 대비 오늘날 1.67) 어떤 산업과 기업의 마크업도 최적 수준보다 높다는 뜻은 아니다.

그렇기는 하지만 시장 지배력을 최적 수준 이상으로 발전시킨다는 측면에서 몇 가지 영역을 좀더 자세히 살펴보아야 할 것 같다. 지식재산권이 대표적인 예다. 앞에서 언급했듯이, 모든 비경합적 아이디어는 혁신자와 발명가들이 어느 정도 이익을 거두고 애초에 혁신 동기를 창출하도록 독점할 수 있게 해야 한다. 특허와 저작권 등을 포함하는 지식재산권은 독점성을 창출하는 법적 구조를 포괄적으로 일컫는 용어다. 지식재산권은 지난 수십 년 동안 확대되어왔다. 1976년에는 저자 사후 50년까지 연장됐고, 최대 사후 56년까지 존속할 수 있었다. 1998년에는 저자 사후 70년까지 연장됐다. 이것은 저자의 상속자들에게는 대단한 혜택이지만, 살아 있는 저자에게 글을 쓰도록 동기를 부여하는 데는 크게 기여하지 못한다.

특허법도 비슷한 방식으로 변화했다. 1982년 미국은 특허 소송을 전담하기 위해 연방순회항소법원을 설립해서 특허가 가능하다고 여겨지는 대상을 뚜렷하게 변화시켰다. 일반적으로 특허 허용 기준이 낮아지면서 기업들이 소프트웨어와 사업 모델에 대해 특허를 받을 수 있는 길을 열었다. 예를 들어 아마존은 1999년 '원클릭' 주문 시스템으로 특허를 받았다. 혁신을 보호하려는 지식재산권의 필요성에 대해 어떻게 느끼든, 해당 특허의 정당성을 옹호하기는 힘들다. 원클릭 주문은 어떤 기업이라도 분명하고 단순하게 실행할 수 있는 편리한 시스템이다. 이것은 마치 '고객을 친절하게 대우하라'라는 개념에 특허를 주는 것과도 같다. 그런 맥락에서 유럽연합은 해당 시스템에 특허를 허용하지 않겠다고 했다.

원클릭 주문 특허는 혁신에 대한 독점성을 아마존에 제공했을까? 아니면 우리가 오늘날 알고 있는 기업으로 성장하기 전에 더 큰 야심을 품은 온라인 서점이었을 뿐인 시기에 아마존을 도와서 일부 잠재적인 경쟁사를 차단해주었을 뿐일까?

'특허 괴물patent troll' 기업 집단은 아무 이익도 없는 시장 지배력을 창출하는 지식재산권의 교과서적인 예다. 이 기업들은 특허권을 사들인 뒤, 기업들을 상대로 대개는 어떤 형태로든 합의에 도달하기를 희망하면서 특허침해 소송을 벌인다. 당연한 얘기지만, 기업들은 소송을 피하고 싶어 한다. 우리는 어째서 시간이 흐를수록 시장 지배력과 마크업이 증가한다고 생각할까? 기업이 점점 더 특허 괴물처럼 행동하기 때문일까, 아니면 기업이 보호할 가치가 있는 확실한 혁신을 보유하고 있기 때문일까?

아마도 당신은 애플을 특허 괴물이라고 부르지 않을 것이다. 아니면, 혹시 그렇게 부르는가? 2011년 애플은 삼성을 고소했다. 삼성이 모서리를 둥글게 굴린 직사각형 스마트폰을 생산하고 주요 화면에 격자무늬로 아이콘을 배열했다는 이유였다. 이 소송은 몇 해를 끌었고 애플이 애초에 요구했던 배상액 10억 달러는 재심을 거치면서 5억 4,800만 달러로 줄었다가 다시 3억 9,900만 달러로 줄었다. 2017년 말 연방 판사는 재심을 열어야 한다고 판결했다(2018년 양사의 합의로 마무리됐다—옮긴이).

이 소송은 둥근 모서리와 격자무늬 아이콘 배열이라는 혁신 기술을 방어하기 위해 애플이 취해야 하는 조치였을까? 아니면 애플이 잠재적인 경쟁사를 굴복시키려는 시도였을까? 해당 특허가 없었다면 애플은 파산했을까?

부분적으로 이런 사례에 근거해 미셸 볼드린Michelle Boldrin과 데이비드 러바인David Levine은 지식재산권을 폐지해야 한다고 주장해왔다. 두 사람의 주장에 따르면, 비경합적 아이디어는 훈련(예: 외과 의사의 진료)이나 아이디어를 사용하는 데 필요한 암묵적 지식(예: 자동차 제조)을 통해 독점성을 갖는다. 애플의 경우에는 자체 브랜드, 마케팅, 고객서비스, 더 나은 소프트웨어에 의해 지식재산권을 보호받는다. 특허 자체는 삼성에게 돈을 받아내려는 한 가지 방법일 뿐이다.

볼드린과 러바인은 지식재산권에 반대하는 주장을 뒷받침하는 예로 테슬라를 들었다. 전기차 제조사인 테슬라는 자사 특허를 모두 공개했다. 따라서 누구라도 원하기만 하면 지금 당장이라도 테슬라 전기차와 똑같은 복제품을 만들 수 있다. 하지만 두 사람의 지적에 따르면, 테슬라 전기차를 복제하는 것이 이론상으로는 가능하지만 실제로는 그렇지 않다. 자기 집 차고에서 테슬라 전기차를 재생산하는 데 필요한 지식도, 자본도 없고 훈련도 받지 않았기 때문이다. 테슬라의 비경합적 아이디어는 아무런 법적 보호 장치를 갖추지 않고서도 암묵적인 지식과 전문 장비 덕에 효과적으로 독점성을 띤다.

이런 사례로 판단할 때 지식재산권과 시장 지배력은 사례별로 생각해야 한다. 테슬라의 경우에 지식재산권은 볼드린과 러바인이 제안한 이유로 불필요하다. 하지만 약품 등과 같은 상품에서는 특허가 제공하는 법적 보호가 결정적으로 중요하다. 기업이 연구·개발하고 미국 식품의약국Food and Drug Administration, FDA의 승인을 받기 위해 지출한 비용을 회수하는 동시에 막대한 이윤을 남겨야 하기 때문이다. 이런 약은 실제로 만들기가 매우 간단하다. 특허권이 만료되자마자 복제약generics을 브랜드 약보다 싼 가격으로 구입할 수 있는 것도 이 때문이다. 지식재산권이 없다면 신약이 출시되고 며칠 안에 복제약이 시중에 유포될 것이다. 그러면 혁신 기업에 돌아가는 마크업을 낮추고, 혁신을 시도해 신약을 개발할 동기를 없애버릴 것이다. 어떤 상품에도 그렇듯이, 제약 분야에서 지식재산권을 둘러싼 까다로운 질문은 미래의 약이나 아이디어와 비교할 때 현재 약이나 아이디어의 가격이 얼마나 적당한가 하는 것이다.

시장 지배력을 제한하다

지식재산권은 시장 지배력, 따라서 마크업을 창출하는 법적 수단이다. 하지만 법적 체제도 시장 지배력에 도전하고 이를 제거하는 수단인 독점금지법을 갖추고 있다. 1890년 통과된 셔먼법^{Sherman Act}까지 거슬러 올라가는 독점금지법은 당시 스탠더드오일^{Standard Oil} 같은 독점 기업들에 대응하는 방책으로 보인다. 일부 후속 조항과 더불어 독점금지법은 연방정부에 반경쟁적 기업을 해체하거나 특정 행위를 차단하는 능력을 부여했다.

셔먼법과 그 시행의 법적 역사는 이 책에서 다룰 수 있는 범위를 벗어나지만, 상당 부분은 이 책에서 해답을 찾으려고 애쓰는 질문들을 다룬다. '지나치게 큰' 시장 지배력을 구성하는 요소는 무엇일까? 기업은 본연의 활동에 충실한 대신에 언제부터 반경쟁적인 활동을 펼쳤을까? 지식재산권의 경우와 마찬가지로 이런 질문에 대한 명확한 대답은 없다. 하지만 지식재산권을 강화하는 경향과 마찬가지로 시간 경과에 따라 반독점법 시행의 규모에도 경향이 드러나고 있다.

그림 11.1은 시간 경과에 따라 미국 법무부 반독점국^{Department of Justice's Antitrust Division}이 담당한 사건 수를 보여준다. 반독점국은 사건을 세 가지 유형으로 분류했다. '거래 제한'은 셔먼법 제1조에 따라 기업과 기업 집단을 상대로 제기된 사건이다. 이 범주에서 기업은 다른 기업을 업계에서 몰아내는 활동에 개입했다는 이유로 조사를 받는다. 여기에는 기업 간 가격 담합 등이 포함된다. '독점'은 셔먼법 제2조에 해당하거나, 기업이 독점권을 보유하고 있으면서 우월한 상품 또는 사업적 통찰력에서 비롯하지 않은 독점을 유지하는 행동과 관련이 있다. 스탠더드오일과 US스틸에 대한 조치는 셔먼법 제2조를 따랐고, 좀더 최근 사례로는 1980년대 초 AT&T의 해체와 1990년대 마이크로소프트에 대항해 제기된 사건이 있다. 마지막으로 '합병'은 거래의

그림 11.1 시간 경과에 따른 상대적 반독점 사건 지수

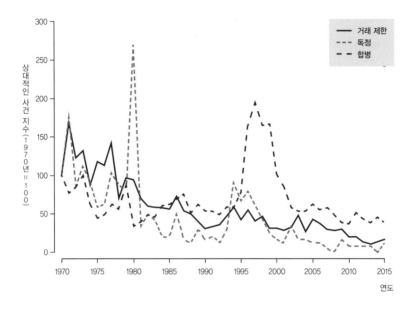

비고: 데이터의 출처는 법무부다. 세 그래프에서 상대적인 사건 수는 직접 계산했다. 1970년 상대적인 사건 수를 100으로 설정하고 각 연도의 수치를 지수로 나타냈다.

독점이나 제한을 초래하는 경우에는 기업이 다른 기업에서 자산을 매입할 수 없도록 금지하는 클레이튼법 Clayton Act 의 적용을 받는 범주다.

각 범주를 쉽게 비교할 수 있도록 1970년에 발생한 사건 수를 100으로 설정하고 각 연도의 사건 수를 지수로 바꾸었다. 1980년에는 독점 사건이 급증하고, 1990년대 말에는 합병에 대항한 사건이 급증하는 등 몇 차례 급격한 증가 사례가 있다. 하지만 시간이 지나면서 세 그래프는 모두 하향 추세를 보였다. 2016년 세 가지 유형의 사건을 모두 합하더라도 1970년의 절반에 미치지 못했다. 독점과 거래 제한을 보더라도 사건 수는 1970년의 20퍼센트 미만이다. 조금 뒤에 자세히 설명하겠지만, 시간이 흐르면서 기업 수가 증가했음에도 이런 상황은 바뀌지 않았다. 경제 규모, 기업 수와 비교할 때 독점금지 사건 수는 크게 줄었다.

독점금지법 집행의 감소 현상은 시장 지배력의 증가와 동시에 일어났다. 독점금지 사건이 줄어들었기 때문에 시장 지배력이 증가했다거나, 데이터에 나타나는 시장 지배력의 증가가 반드시 거래 제한이나 독점 때문에 발생했다는 뜻이 아니다. 그림 11.1에 따르면 시장 지배력이 증가한 까닭은 기업이 필수적인 상품과 서비스를 출시하는 데 성공했다기보다는 법적 체제를 관리하고 거래를 제한하는 데 성공했기 때문이다. 이런 상관관계는 독점금지 시행과 시장 지배력의 관계를 더욱 깊이 연구해야 한다는 증거다.

경제는 지식재산권이 증가하고 독점금지법 시행이 감소하면서 '잘못된' 종류의 시장 지배력을 발생시키는 정도로 최적의 지점을 지났고, 시장 지배력은 기업 간 혁신과 이직을 제한하는 방식으로 성장을 침해하고 있다. 이 경우에는 시장 지배력을 줄이고 성장을 증가시킬 수 있도록 지식재산권과 독점금지 시행을 개혁하는 방안을 모색하는 것이 타당하다. 하지만 시장 지배력을 축소하는 것이 시장 지배력을 제거하는 것은 아니라는 점을 다시 한번 기억해야 한다. 시장 지배력과 시장 지배력이 제공하는 마크업이 없으면 경제는 혁신 동기마저 잃고 말 것이다.

시장 지배력의 결과

지금까지 제시한 증거를 살펴보면 기업의 시장 지배력은 1980년 무렵부터 현재까지 상당량 증가했다. 하지만 시장 지배력의 증가에서 성장 둔화까지 명확하게 선을 긋는 것은 불가능하다. 순수하게 성장 회계 관점에서 생각할 때, 마크업이 큰 기업으로 노동과 자본이 이동하는 것은 생산성 성장에 좋다. 비용에 대비해서 상품이 높은 가치를 지니기 때문이다. 지난 수십 년 동안 기업의 순투자율은 하락했고, 이런 현상은 기업의 집중도가 높은 산업에서 더욱 심하게 나타났다. 하지만 투자 감소가 성장 둔화에 미친 영향은 처음엔 그다지 크지 않았으므로 집중도 증가는 성장 둔화를 약간만 설명할 수 있을 뿐이다. 이론적인 관점에서 보면, 기업과 개인에게 인센티브를 최대로 제공하는 최적의 지점에서 시장 지배력과 혁신의 관계는 모호하다. 하지만 시장 지배력이 지나치게 크거나 작아도 혁신과 성장에 해를 끼칠 수 있다.

시장 지배력의 증가에 관심을 두지 말아야 한다는 뜻은 아니다. 다만, 시장 지배력이 증가하면서 경제 성장의 이익을 획득하는 대상이 바뀌었다는 점은 간과하지 말아야 한다. GDP에서 노동력 제공자나 물적자본 제공자에게 흘러가는 몫이 줄어들고, 시장 지배력이 창출하는 경제적 이익의 청구인에게 돌아가는 몫이 커졌다. 일반적으로 그 청구인들은 기업 소유주를 뜻했다. 인구통계상 변화와 서비스로의 장기적 이동이 1인당 실질GDP 성장률이 하락한 이유를 설명하지 않는다는 사실에 주목해야 한다.

12

기업과 직업에서 발생하는 재분배

성장 둔화의 원인으로 조사해야 할 다음 주제는 서로 다른 기업, 매장, 심지어 기업 내 일자리 사이에서 발생하는 노동자와 자본의 교체다. 이런 교체가 생산성에 미치는 영향을 파악하기 위해 오랫동안 평범한 장소로 알려진 지역 레스토랑을 예로 들어보겠다. 이 레스토랑은 적자를 내지 않을 정도로는 돈을 벌었을지 모르지만 누구에게도 인상적인 장소는 아니었다. 결국 레스토랑은 문을 닫았다. 그런데 얼마 후 새 주인이 더욱 나은 서비스를 준비하고 새로 문을 열자, 인기를 끌기 시작하면서 사업이 성장했다. 이처럼 건물, 대형 냉장고, 대형 그릴, 여러 주방 장비를 포함해 같은 자본이 물리적으로 이동하지 않고서도 한 사업체에서 다른 사업체로 재분배될 수 있다. 새 레스토랑은 기존 웨이터들과 요리사들을 계속 고용하면서도, 더욱 나은 조리법을 제공하고 더욱 높은 서비스 기준을 제시하면서 노동력을 재분배했다.

이런 재분배는 생산성에 영향을 미친다. 레스토랑이 수십만 개나 존재하는 경제에서 하나의 레스토랑을 거론하고 있다는 점을 고려하면, 총체적인 관점에서 아마도 큰 영향은 아니겠지만 아무튼 영향을 미친다. 생산성 증가는 투입 증가로 설명할 수 있는 성장을 넘어서서 산출 증가를 가리킨다. 이 경우 노동과 자본은 예전과 같으므로 새로운 투입은 없었고, 따라서 레스토랑의 소유권이 바뀌면서 창출된 부가가치 증가가 생산성 증가의 형태로 나타났다. 많은 경우에 노동과 자본이 한 용도에서 다른 용도로 재분배되면 생산성이 향상된다.

이런 식의 재분배는 항상 지속적으로 이루어진다. 예컨대 전자제품 체인점인 서킷시티가 사업에 실패하자 베스트바이가 많은 매장을 사들였고, 이에 따라 자본과 노동이 새 기업으로 재분배됐다. 일부 관리자와 영업사원이 다니던 회사를 그만두고 창업하는 것 또는 기업이 직원의 직위를 이동시키는 것도 재분배다. 일부 재분배에서는 직원이 다른 도시로 이주해야 할 수도 있는데, 이런 물리적인 재배치는 다음 장에서 좀더 자세히 다룰 것이다.

모든 재분배가 생산성을 증가시키는 것은 아니다. 새로운 운영 체제를 가동하더라도 교체하기 전보다 경영 상태가 악화되는 레스토랑도 많다. 기업이 새 직위로 이동시킨 직원이 새로 맡은 업무를 그다지 능숙하게 수행하지 못할 수도 있다. 베스트바이가 일부 서킷시티 매장을 잘못 구매하면서 실적을 개선하지 못할 수도 있다. 하지만 생산원가와 대비해서 수익을 증가시키리라 예상할 때만 재분배를 실시하므로, 재분배는 대부분 생산성을 증가시키는 경향을 보인다.

재분배율은 지난 수십 년간 감소했다. 생산성을 향상시키는 재분배가 감소했다는 것은 생산성이 둔화될 수 있다는 뜻이다. 물론 이런 연결이 반드시 사실인 것은 아니다. 재분배율 감소가 한편으로는 생산성을 감소시킬 수 있는 재분배 유형을 더욱 능숙하게 식별해서 이를 피한 결과일 수도 있다. 하지만 이것만으로 재분배율 하락을 설명할 수 있을 것 같진 않으며, 따라서 재분배율 하락은 생산성 증가율을 저하시킬 만한 원인이라고 말할 수 있다.

산업 내부를 들여다보면

레스토랑 사례와 마찬가지로 여러 사업체^{establishment}에서 이루어지는 재분배에 대해 생각해보자. 여기에는 노동력과 자본을 폐업한(시장에서 퇴장한) 사업체에서 개업한(시장에 진입한) 사업체로 이동하는 것뿐 아니라 기존 사업체 사이에서 이동하는 것도 포함된다.

여기에서 '사업체'는 특정 기업이 서로 다른 장소에 보유하고 있는 시설을 가리킨다. 각 스타벅스 매장은 더욱 큰 기업의 일부지만 하나의 사업체다. 켄터키주 조지타운과 인디애나주 라파예트 등에 있는 토요타의 개별 제조 공장도 사업체다. 사업체 사이에서 발생하는 재분배를 거론할 때는 조지타운에서 라파예트까지 여러 지역 사이에 노동자나 자본이 이동하는 것을 포함한다. 여전히 같은 기업이라는 우산 아래 있더라도 마찬가지다. 혼다가 조지타운 공장을 매입한다고 해보자. 다른 기업이 사업체를 인수하는 경우에도 노동자와 자본이 '이동'할 수 있다. 이런 투입은 사업체를 바꿀 때마다 생산성에 영향을 미칠 수 있으며, 이때 영향은 새 사업체의 생산성이 기존 사업체보다 높은지 낮은지에 따라 달라진다. 물리적 장소만 집요하게 생각할 필요는 없다. 같은 지역 레스토랑에서 계속 일하는 웨이터처럼, 경영진이 바뀌기만 해도 노동자에게는 사업체가 '새로울' 수 있다.

사업체 사이에서 일어나는 재분배의 영향을 계산하기는 쉽지 않다. 사업체 차원에서 데이터가 필요하기 때문이다. 미국 내 각 스타벅스 매장에서 일하는 직원 수, 각 매장에서 사용하는 자본량, 각 사업체에 해당하는 손익계산서를 추적해야 개별 사업체가 창출하는 부가가치를 계산할 수 있다. 이런 정보를 사용해 특정 사업체의 생산성을 계산하면 재분배가 생산성을 전체적으로 증가시키는지 감소시키는지 파악할 수 있다. 연구자들은 불과 몇십 년 전부터 비로소 이와 같은 상세한 데이터를 입수할 수 있었다. 지금까지 공개된 데이터에 따르면 사업체들 사이에서 발생한 투입물의 재분배는 산업 내 생산성 증가에 상당히 중요하다.

루시아 포스터Lucia Foster, 존 홀티웨인저John Haltiwanger, 채드 사이버슨은 콘크리트나 합판, 휘발유 같은 매우 동질적인 상품을 취급하는 산업을 중심으로 제조업 분야에 속한 일부 하위 산업의 생산성 증가를 분석했다. 동질적인 상품만을 대상으로 연구할 때는 논문 저자들이 상품의 품질이나 특징의 차이를 걱정할 필요가 없다는 장점이 있다. 예를 들어 토요타 하이랜더의 생산과 혼다 파일럿의 생산을 비교하자면 골치가 아팠을 것이다. 그에 비해 콘크리트는 콘크리트이므로 저자들의 연구 목적 측면에서는 상당히 편리하다.

평균적으로 세 저자가 연구한 개별 하위 산업을 모두 통틀어 생산성은 5년마다 5.13퍼센트 증가해서 거의 정확하게 연간 1퍼센트씩 늘어났다. 저자들은 산업체 사이에 노동과 자본의 재분배가 일어나지 않았다면 생산성이 어느 정도의 속도로 증가했을지 조사했다. 생산성 증가율은 5년마다 3.44퍼센트, 연간 약 0.6퍼센트에 불과한 것으로 밝혀졌다. 투입물의 재분배는 해당 하위 산업에서 전체 생산성 증가의 약 40퍼센트를 차지했다.

포스터와 공저자들은 재분배의 다른 측면들이 성장에 얼마나 큰 영향을 미치는지 파악할 수 있었고, 5.13퍼센트와 3.44퍼센트 사이에 발생하는 대부분 격차는 사업체의 순수 진입 때문이라는 사실도 발견했다. 노동과 자본은 생산성이 더 높고 새로운 산업체(예: 새로 들어선 합판 제조 시설)에 투입되고, 상대적으로 생산성이 더 낮은 사업체에서 철수되면서 생산성은 5년마다 1.35퍼센트 증가했다. 이와 대조적으로 기존 사업체 사이에 발생하는 투입물의 이동은 생산성 증가에 그다지 영향을 미치지 않았다.

재분배의 영향은 제조 하위 산업에만 미치는 것이 아니다. 또 다른 공저자인 코넬 크리전Cornell Krizan과 함께 포스터와 홀티웨인저는 소매 부문을 대상으로 비슷한 연구를 했다. 세 사람은 1987~1997년 소매업에서 생산성이 11.43퍼센트, 연간 약 1.1퍼센트 증가했다는 사실을 발견했다. 이런 생산성 증가율은 기존 산업체의 생산성 증가에서 비롯하지 않았다. 새 기업체가 기존 사업체를 인수하는 경우를 포함해서로 다른 소매 사업체 간에 투입물의 교체가 일어나지 않았다면, 지난 10년 동안 소매 산업 전체의 생산성 증가율은 제로였을 것이다.

게다가 직원을 한 홀푸드Whole Foods 매장에서 다른 매장으로 옮기는 등 기존 사업체 간에 투입물을 이동시킨 것이 아니었다. 고생산성 신규 사업체가 경제에 진입하는 동시에 저생산성 기존 사업체가 경제에서 퇴장했다. 폐업하는 스톱앤드숍Stop and Shop 매장에서 일하던 직원을 고용하거나, 그곳에서 사용하던 선반 재료를 인수하는 새 홀푸드 매장을 생각해보라. 심지어 다른 물리적 매장도 개입시킬 필요가 없다. 반스앤노블Barnes and Noble이 철수한 매장으로 오피스맥스OfficeMax 가 이전한 것 역시 시장에 진입하는 사업체가 시장에서 퇴장하는 사업체를 대체한 사례다.

새 사업체가 기존 사업체보다 생산적인 이유는 무엇일까? 아마도 새 사업체가 기존 투입물에서 더욱 많은 부가가치를 창출하는 더욱 개선된 경영 기법을 구사하기 때문일 것이다. 아니면 단순히 기존 사업체가 자사 상품(예: 오프라인 서점)에 대한 수요가 감소하는 현실을 직시했기 때문일 것이다. 이유가 무엇이든 저생산성 사업체가 고생산성 사업체로 대체되는 현상은 소매 산업 전체에서 생산성을 증가시키는 데 중심적인 역할을 했다.

이처럼 상세한 연구가 모든 산업을 대상으로 이뤄진 것은 아니므로 포괄적인 결론을 내리기는 불가능하다. 하지만 연구가 제시한 증거에 따르면, 재분배가 미치는 영향은 소매 산업에서 그렇듯 생산성 증가를 모두 설명하지는 않더라도 상당히 크다. 그리고 이것은 생산성 증가와 기술 변화를 혼동하지 말아야 하는 이유이기도 하다. 때로 생산성 증가는 더 나은 경영이나 조직에 관한 것에 그칠 수 있다.

교체율 둔화

노동자나 자본을 저생산성 사업체에서 고생산성 사업체로 옮겨 생산성을 증가시키려면 이동이 필요하다. 기존의 고생산성 기업이 전국에 있는 새 지역으로 확장하든 아니면 좋은 아이디어로 무장한 아주 새로운 기업들이 생겨나든, 저생산성 사업체가 폐업하고 고생산성 사업체로 대체되어야 한다. 노동자의 일자리를 저생산성 사업체에서 고생산성 사업체로 바꿔야 한다. 그러려면 노동자는 새 소유자가 사업체에 들어섰을 때 제자리에 있거나 자리를 옮겨야 할 수도 있다.

라이언 데커, 존 홀티웨인저, 론 저민Ron Jarmin, 하비에르 미란다Javier Miranda는 일련의 논문을 발표해서 이런 변화의 발생 속도가 시간 경과에 따라 감소한다고 밝혔다. 저자들이 미국 인구조사국에서 수집한 상세한 정보를 바탕으로 만든 데이터 시리즈를 사용하면 전체 경제에서 일자리와 사업체의 교체율을 추적할 수 있다.

그림 12.1은 사업체의 개업률, 즉 기존 산업체 수와 대비해서 일정 연도에 개업한 새 사업체 수를 보여준다. 1976년 개업률은 약 17퍼센트로, 기존 사업체 100개마다 사업체 17개가 문을 열었다. 같은 해 폐업률은 약 13퍼센트로, 기존 사업체 100개 중 사업체 13개가 문을 닫았다. 이 두 가지 비율을 비교하면 1976년 사업체 수는 순수하게 4퍼센트 증가했다.

하지만 시간이 지나면서 개업률과 폐업률은 모두 하락세를 보였다. 2000년까지 개업률은 약 12퍼센트, 폐업률은 약 11퍼센트에 불과해서 산업체 수는 매년 1퍼센트 증가하는 데 그쳤다. 기존 산업체 기반과 비교할 때 2000년대와 2010년대에는 과거 수십 년 전보다 개업 수와 폐업 수가 현저히 감소했다. 이것은 투입물이 저생산성 사업체에서 고생산성 사업체로 전환하는 경우가 줄었다는 뜻이다.

그림 12.1 시간 경과에 따른 사업체의 개업률과 폐업률

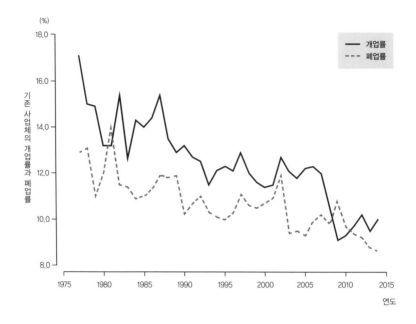

비고: 데이터의 출처는 미국 통계국의 기업 역동성 통계다.

이것은 성장률, 성장 그리고 수준의 차이를 다시 살펴보기에 좋은 지점이다. 사업체의 개업률과 폐업률은 시간의 경과에 따라 감소했다. 그렇다고 해서 과거보다 사업체 수가 줄었다는 뜻은 아니고, 심지어 개업하거나 폐업하는 사업체가 줄었다는 뜻도 아니다.

그림 12.2는 성장률과 대조적으로 사업체 수의 증가율을 보여준다. 상단에 있는 가장 짙은 색 막대는 특정 연도에 개업한 사업체의 합계를 나타낸다. 전체 기간에 연간 약 60~80만 개가 증가했고, 2006년에는 개업한 사업체가 약 82만 개에 이르러 정점을 찍었다. 하단에

그림 12.2 개업한 사업체, 폐업한 사업체, 순수 진입 사업체의 증가율

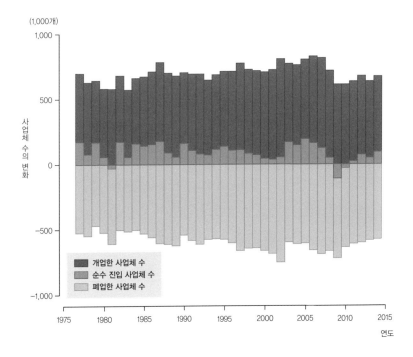

비고: 데이터의 출처는 미국 통계국의 기업 역동성 통계다. 이를 바탕으로 개업한 사업체, 폐업한 사업체, 순수 진입한 사업체의 절대 증가율을 계산했다.

있는 가장 옅은 회색 막대는 매년 폐업한 사업체 수를 나타내며, 대부분의 기간에 약 50~70만 개를 기록했다. 폐업한 사업체가 75만 1,000개로 최다를 기록한 때는 금융위기 기간이 아닌 2002년이었다. 경제 침체가 최악이었던 2009년 들어서는 그보다 적은 72만 3,000개가 문을 닫았다.

그림 12.2가 시사하는 바는 매년 사업체의 교체량이 엄청나게 크다

는 것이다. 또 폐업하는 사업체 수가 많은 것은 불황 때문만은 아니고, 개업하는 사업체 수가 많은 것은 호황 때문만은 아니라는 것이다. 중간의 회색 막대로 알 수 있듯이, 사업체가 지속적으로 교체되면서 순수 진입 사업체가 생겨났다. 개업 사업체 수와 폐업 사업체 수가 상쇄되는 경향이 있으므로, 규모 면에서 순수 진입 사업체 수는 이보다 훨씬 적다. 하지만 매년 순수 진입 사업체는 약 10만 개였다. 2005년에는 19만 3,000개로 최고를 기록했고, 2009년에는 순수하게 11만 3,000개가 사라졌다. 불황이 끝나고 나서 사업체의 순수 증가 수는 예전만큼 많지 않은 것으로 보인다. 개업한 사업체와 폐업한 사업체의 절대 수가 2009년 전보다 줄었기 때문이다. 이것이 경제의 영구적인 특징인지는 두고 봐야 하지만, 그림 12.1에서 본 개업률과 폐업률의 감소 현상과 일치한다.

그림 12.3에서 확인할 수 있듯이, 사업체 수를 살펴보면 모든 개업과 폐업의 최종 결과를 알 수 있다. 미국 소재 사업체는 1976년 400만개를 조금 넘겼고 2007년 680만 개로 증가하면서 정점을 찍었다. 이 시점에서 불황을 맞았다. 폐업하는 사업체 수가 개업하는 사업체 수를 앞질렀고, 사업체 수는 다시 증가하기 전인 2011년 655만 개까지 감소했다. 사업체 관련 데이터는 GDP 관련 데이터와 매우 비슷하다. 시간이 지나면서 성장률은 뚜렷하게 바뀌었지만, 성장 관련 데이터를 참고하면 특정 관점에서 볼 수 있다. GDP 성장률이 낮아지는데도 GDP에 수십억 달러를 추가하듯이, 전보다 비율이 낮아지기는 하지만 여전히 사업체는 매년 교체되고 있다.

그렇다면 성장 둔화는 사업체 증가율 하락과 관계가 있을까? 이 장

그림 12.3 사업체와 기업의 수

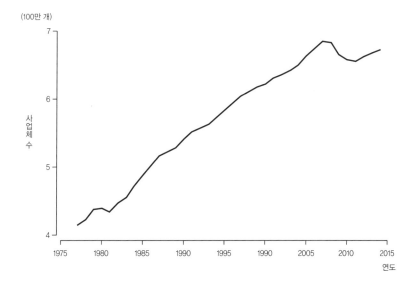

(100만 개)

비고: 데이터의 출처는 미국 통계국의 기업 역동성 통계다.

의 서두에서 제시했듯이, 일부 선별된 제조업과 소매업에서 생산성 증가를 위한 순수 진입의 중요성에 관한 증거를 진지하게 받아들이는 정도까지는 그렇다. 사업체는 계속 추가되고 있지만 그 속도는 느려지고 있다. 노동자와 자본이 저생산성 사업체에서 고생산성 사업체로 과거만큼 빨리 이동하지 않는다는 뜻이다. 이런 현상이 생산성 증가율을 끌어내리고 결과적으로 GDP 성장률을 끌어내린다.

이 지점에서 주의를 기울여야 한다. 이 장의 서두에서 언급했듯이, 사업체의 교체율이 낮아지면서 생산성 증가율이 감소했는지는 확실하지 않다. 그림들을 보면 시간의 경과에 따라 개업률과 폐업률이 감소했지만 실제로 폐업한 곳이 저생산성 사업체인지, 개업한 곳이 고생산성 사업체인지는 알 수 없다. 고생산성 사업체가 수익성도 갖추고 있을 가능성이 크므로 고생산성 사업체로 대체됐다고 생각하는 것이 타당할 것이다. 또 기업이 수익성 없는 사업체를 남겨두거나, 애당초 수익성이 없는 사업체를 인수한다면 이상할 것이다.

하지만 내가 경제학자가 되기 전에 몇몇 대기업에서 일할 때 상사들 중에는 이익 극대화와 거리가 먼 결정을 내리는 사람이 많았다. 따라서 사업체의 교체 속도가 느려진 것은 생산성 성장에 좋은 징후일 수도 있지만, 도리어 생산성 증가율을 끌어내렸을 가능성이 커 보인다. 이 장의 끝에서는 실제로 기업의 교체율 하락이 생산성 증가율 하락에 영향을 미쳤다는 증거를 제시하려 한다.

이직률도 낮아졌다

매년 창출되고 파괴되는 일자리 수에 관한 데이터에서도 같은 종류의 증거를 볼 수 있고, 비슷한 이야기를 들을 수 있다. 해당 데이터는 단순히 취업자 수를 세는 것보다 정교하다. 폐업하는 기업은 결과적으로 일자리를 '파괴'할 것이고, 개업하는 신규 기업이나 사업체는 일자리를 '창출'할 것이다. 하지만 해당 데이터로 추적할 수 있는 상황은 이보다 미묘하다. 직원이 같은 기업의 시애틀 지사에서 댈러스 지사로 옮긴 경우라면 시애틀에서는 일자리 파괴로, 댈러스에서는 일자리 창출로 집계될 것이다. 심지어 물리적으로 이주하지 않고 같은 기업 안에서 직책만 바꾸더라도 파괴와 창출이 동시에 발생할 수 있다. 기존 직장을 그만두고 새 직장을 구한 사람도 일자리 파괴와 일자리 창출의 사례에 속한다. 매년 창출되고 파괴되는 일자리 수에 관한 데이터는 폐업하는 사업체와 개업하는 사업체뿐 아니라 전체 노동시장에서 이뤄지는 교체를 설명한다. 우리가 원하는 것도 이런 데이터다. 여전히 같은 직장에서 일하느냐 아니냐와 상관없이, 저생산성 일자리에서 고생산성 일자리로 이동하느냐 그 반대이냐에 따라 생산성이 달라지기 때문이다.

그림 12.4는 시간 경과에 따른 일자리의 창출률·파괴율을 나타내는데, 사업체의 개업률·폐업률과 비슷한 경향을 보인다. 1976년 창출된 일자리 수는 당시 기존 일자리 전체의 약 22퍼센트였고, 파괴된 일자리 수는 15퍼센트가 약간 넘었다. 일자리 데이터는 사업체 데이터보다 들쑥날쑥하므로 시간 경과에 따른 경기 순환에 대해 더 많이 파악할 수 있다. 예를 들어 1980년대 초, 2001년경, 2009년에는 일자리 파괴가 급증했고 일자리 창출은 감소했다.

하지만 전체적으로 일자리 창출률·파괴율은 사업체 비율과 마찬가지로 시간이 흐르면서 하향 추세를 보인다. 금융위기를 무시하더라도 2014년 일자리 창출률은 약 14퍼센트까지 떨어졌고 일자리 파괴율은 12퍼센트 이하로 감소했다. 이런 현상은 노동자를 저생산성 일자리에서 고생산성 일자리로 교체하는 기회가 줄어들었다는 뜻으로, 생산성 증가율 둔화를 일부 설명할 수 있다.

동시에 해당 비율이 하락했다고 해서 창출되거나 파괴되는 일자리 수가 전보다 반드시 감소했다는 뜻은 아니다. 그림 12.5를 보면 사업체에서 관찰한 것과 비슷한 현상을 일자리에서도 확인할 수 있다. 가장 짙은 회색 막대는 창출된 일자리 수를 나타내는데 매년 약

그림 12.4 일자리의 창출률과 파괴율

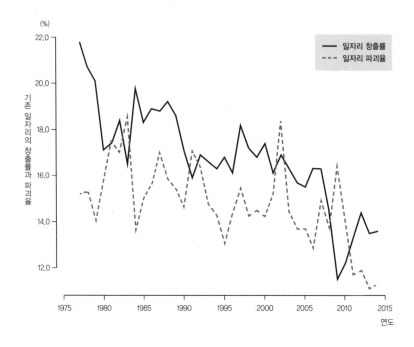

비고: 데이터의 출처는 미국 통계국의 기업 역동성 통계다.

1,500~1,600만 개의 일자리가 생겨났다. 매달 약 130만 개, 매주 약 30만 개의 일자리가 생겨났다는 뜻이다. 하단에 있는 옅은 회색 막대는 파괴된 일자리 수를 나타내는데 매년 약 1,400만 개, 매주 27만 개의 일자리가 파괴됐음을 보여준다.

많은 일자리가 창출되고 파괴되지만 변화량은 제로인 경향을 보인다. 즉 노동자가 다니던 직장을 그만두고 다른 직장을 잡으면 일자리의 파괴와 창출로 나타나지만, 취업자 수에는 영향을 미치지 않는다.

그림 12.5 시간 경과에 따라 창출된 일자리와 파괴된 일자리의 증가

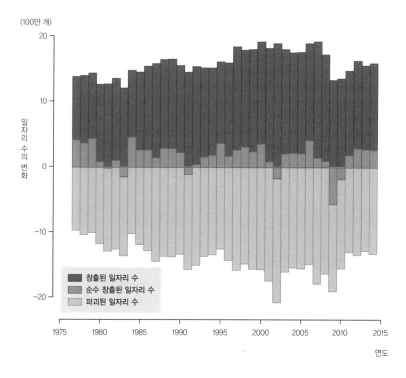

비고: 데이터의 출처는 미국 통계국의 기업 역동성 통계다. 창출된 일자리 수, 파괴된 일자리 수, 순수 창출된 일자리 수의 절대적인 증가는 직접 계산했다.

하지만 일자리 창출 속도는 일자리 파괴 속도보다 빠른 경향이 있다. 그림 12.5 가운데 있는 중간색 회색 막대가 이런 순수 일자리 창출을 보여준다. 경제에는 약 170만 개의 일자리가 매년 추가로 생겨났지만 경기 변동을 따라 오르내렸다. 1983년, 1991년, 2002년, 2009년, 2010년에는 일자리 560만 개가 사라지면서 순손실을 기록했고, 2009년에는 특히 두드러진 감소세를 보였다. 최근 경기 침체 이후에

는 연간 200~300만 개가 늘어났다.

시간 경과에 따라 순수 일자리가 창출됐다는 것은 시간 경과에 따라 총 일자리 수도 증가하는 추세에 있다는 뜻이다. 그림 12.6은 총 일자리 수를 보여준다. 1976년 총 일자리 수는 약 6,500만 개였고, 중간에 약간 주춤했던 시기가 있었을 뿐 계속 증가해 2009년에는 거의 1억 2,000만 개에 달했다. 이 시기에 불황을 맞으면서 그 수는 1억 1,000만 개를 조금 넘는 수준까지 떨어졌다. 2008년 기록한 정점에는 다시 도달하지 못했지만, 그 후 1억 2,000만 개 가까이로 다시 증가했다.

1970년대나 1980년대와 비교할 때 현재 일자리 수는 불황을 겪는

그림 12.6 시간 경과에 따른 일자리 수

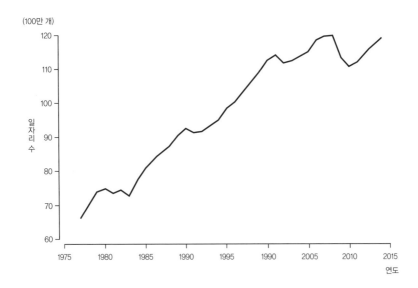

비고: 데이터의 출처는 미국 통계국의 기업 역동성 통계다.

와중에도 늘어났지만 일자리 창출률과 파괴율은 더 낮다. 매년 교체되는 일자리의 비율은 더 낮아져서, 사업체 수에서 관찰한 현상과 비슷하게 생산성 증가율 둔화에 기여할 수 있다. 노동자들이 더 높은 임금을 받을 가능성이 있기 때문에 생산성이 높은 일자리로 이동하고 싶어 한다고 생각할 수도 있다. 다른 한편으로, 임금에 전혀 영향을 미치지 않더라도 기업은 그래야 자사의 이익을 높일 수 있다고 판단해서 직원을 낮은 생산성 일자리에서 높은 생산성 일자리로 옮기고 싶어 한다고 생각할 수도 있다. 어쨌든 파괴되는 일자리는 생산성이 낮고, 창출되는 일자리는 생산성이 높으므로 직원의 이직은 생산성 증가에 긍정적인 영향을 미친다.

물론 창출된 일자리가 파괴된 일자리보다 반드시 생산성이 높은 것은 아니다. 때로 노동자와 기업이 실수를 하기 때문이다. 하지만 일자리 창출이나 파괴의 각 사례를 생산성을 향상시키는 기회로 생각하는 것이 타당하다. 일자리 창출률과 파괴율이 둔화되는 상황은 노동자들을 이동시켜 생산성을 향상시킬 기회가 감소한다는 뜻이다. 이런 상황은 사업체의 개업률과 폐업률의 둔화와 일치하지만 그다지 의외는 아니다. 사업체 교체와 노동자 교체는 정의상 거의 하나로 묶여 있기 때문이다.

교체율 둔화는 문제인가?

지난 수십 년에 걸쳐, 특히 21세기 동안 기업과 노동자의 교체율이 감소했다는 증거가 분명히 드러났다. 나는 이 교체율 감소가 생산성 증가율에 영향을 미쳤다고 주장했지만, 영향의 정도를 입증하기 위한 계산은 하지 않았다. 계산을 하려면, 앞에서 상품에서 서비스로의 전환에 대해 시도한 것과 비슷한 작업을 해야 한다. 하지만 기업 수천 개와 노동자 수백만 명을 대상으로 삼아야 하므로, 그 계산 과정을 소개하면 지루해서 책을 집어 던지고 싶을 것이다. 그래서 숫자를 다루는 계산에 깊이 관여하지 않고 데커, 홀티웨인저, 저민, 미란다가 실시해 도출한 많은 연구 결과를 활용하려 한다. 그들은 1997년부터 2014년까지 교체율이 하락하면서 생산성 증가율이 매년 0.1~0.15퍼센트포인트 감소했을 가능성이 있다고 추정했다.

이것은 재분배율 하락이 생산성 둔화의 상당 부분을 설명할 수 있다는 뜻이다. 기억을 되살려보면 0.1~0.15퍼센트포인트는 내가 7장에서 상품에서 서비스로의 전환이 미친 영향력으로 계산한 수치와 크게 다르지 않다. 서비스로의 전환은 일종의 재분배이고 이 두 가지 현상은 얼마간 상호작용하므로, 생산성 둔화를 설명하는 완전히 별개의 현상은 아니다. 지금까지 나는 서비스로의 전환을 성공의 결과라고 설명했지만, 재분배율 하락은 상황이 '잘못' 돌아가고 있다는 증거일 수도 있다.

하지만 재분배율이 하락했다고 지적하는 데이터가 존재하는데도 그 원인에 대한 주장은 엇갈린다. 내가 이 책에서 제시하는 데이터가 몇 년 동안만 이용할 수 있기 때문이거나, 우리가 명확한 관계를 규명할 수 있을 만큼 오랫동안 데이터를 파고들 기회를 갖지 못한 것이 이유일 수도 있다. 하지만 나는 재분배율 하락을 초래한 원인에 대해 몇 가지 주장을 제시할 수 있다. 하나는 앞에서 살펴봤듯이 시장 지배력의 증가다. 기존 기업들이 규제나 금융 면에서 세우고 있는 진입장벽은 신규 사업체의 진입을 둔화시키는 원인이 될 것이다.

얀 드 로에커와 얀 에크하우트는 다른 설명을 시도했다. 그들은 우리가 앞서 살펴본 마크업 데이터를 제공하고, 기업이 시장 지배력을 획득하면 좋은 충격이든 나쁜 충격이든 그에 대한 반응은 더욱 잠잠해진다는 단순한 주장을 펼쳤다. 투입물 가격에 대한 예기치 못한 충격을 생각해보자. 예를 들어 원목 가격이 하락하는 경우 우리는 가구 제조 업체가 생산을 확대하리라 예상할 것이다. 부분적인 이유로는 제품 가격을 낮출 수 있기 때문이다. 가구 산업에서 발생하는 경쟁이 매우 치열하다면 생산 확대와 이와 관련한 고용과 자본 사용의 확대가 상당히 클 수 있다. 또한 가격 하락폭이 크면 새 가구 제조 사업체를 개업하는 것이 타당할 것이다.

이와 대조적으로 만약 제조 업체의 집중 때문에 가구 산업이 강력한 시장 지배력을 보유하고 있다면, 목재 가격 하락에 대한 반응은 발생할 수 있지만 바로 앞의 상황보다는 미미할 것이다. 신규 고용 노동자 수가 줄어들고, 사용되는 자본도 줄어들 것이다. 가격이 하락하더라도 새 사업체가 생겨나지 않을지도 모른다. 시장 지배력이 큰 산업에서는 생산을 조절하고 이때 필요한 투입물을 재분배하려는 동기가 경쟁적 산업보다 작기 때문이다.

이런 사실을 뒷받침하는 증거가 있다. 데커와 공동 저자들은 기업을 강타하는 충격에 대한 증거를 조사하면서 목재 가격에 대한 충격 등을 포함시켰다. 그들은 2000년대 이런 충격의 빈도와 규모가 1990년대와 거의 같다는 사실을 발견했다. 하지만 2000년대에 이런 충격을 겪은 기업의 반응은 고용 측면에서 1990년대보다 40퍼센트

작았다고 계산했다. 기업은 충격에 대응하는 능력이 부족한 것으로 보였고, 이런 현상은 일반적으로 재분배율 하락과 일치하는 것은 물론 시장 지배력의 영향에 대한 드 로에커와 에크하우트의 설명과도 일치했다. 그들은 이 책에서 언급한 일부 연구에서 일자리 재분배가 감소하는 원인이 대부분 젊은 기업(창업한 지 5년 이하)의 개업률·폐업률 하락이라는 사실을 밝혀냈다. 시장 지배력을 과도하게 보유하고 있다는 비난을 더욱 쉽게 받을 수 있는 거대 기업들이 재분배율 하락의 이면에 있다는 증거는 더 적다.

일자리와 기업의 교체율 둔화에 대한 완전히 다른 설명은 5장에서 살펴봤던 인구 증가율의 둔화다. 휴고 호펜해인Hugo Hopenhayn, 줄리언 네이라Julian Neira, 리시 싱하니아Rish Singhania는 최근 발표한 논문에서 인구 고령화가 어떻게 이런 변화를 이끌 수 있을지 서술했다. 기존 기업이 확대 가능한 노동력 규모를 제한한다고 해보자(예: 식료품 가게는 계산대 20개에서 근무할 계산원이나 쇼핑백에 물건을 담아주는 점원을 각각 20명 이상 고용할 수 없다). 노동력이 급격하게 증가하는 시기에는 일자리를 구하는 노동자들이 많기 때문에 창업을 하기가 쉬울 것이다. 1960년 대와 1970년대 베이비붐 세대가 노동시장에 물밀듯 진입했을 당시 많은 신규 기업이 노동력 공급 호황을 활용하면서 시장에 진출했다.

이런 호황기에 창업한 많은 기업이 그 후 수십 년 동안 살아남았고, 오늘날 개업률과 폐업률에 영향을 미쳤다. 노동력 증가율이 1990년 대부터 떨어지다가 21세기에 이르러 다시금 가속화하자, 기존 기업들은 신규 노동자들을 쉽게 수용할 수 있었다. 신규 기업들이 없더라도 노동자들을 흡수할 수 있었으므로 개업률은 낮아졌다. 시장에 진입하는 신규 기업의 수가 줄어들면서 기업의 평균 나이는 높아졌다. 오래된 기업의 규모가 더욱 커지고 폐업 비율도 낮아졌다. 이는 전체 폐업률이 하락했을 뿐 아니라 고용이 오래된 대기업에 집중됐다는 뜻이다. 호펜해인, 네이라, 싱하니아는 베이비붐과 뒤이은 출산율 하락이 이 장에서 서술한 기업 재분배의 대부분 변화를 설명할 수 있다고 주장했다. 앞서 살펴봤듯이 인구 고령화는 생활 수준과 가족계획의 성공을 반영하며, 이는 기업 교체율의 변화도 성공의 결과로 간주할 수 있다는 뜻이다.

이 저자들의 주장이 옳다면, 성장 둔화를 의도하지 않은 성공의 결과로 보는 주장을 일부 뒷받침한다. 하지만 재분배율 하락의 진정한 원인이 기업의 시장 지배력 증가라고 하더라도, 재분배 둔화가 성장 둔화에 미치는 영향은 인적자본 증가율의 둔화와 서비스로의 전환이 미치는 직접적인 영향에 비하면 그다지 크지 않다. 또 저자들이 재분배율 둔화의 이면에 있는 추진 세력이 기업이라고 추측한다는 점에서 이 두 시나리오 모두 잘못됐을 가능성도 있다. 어쩌면 노동자 스스로 일자리를 이동할 의욕이 줄어들었기 때문일지도 모른다. 이 점에 관해서는 다음 장에서 살펴볼 것이다.

13 지리적 이동성의 둔화

많은 경우 기업은 일자리나 사업체 간에 노동자를 재분배하기 위해 몇몇 도시나 전국에 걸쳐 물리적인 위치를 바꾸려 한다. 이때는 물리적 이동을 실행하려는 노동자의 능력과 의지가 결정적으로 중요해진다. 기업이 실리콘밸리에 더 많은 노동자를 배치하고 싶어 할지라도, 직원이 가고 싶어 하지 않거나 그곳에서 생활할 경제적 여건을 갖추지 못한 경우에는 생산성을 향상시키는 재분배는 이루어지지 않는다. 기업이 이사 비용을 부담하거나 주택비를 보조할 의향이 있는 경우 역시 직원이 물리적으로 이동하는 데 필요한 비용을 갖추지 못하면, 생산성을 향상시키더라도 이전의 재정적 타당성을 둘러싼 기업의 결정을 바꿀 수 있다.

시간이 지나면서 직업 재분배가 후퇴하는 것은 기업이 재분배를 제한하겠다고 의도적으로 선택했기 때문이라기보다는 미국 내에서 지리적 이동성이 감소했기 때문일 수 있다. 소비자의 선호가 경제활동을 상품 생산에서 서비스 생산으로 전환시킨 방식과 비슷하게, 이동성 하락을 유발할 수 있다. 또 생산성 수준이 높아서 매력적인 거주지로 생각하는 도시에서 생활하자면 주거비가 상승하기 때문일 수도 있다. 어느 쪽이든 지리적 이동성은 지난 수십 년 동안 생산성 증가율을 둔화시킨 잠재적 원인이다.

이동성 둔화

그림 13.1은 두 가지 데이터를 제시한다. 막대그래프는 1년 전에 다른 지역에 거주한다고 보고한 사람의 수를 보여준다. 이 수는 사람들이 도시나 주 사이를 이동했는지 아닌지는 나타내지 않고, 도시 안에서 근처로 이사한 사람은 포함한다. 이 그래프를 통해 1950년경부터 1980년대 초까지 이동 인구가 2,700만 명에서 4,500만 명 이상으로 가파르게 증가했다는 사실을 확인할 수 있다(그림에 있는 빈 공간은 미국 통계국이 실시한 정기 조사에서 이주 여부를 묻지 않았던 1970년대의 몇 년을 나타낸다). 어쨌거나 이동 인구는 1980년대 초 정점을 찍고 나서 서서히 감소했다. 2000년까지 약 4,200만 명이 이동 대열에 합류했고, 이후 2016년까지 약 3,500만 명으로 감소했다.

이동 인구는 미국 인구가 증가하는 것과 동시에 감소했으며, 주어진 해에 인구 대비 이동 인구의 비율은 시간이 지나면서 감소했다. 그림 13.1에서는 이런 경향을 검은 선으로 표시했다. 1950년대 인구의 약 20퍼센트는 매해 적어도 도시 안에서 근처로 이사했다. 1980년대에 정점을 찍은 이후 이동 인구의 절대적인 수가 줄어들면서 이동률

그림 13.1 연도별 이동 인구수와 이동 인구의 비율

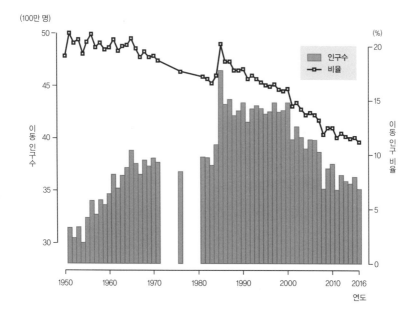

비고: 데이터의 출처는 미국 통계국이다. 이동 인구의 비율은 직접 계산했다.

도 감소했다. 2016년 이동 인구 비율은 약 11퍼센트까지 떨어졌다.

이동률의 전반적인 하락은 모든 수준의 분석에서 나타났다. 레이븐 몰로이Raven Molloy, 크리스토퍼 스미스Christopher Smith, 애비게일 워즈니악Abigail Wozniak은 지리적으로 서로 다른 지역 간에 발생하는 이동량을 분석하기 위해 다양한 출처에서 이동 관련 데이터를 수집했다. 이 데이터에서도 1980년부터 모든 수준에서 이동 인구가 감소했음이 확인됐다. 1980년 전체 인구의 약 2.75퍼센트는 특정 해에 다른 주로 이동했다. 2000년이 되자 해당 비율은 2.5퍼센트로 떨어졌고, 2010년에는 2.0퍼센트 이하로 떨어졌다. 이런 하향 추세는 대도시 집합체를 형성하는 대도시통계지구Metropolitan Statistical Area, MSA에도 나타났다. 예를 들어 댈러스·포트워스·알링턴이 하나의 MSA이고, 워싱턴·알링턴·알렉산더가 하나의 MSA다. 1980년 한 MSA에서 다른 MSA로 이동한 비율은(주를 떠나는 것과 관계가 있을 수도 있고, 없을 수도 있다) 전체 인구의 약 3.5퍼센트였던 반면, 2010년까지는 3퍼센트 미만으로 감소했다. 몰로이, 스미스, 워즈니악은 자신들이 분석한 출처에서 카운티를 떠난 인구의 비율이 1980년 6퍼센트에서 2010년 3퍼센트까지 떨어졌다는 사실을 발견했다. 우리가 어떤 수준에서 조사하더라도 시간 경과에 따라 미국 내에서 지역 간에 사람들의 이동은 감소했다.

생산성이 더 높은 지역이 있다

지역이 보이는 생산성 수준에는 뚜렷한 차이가 있으므로 이동성 감소는 중요하다. 이동성 감소를 대략 살펴보는 방법은 주를 대상으로 노동자 1인당 실질GDP의 규모를 보는 것이다. 경제활동을 여러 산업으로 나눌 수 있듯이 생산지 단위로도 나눌 수 있다. 생산지를 기준으로 분류하는 것은 특히 일부 서비스에서는 약간 모호하다. 예를 들어 시카고를 본거지로 활동하는 변호사가 덴버까지 비행기를 타고 가서 의뢰인을 만나는 서비스는 어느 지역을 중심으로 분류해야 할까? 분명한 답은 없지만 주 전체에 걸쳐 목격되는 차이가 단순히 미국 경제분석국의 기록 오류 때문에 발생했다는 주장은 믿기 어렵다.

주 차원에서 생각하면 인적자본과 물적자본에 관한 상세한 데이터가 부족하므로 잔차 생산성 수치를 계산할 만큼 데이터를 확보할 순 없다. 대신 우리는 국가 전체가 아니라 주를 대상으로 한다는 점만 제외하고, 노동자 1인당 GDP와 같지만 좀더 간략한 척도인 1인당 주총생산Gross State Product, GSP을 살펴볼 것이다. 노동자 1인당 GSP의 일부 차이는 아마도 자본 스톡, 즉 주별 교육과 경험에 따른 차이에서 발생할 것이다. 그렇지만 나는 어떻게 생산적인 주들이 서로 관련이 있는지에 대한 정보를 여기서 찾을 수 있다고 믿는다.

그림 13.2는 3년 동안 매년 GSP가 가장 낮은 주와 비교했을 때 각 주의 연도별 노동자 1인당 GSP를 보여준다. 1인당 GSP 순위에 따

그림 13.2 여러 주에 걸친 순위별 노동자 1인당 상대적인 GSP

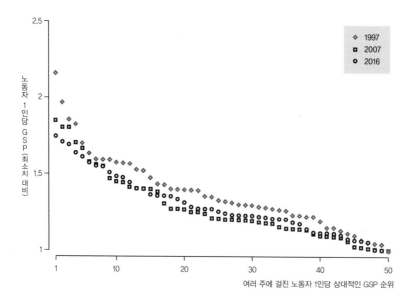

비고: GSP와 노동력에 관한 데이터의 출처는 미국 경제분석국이다. 노동자 1인당 GSP 순위는 직접 계산했다.

라 주들을 x축에 배열했으므로 그래프는 하향 추세를 보인다. 3년 동안 1위에 오른 주가 기록한 노동자 1인당 GSP는 같은 해 최소치보다 약 2배 높다. 노동자 1인당 GSP가 최소치보다 1.5배 높은 주는 매년 약 10개였다. 2016년에는 29개 주가 최소치보다 1.25배 이상 높아서, 35개 주가 최소치보다 1.25배 이상 높았던 1997년보다 감소했다.

노동자 1인당 생산량의 변화는 도시 전체 또는 좀더 정확하게 말해서 MSA 전체를 놓고 보면 훨씬 더 극적이다. 그림 13.3은 미국 경제분석국이 추적한 MSA 382개의 노동자 1인당 실질GDP를 보여준다. y축은 우연히 애리조나의 하바수 호수, 킹먼 지역과 일치하는 최소치 대비 노동자 1인당 GDP를 나타낸다. '비율 척도' 또는 '로그 척도'로 불리는 값을 표시하므로 약간 낯설지도 모르겠다. 축을 나누는 눈금은 노동자 1인당 상대적 GDP의 동일한 비례적 변화를 나타낸다. 따라서 1에서 2로 이동하는 것(2배 증가)이 2에서 4로 이동하는 것(2배 증가)과 같아 보인다. 그렇지 않으면 그래프는 극단치 몇 개의 지배를 받을 것이므로 데이터에서 변화를 더욱 쉽게 찾을 수 있다.

대부분의 도시가 1~4 범위에 드는데 일부 도시의 노동자 1인당 GDP가 다른 도시보다 4배 높다는 뜻이다. 실리콘밸리를 형성하는 도시인 산호세는 거의 5에 가까운 지수를 보이는 특출한 지역이다. 하지만 산호세를 제외하더라도 도시 전체의 노동자 1인당 산출량 변화는 주 전체보다 훨씬 크다.

MSA에 관한 제2의 사실은 x축에 뚜렷하게 나타나며, 크기는 100만 명 단위로 표시했다. 또 뉴욕시나 LA 같은 특출한 거대 도시가 두드러져 보이지 않도록 비율 척도를 사용했다. 그림 13.3을 보면 몇 가지

그림 13.3 2015년 MSA 크기 대 노동자 1인당 상대적 GDP

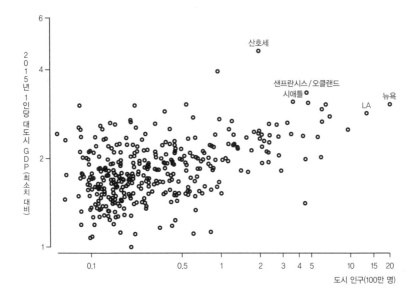

비고: 카운티의 노동력 증가 관련 데이터의 출처는 노동통계국이고, 이 데이터를 MSA와 연결했다. GDP와 전체 인구에 관한 데이터의 출처는 경제분석국이다. 노동자 1인당 상대적 GDP는 직접 계산했으며, 도시 크기는 전체 인구를 이용해 측정했다.

사실이 눈에 띈다. 첫째, MSA는 인구가 10만~50만 명으로 대부분 크기가 작다. 그에 비해 인구가 1,000만 명 이상인 도시는 두 군데, 즉 LA와 뉴욕이다. 하지만 더욱 흥미로운 사실은, 한 MSA에서 노동자 1인당 상대적 GDP는 그 크기와 긍정적인 관계가 있다는 것이다. 노동자 1인당 GDP가 3에 가까운 뉴욕의 생산성은 10만~50만 인구를 보유한 도시 집합체보다 약 2배 크다. 따라서 큰 도시 집단은 경제 측면에서 가장 생산적인 장소인 경향이 있다.

그림 13.2와 13.3은 노동자들이 저생산성 주·MSA에서 고생산성

주·MSA로 이동하면 미국 전체의 GDP를 성장시킬 수 있음을 시사한다. 하지만 반드시 그런 건 아니다. 각 지역에서 노동자 1명당 한계생산량, 즉 노동자 1명을 더하거나 빼서 발생하는 생산량에 미치는 영향을 알지 못한 상태로 노동자 전체의 평균 생산량만 알기 때문이다. 애리조나주 하바수 호수 출신 노동자가 뉴욕으로 이주하는 즉시 생산량을 3배 이상 늘리거나 임금을 3배 더 받으리라고 보장할 수는 없다. 엔리코 모레티Enrico Moretti가 최근 저서에서 주장했듯이, 새 노동자들이 이주하면 이익을 거둘 수 있으리라고 유일하게 기대할 수 있는 도시 지역의 하위 집합체가 있다. 실리콘밸리, 노스캐롤라이나의 연구 삼각지대Research Triangle, 오스틴, 시애틀, 뉴욕 등이다. 이들 선별된 지역은 크기가 클 수는 있지만 기회가 더 적은 다른 도시 지역과 비교했을 때 혁신의 중심지다. 그럼에도 노동자가 선별된 소수 도시 지역으로 이동하는 경우에 거둘 수 있는 생산성 이익에는 일정 범위가 있는 것 같다.

그런데 사람들이 저생산성 주·MSA에서 빠져나와 고생산성 주·MSA로 이동하는 것 같진 않다. 그림 13.4는 2001년 MSA의 노동자 1인당 상대적 GDP와 비교해 2001년부터 2015년까지 MSA 인구의 비율 증가를 보여준다. 여기서 눈에 띄는 관계는 보이지 않는데, 이것은 경제 성장의 관점에서 생각할 때는 문제가 된다. 노동자 1인당 상대적 GDP가 매우 높은 도시(그리고 노동자 1인당 한계 GDP가 더 높을 가능성이 있는 대도시)는 노동자 1인당 상대적 GDP가 낮은 도시보다 성장 속도가 늦다. 만약 그림에서 긍정적인 관계가 존재했다면 더 생산적인 도시들이 더욱 커지면서 전체적으로 1인당 GDP를 더욱 높였

그림 13.4 2001~2015년 MSA의 노동력 증가율 대 노동자 1인당 상대적 GDP

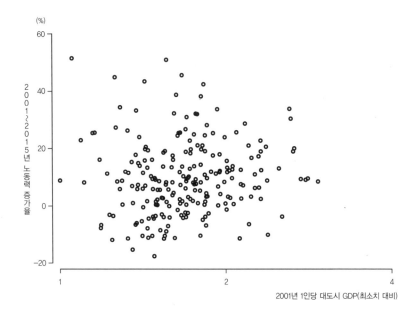

2001년 1인당 대도시 GDP(최소치 대비)

비고: 카운티의 노동력 증가에 관한 데이터의 출처는 노동통계국이고, 이 데이터를 MSA와 연결했다. GDP 관련 데이터의 출처는 경제분석국이다. 노동자 1인당 상대적 GDP와 노동력 증가율은 직접 계산했다.

을 것이다. 경제 성장의 관점에서 볼 때 최고의 전략은 크고 생산적인 도시를 훨씬 크게 만드는 것이다.

그림 13.4에 제시된 데이터로 판단해보면 노동자들은 이처럼 크고 생산적인 도시들로 최대한 신속하게 재분배되지 않았다. 이것이 성장 둔화를 설명하는 유의미한 원인인지는 앞으로 지켜봐야 한다. 나는 20세기의 경우처럼 그림 13.4와 같은 작업을 수행해서 예전에 긍정적인 관계가 있었다는 사실을 보여줄 만한 데이터를 보유하고 있지 않다. 아마도 지리적 재분배가 그다지 원활하게 이뤄지지는 않는 것 같

지만, 다른 증거들을 살펴보면 한때는 좀더 능숙하게 이뤄졌던 것으로 보인다. 과거에 LA, 샌프란시스코, 산호세 같은 매우 생산적인 서부 해안 도시들은 요즘만큼 규모가 크지 않았다. 그 도시들은 20세기 동안 인구가 엄청나게 유입되면서 성장했는데, 이것은 사람들이 다수의 생산적인 지역으로 한꺼번에 쏟아져 들어갔다는 뜻이다.

지리적 재분배를 제한하는 요소

데이터를 분석하다 보면 사람들이 저생산성 지역에서 고생산성 지역으로 이동하지 않는 이유가 궁금해질 것이다. 첫째 이유는 상품에서 서비스로 이동할 때의 상황과 비슷하다. 즉 거주 지역에 대한 소비자의 선호 때문이다. 둘째, 고생산성 지역에서 이주해 오는 사람들을 막기 위해 저생산성 지역이 장벽을 쌓기 때문이다. 이것은 기업이 시장 지배력을 행사해 잠재 경쟁사의 진입을 제한하는 사례와 비슷하다.

우선 첫 번째 이유부터 살펴보자. 값싼 에어컨 때문에 의도하지 않게 초래되는 결과를 생각해보라. 에어컨 덕에 어디서든 여름을 시원하게 보낼 수 있게 되자, 미국인들은 겨울을 따뜻하게 지낼 수 있는 남쪽과 서쪽으로 점차 거주지를 옮기고 있다.

1월 평균 온도 대비 MSA의 노동력 증가율을 표시한 그림 13.5를 참조하라. 그림 13.4와 대조적으로 긍정적인 관계를 더욱 분명히 확인할 수 있다. 그림에서 강조해 표시한 플로리다와 애리조나는 시간이 흐르면서 은퇴자들이 모여들어 인구가 증가한 전형적인 선벨트 주다. 하지만 그림을 보면 은퇴자뿐 아니라 노동자도 겨울 기온이 높은 도시들로 유입됐다. 은퇴자들이 모여들기 때문에 보건의료 분야를 비롯해 서비스 산업에서 일하기 위해 노동자들이 몰려든 것이다. 이처럼, 미국 내에서 노동력의 지리적 재분배에 영향을 미치는 요인은 생산성 수준이 아니라 부분적으로 날씨다. 남부 도시들이 가장 생산적인 지역은 아니므로 이들 도시에 인구가 유입되는 현상은 오히려 생산성 증가를 방해한다. 미국에서 1월 평균 기온이 섭씨 18도 이상인 도시는 32개로, 대부분 플로리다와 애리조나주에 있다. 해당 도시들의 생산성 수준은 최소치(앞서 밝혔듯이, 애리조나는 노동자 1인당 GSP가 매

그림 13.5 1월 평균 기온 대비 MSA 노동력 증가율

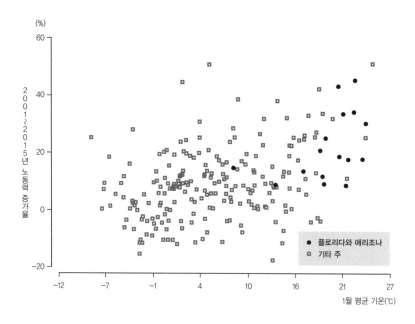

비고: 카운티의 노동력 증가에 관한 데이터의 출처는 노동통계국이고, 이 데이터를 MSA와 연결했다. 1월 평균 기온 데이터의 출처는 질병통제예방센터다.

우 낮은 주에 속한다)보다 약 1.7배 높다. 이와 대조적으로 1월 평균 기온이 섭씨 4도 이하인 도시는 172개고, 이 도시들의 평균 생산성은 최소치보다 2배 이상 높다. 사람들은 남쪽으로 이동하면서 결과적으로 생산성이 더 낮은 지역으로 이주하는 것이다.

　이런 경향은 총체적인 성장을 방해하지만, 시간이 지나면서 그 영향은 사라질 것이다. 그림 13.3에서 확인할 수 있듯이, 도시의 크기가 클수록 생산성이 높다. 남부 도시들 역시 크기가 커질수록 인구 밀도와 생산성의 인과관계를 반영하는 정도까지 생산성이 증가할 것이다. 시카고와 뉴욕 같은 지역이 보이는 큰 크기와 높은 생산성의 관계는 특정 물리적 장소에서만 발생하는 것이 아니다. 만약 마이애미, 애틀랜타, 댈러스, 휴스턴, 오스틴, 피닉스 같은 지역이 성장하면서 생산성이 지속적으로 높아진다면 인구 유입이 생산성 증가를 더는 방해하지 않고 심지어 향상시킬 수 있을 것이다. 하지만 과거 수십 년 동안 서비스에 대한 선호도가 사람들을 저생산성 산업으로 끌어들였듯이, 따뜻한 겨울을 선호하는 경향이 사람들을 저생산성 도시로 끌어들였다.

주택의 경제적 이익

　지리적 재분배를 제한하는 두 번째 원인은 일자리 이직률에 미치는 시장 지배력의 영향이라고 생각한다. 생산성이 높은 대도시에는 경쟁자가 많지 않고 날씨, 편의시설, 가족과 가까운 위치 등에 대한 사람들의 선호도를 고려할 때 특히 그렇다. 태평양 북서부에 살고 싶은 동시에 생산성이 높고 고임금 일자리가 많은 도시로 이주하고 싶어 하는 사람은 시애틀을 선택하려 할 것이다. 이런 구체적인 선호도를 보이며 시애틀로 이주하고자 하는 사람이 많을수록 주택 수요는 커진다. 이런 수요는 주택 공급 증가로 해결할 수 있고, 그래야 주택 가격이 크게 오르는 것을 막을 수 있다. 만약 주택 스톡 증가에 제약이 있다면, 수요 증가가 실질적인 인구 유입을 제한하면서 주택 가격을 끌어올릴 수 있다. 후자의 경우에 주택 가격이 상승하면, 사람들은 선호하기는 하지만 시애틀로 이사하고 싶다는 마음을 거둘 것이다. 그러면 사람들은 물론, 더 광범위한 영역에서 경제는 생산성이 더 큰 일자리로 재분배가 이루어질 기회를 놓칠 수 있다.

이런 상황을 보고 기업의 시장 지배력을 상기한다면 예전과 같은 방식으로 이에 대한 증거를 볼 수 있어야 한다. 우선 심차 바카이가 논문에 수록한 방법론을 사용하고 9장에서 설명한 것과 같은 과정을 따라, 주택에서 발생하는 부가가치의 점유율로 주택의 경제적 이익을 계산할 수 있다. 이 방법은 경제에서 주택에 대한 수요 증가가 주택 가격 인상이나 주택 공급 확대와 관계가 있는지 살펴보는 데 유용하다.

계산을 하기 전에 주택이 GDP에 어떻게 기여하는지 잠시 살펴보려 한다. 우선 아파트 건물을 생각해보자. 아파트에 거주하기 위해 지급하는 임대료는 GDP의 일부로 계산된다. 지붕과 벽 4개를 갖춘 서비스를 구매하는 것이기 때문이다. 자기 집에서 살고 있는 사람이라면 거래가 발생하지 않는다. 그렇지만 자신이 집을 소유하고 있더라도 지붕과 벽 4개를 갖춘 서비스를 받고 있기 때문에 이 역시 미국 경제분석국은 GDP에 추가한다. GDP에 이와 같은 암묵적 거래를 포함시키는 문제를 놓고 논란이 있지만, 여기서는 중요하지 않다. 다만 새 주택 건설을 거론하는 것이 아니라는 단서를 덧붙여야겠다. 새 주택 건설은 완전히 다른 경제활동이기 때문이다. 여기서는 기존 주택에서 비롯되는 GDP의 흐름만 따진다. 주어진 해에 총 GDP의 약 12퍼센트는 집 소유주가 자신에게 지급하는 암묵적 임대료가 차지한다.

총 GDP를 노동에 대한 지급, 자본에 대한 지급, 경제적 이익으로 나눌 수 있듯이 주택에서 창출된 GDP도 이와 같이 지급으로 나눌 수 있다. 그러려면 약간의 작업이 필요하다. 앞에서 설명했듯이, 미국 경제분석국은 자본과 경제적 이익에 대한 분산된 지급을 추적할 수 없기 때문이다. 나는 바카이가 논문에서 사용한 방법을 주택 부문에 적용할 것이다. 내가 세우려는 중요한 가정은 주택의 부가가치에서 비롯된 노동에 대한 지급이 없다는 것이다. 주택에서 창출된 부가가치의 흐름을 '생산하는 데' 노동이 차지하는 역할이 매우 적다는 뜻이다. 집에서 갈퀴를 사용해 손수 낙엽을 긁어모으거나 물이 새는 수도꼭지를 고칠 순 있지만, 이것은 집 자체가 제공하는 부가가치와 비교할 때 우리가 획득하는 가치 흐름의 사소한 부분이다.

이 말은 주택에서 창출된 GDP를 자본에 대한 지급과 경제적 이익으로만 나누어야 한다는 뜻이다. 그러려면 주택이 거두는 명목수익률에 대한 정보가 필요하므로, 나는 평균 30년 주택담보대출 금리를 사용할 것이다. 또 주택 인플레이션과 감가상각에 대한 정보는 데이터에서 찾을 것이다. 하지만 내가 여기서 산출하려는 사항은 주택 부가가치에서 경제적 이익이 차지하는 몫과 대비해서 실질적 자본에 대한 지급으로 간주해야 하는 몫뿐이다. 이때 경제적 이익은 주택 소유자가 자신이 받는 주택 서비스에 대해 지급해야 하는 금액을 넘어서는 소득이다. 이런 경제적 이익은 주택 수요가 증가하는 도시에서 집을 소유할 만큼 똑똑하거나 운이 좋은 소유주들에게 발생하는 소득을 가리킨다.

이렇게 계산한 결과가 1985~2016년 산출된 경제적 이익이며, 그림 13.6에서 확인할 수 있다. 1980년대 중반에는 수익률이 마이너스여서 주택 소유주들이 재산 가치를 잃었다. 자본에 대한 요구수익률은 주택 소유주들이 획득한 부가가치의 실제 흐름보다 높게 나타났다. 당시 주택담보 대출 금리와 이자율은 약 11~13퍼센트로 역사적

그림 13.6 1985~2016년 주택 부가가치에서 경제적 이익이 차지하는 비중

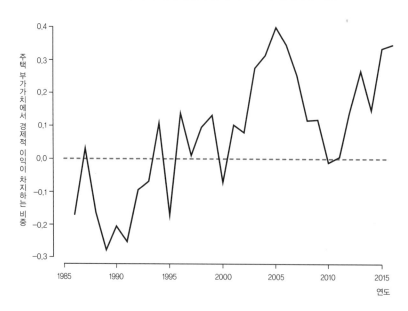

비고: 이 그림에 기록한 수치는 주택 자산 가치, 주택 서비스에서 창출된 총부가가치, 주택 자본의 감가상각에 대한 미국 경제분석국의 자료를 사용해 계산했다. 계산에 사용한 명목금리는 평균 30년 주택담보대출 금리다. 계산은 2017년 바카이가 논문에서 사용한 방법을 따랐다.

으로 높은 수준이어서 요구 수익도 높을 것으로 예상됐다.

1995년 무렵 경제적 이익은 주택 부가가치의 약 0퍼센트였고, 그 이후부터는 금융위기 무렵 큰 변동이 몇 차례 발생했으나 점유율은 상승했다. 그림을 보면 데이터상으로 20여 년간 증가 추세가 지속하는 것으로 나타난다. 계산 결과 경제적 이익은 2016년까지 주택 부가가치의 약 3분의 1을 차지했는데, 부분적으로는 주택담보대출 금리가 역사적으로 낮은 약 4퍼센트에 머물렀기 때문이다. 21세기 초반 동안 주택 소유주들은 상당한 경제적 이익을 누렸다. 그림 13.6은 총체적인 경제를 표시하므로 특정 주택 시장에 대해 어떤 결론도 내릴 수 없지만, 주택 수요의 증가(생산적이기 때문에)와 건설 제한(어떤 이유로든) 이 둘 다 증가하는 도시에서 주택 가격이 상승하는 현상과 일치한다.

생산성 증가에 미치는 영향은 무엇인가?

지리적 재분배 둔화가 데이터에 분명히 나타나고, MSA와 주에서 노동자 1인당 산출에 관한 데이터는 이것이 생산성 증가에 영향을 미쳤을 수 있음을 시사한다. 생산적인 지역에서 주택 공급에 가해진 제한 때문에 재분배가 둔화됐다고 생각할 수 있는데, 이것은 주택의 경제적 이익에 대한 종합적인 데이터와 일치한다.

하지만 이 논리를 받아들인다고 하더라도 이것이 생산성에 얼마나 큰 영향을 미쳤는지는 어떻게 알 수 있을까? 창타이 셰이Chang-Tai Hsieh 와 엔리코 모레티는 최근 연구에서 매우 생산적인 도시를 대상으로 주택 제한이 생산성 증가에 미치는 영향을 계산하려고 시도했다. 그 영향을 추정할 수 있는 명쾌한 경험적 방법은 없다. 산호세시가 50층

짜리 아파트 건물 단지를 승인할 만큼 현실은 녹록지 않기 때문이다. 그래서 셰이와 모레티는 다양한 도시에 적용할 수 있는 모델을 만들었다. 그 모델에서 노동자는 도시 사이를 자유롭게 이동할 수 있고, 임금을 자신이 거주하는 도시의 주택 가격으로 나눈 실질 생활 수준에 신경을 쓴다.

그 모델에서 거주지를 결정하는 중요한 요소는 인구 대비 주택 가격의 탄력성이다. 탄력성이 높으면, 사람들이 도시로 이주하려 할 때 주택 가격이 많이 오르고 실질 생활 수준이 낮아지면서 인구 유입을 차단한다. 도시가 매우 생산적이라고 하더라도 이주해 오는 사람이 거의 없다는 뜻이다. 또 해당 도시에 있는 기존 부동산 소유주가 획득하는 경제적 이익은 증가할 것이다. 하지만 탄력성이 낮으면 반대 현상이 일어나서 사람들이 도시에 유입되더라도 주택 가격은 많이 오르지 않고, 생활 수준은 높은 상태를 유지하고, 따라서 이주해 오고 싶어 하는 사람이 더 많아진다. 이런 경우에 주택의 경제적 이익은 낮을 것이다.

셰이와 모레티는 앨버트 사이즈Albert Saiz가 실시한 초기 연구에서 이런 탄력성의 추정치를 도출할 수 있었다. 사이즈가 계산한 추정치는 규제나 구역제zoning뿐 아니라 지리를 고려한 함수다. 샌프란시스코는 부분적으로 태평양 덕에 미개발 토지가 없으므로 탄력성이 높다. 이와 대조적으로 댈러스는 부분적으로 지리적 한계가 거의 없이 팽창할 수 있으므로 탄력성이 낮다. 이런 지리적 한계 외에도 샌프란시스코는 건축에 더 많은 규제를 가하는 경향을 보이므로 댈러스보다 탄력성이 훨씬 높다. 셰이와 모레티는 사이즈가 제시한 탄력성을 자신들의 모델에 적용하고, MSA 생산성과 크기에 관한 모든 내용과 목적에 맞게 그림 13.3을 재현할 수 있도록 다른 모든 매개변수를 설정했다.

셰이와 모레티는 자신들이 세운 모델에서 데이터를 재생하고 이를 활용하기 시작했다. 나는 두 사람이 단 3개의 도시, 즉 산호세, 샌프란시스코, 뉴욕에서 주택 가격의 탄력성을 낮추는 경우에 노동자 1인당 실질GDP에 어떤 현상이 발생하는지 알아볼 목적으로 추적하는 대상에 주목했다. 셰이와 모레티는 모든 도시의 중간 탄력성에 맞춰 탄력성을 설정했다. 이 세 도시에 해당하는 주택 시장 탄력성이 버지니아주 리치먼드 같은 지역 수준까지 떨어진다는 뜻이다. 세 도시가 현재 주택 스톡의 방대한 확장을 허용한다는 암묵적인 이유로 더 많은 노동자가 이주해 오려고 하고 있다. 하지만 세 도시도 대부분 다른 도시에 비해 매우 생산적이므로, 주택 공급이 늘어난다면 경제는 더 많은 GDP를 생산할 수 있다. 셰이와 모레티는 이 세 도시에서만 주택 시장이 더욱 탄력적이었더라도 2009년 총 GDP가 3.7퍼센트 높아졌으리라고 계산했다.

셰이와 모레티는 1964~2009년 기간을 계산 대상으로 삼았다. 그런데 GDP가 추가로 3.7퍼센트 증가하지 못한 것이 1990년경 시작한 주택 규제 증가 때문이라고 가정해보자. 당시는 주택의 경제적 이익이 증가하기 시작한 때였다는 사실을 기억해야 한다. 1990~2009년만 보면 GDP에 3.7퍼센트의 손실이 발생한 것은 성장률이 연간 약 0.18퍼센트 낮아졌다는 뜻이다. 이것은 이동성 감소에 따른 현저한 성장률 하락으로, 고생산성 지역에서 주택에 규제를 가하며 발생했을 것이다.

하지만 이것이 과대평가일 수 있다고 생각할 만한 근거들이 있다.

셰이와 모레티는 더 높은 성장률을 입력해 반사실적 counterfactual 계산을 실시하고 나서 뉴욕 MSA가 약 318퍼센트 더 커지리라고 결론을 내렸다. 주택에 가하는 규제를 줄이면 2,000만 명이 아니라 8,000만 명 이상이 거주하리라는 뜻이다. 참고로 8,000만 명은 미국 인구의 거의 4분의 1에 해당한다. 물론 나 역시 주택 가격이 내려가면 더 많은 사람이 뉴욕으로 이주하리라 믿는다. 하지만 주택 규제를 적극적으로 완화하더라도 미국 전체 인구의 4분의 1이 뉴욕으로 이주할 것 같지는 않다. 주택 규제가 성장률에 미치는 영향은 거의 확실히 연간 0.18퍼센트 미만이다.

게다가 성장 둔화를 제대로 설명하려면 주택 규제의 영향이 2000년 경부터 훨씬 악화했다는 점도 확인해야 하는데, 실제로 그런지는 분명하지 않다. 주택의 경제적 이익은 1990년부터 증가하기 시작했고, 2000년대에는 컸지만 금융위기를 중심으로 변동을 거듭했다. 주택 규제가 실패하면서 생산성 증가율을 연간 0.1퍼센트 정도 낮췄다. 이런 현상이 2000년대에 시작됐을 뿐이라고 인정하더라도, 주택 규제의 영향은 인적자원 증가의 둔화와 서비스로의 전환이 복합적으로 미친 영향에 비하면 여전히 적다. 지리적 이동성의 감소가 사소한 원인은 아니지만, 성장 둔화를 설명하지는 못한다.

14 정부가 성장 둔화를 유발했을까?

이 책에서는 성장 둔화의 원인을 밝히는 많은 증거를 제시했지만 공통 희생양 몇 가지는 정면으로 다루지 않았다. 첫째, 정부가 세율과 규제를 통해 경제 성장을 억눌렀을 수도 있다. 둘째, 불평등이 우리의 소비 패턴과 투자 행동을 바꿔 더욱 광범위한 경제 성장을 해쳤을 수 있다. 마지막으로 무역, 특히 대중국 무역이 제조업에 영향을 미치면서 경제 성장을 하락시켰을 수도 있다.

이 세 가지 희생양 모두 경제에 실질적으로 영향을 미치기는 했지만 그 영향이 성장 둔화를 설명할 만큼 크지 않았다는 사실을 지금부터 3개 장에 걸쳐 설명할 것이다.

우선 정부부터 살펴보자. 세금과 규제가 기업 활동을 억누르고, 따라서 경제 성장을 저해한다고 흔히들 말한다. 이 주장이 사실이라면 세금과 규제는 다른 요인들과 마찬가지로 물적자본 축적, 인적자본 축적, 생산성 증가에 영향을 미쳤을 것이다. 기업이든 개인이든 세금은 저축이나 투자를 제한해 물적자본 증가를 둔화시킬 수 있다. 개인소득세는 사람들이 노동시장에 투자하는 시간, 참여하려는 의지, 기꺼이 투입하려는 훈련을 감소시켜 인적자본 증가를 하락시킬 수 있다. 기업의 관점에서 볼 때 세금은 사업체에서 노동자의 재분배가 창출하는 가치를 떨어뜨릴 수 있고, 규제는 특정 종류의 혁신이나 확장을 수행하지 못하도록 기업을 제한하거나 심지어 금지할 수 있다. 따라서 두 가지 모두 생산성 증가를 제한할 수 있다.

이런 영향은 이론상으로는 타당하지만 데이터를 검토한 결과에 따르면 경제 성장에 미치는 영향은 거의 예외 없이 매우 적다. 일반적으로 특정 기업이나 개인에게 뚜렷한 영향을 미칠 수 있더라도, 세금과 규제가 실질GDP의 전체 성장률에 실질적으로 미치는 영향을 찾기는 매우 어렵다.

세금 관련 증거

외견상 증거를 보면 기업이든 개인이든 세율 인하는 성장 둔화에 전혀 영향을 미치지 않는다. 조지 W. 부시 대통령이 재임하던 시기에 2001년과 2003년 두 차례에 걸쳐 상당한 규모의 감세안이 국회를 통과했지만, 이 무렵 성장 둔화가 시작됐다. 성장 둔화가 높은 세율에 따른 결과라는 주장에는 부합하지 않는 현상이다. 하지만 세금 정책이 바뀌는 시기에 경제에 다른 사건들이 많이 발생했으므로 이것은 확실한 증거가 아니다. 부시 정부가 세금 감면을 시행하던 바로 그 무렵 때마침 우리가 매우 불운했을 수도 있다.

다만 2003년에 통과된 배당세 감면이 미친 영향에 대해서는 좀더 나은 증거를 찾을 수 있다. 배당세 감면은 투자에 보상하는 방식의 하나로 제안됐다. 배당세를 감면받은 기업은 투자 지출을 급격하게 늘려 물적자본 증가율을 높이고, 따라서 GDP 성장률을 끌어올릴 수 있다는 취지였다. 대니 예이건Danny Yagan이 배당세 감면의 효과를 연구했다. 그는 배당금을 지급할 수 없는 개인 회사와 파트너십을 포함한 S항 주식회사S-corporation(미국 국세청에서 특별 세금 지위를 받은 법인으로 세금 혜택을 받는다─옮긴이)와 주식을 발행하고 배당금을 지급할 수 있는 C항 주식회사C-corporation(미국 국세청 규칙에 따른 표준 법인─옮긴이)에 발생한 현상을 비교하는 방식을 사용했다. 배당세를 감면받는 경우에 C항 주식회사는 S항 주식회사보다 투자 지출을 늘리리라고 추측할 것이다. 하지만 예이건은 세율 인하가 투자 지출에 전혀 영향을 미치지 않았다는 사실을 발견했다.

그렇다고 해서 배당세를 감면했을 때 변화가 전혀 일어나지 않았다는 뜻은 아니다. 라지 체티Raj Chetty와 에마뉘엘 사에즈Emmanuel Saez는 기업의 행보를 검토한 결과, 배당금 지급이 증가했다는 사실을 발견했다. 게다가 배당금을 지급하지 않던 기업들도 세율이 하락하자 배당금을 지급하기 시작했다. 배당금 증가는 상당한 지분을 보유한 경영진이나 대형 기관투자자가 있는 기업에서 가장 두드러지게 나타났다. 배당세 감면으로 기관투자자와 중역에게 적용되는 실효세율은 낮아졌지만, 자본에 대한 투자는 늘어나지 않았다. 또한 자본이 증가하지 않았으므로 GDP 성장률은 전혀 영향을 받지 않았다.

지난 몇 년간 캔자스주가 겪은 일은 또 하나의 교훈적인 사례로 꼽힌다. 2010년 샘 브라운백^{Sam Brownback}은 주지사로 당선되자 경제 성장 전략의 일환으로 대규모의 세금 감면 정책을 밀어붙였다. 소득세율을 인하하고, 로펌 같은 파트너십과 개인 회사를 포함해 패스스루 기업 pass-through business(기업의 수익을 소유주의 개인소득으로 보고 법인세 대신 개인소득세를 내는 기업-옮긴이)에 부과하는 세율을 0으로 내렸다. 그에 더해 주정부 기관 4개를 폐쇄하고, 주 직원 2,000명을 해고했다. 이런 결정은 캔자스주 경제에 대한 정부의 간섭을 제한하는 행보라는 설명으로 정당화됐다. 세금 감면의 논리적 근거는 연방 배당세율 인하 때와 같았다. 세금 인하와 규제 축소를 계기로 새 사업체들이 신속하게 사업을 시작하면서 캔자스주 경제에 활력을 불어넣으리라는 것이었다.

하지만 현실은 달랐다. 캔자스주의 전체 고용 인원은 금융위기와 브라운백의 개혁 이전인 2008년 140만 명이었고, 2017년에도 140만 명이었다. 다른 주의 경제가 같은 기간에 창출한 일자리 수를 고려하면 캔자스주는 고용 측면에서 미국 나머지 주들에 뒤처졌다는 뜻이다. 브라운백이 당선되기 전이면서 금융위기를 포함한 기간인 2005~2010년 캔자스주가 기록한 연간 GDP 성장률은 1.98퍼센트였다. 세금 감면을 시행한 이후인 2011~2016년 연간 GDP 성장률은 0.91퍼센트로 전년 대비 약 절반이었다. 이에 비해 2005~2010년 미국 전체의 연간 GDP 성장률은 금융위기의 영향을 포함해 0.76퍼센트였고, 2011~2016년에는 2.16퍼센트로 거의 2배 증가했다. 브라운백이 세금 감면을 실시한 후에 캔자스주는 경제 성장 측면에서 미국의 나머지 주들보다 뒤처졌다. 경기부양이 일어나지 않았던 것이다.

캔자스주의 경험은 교훈적이기는 하지만 아마도 보편적이지는 않을 것이다. 우푸크 아크지기트Ufuk Akcigit, 존 그릭스비John Grigsby, 톰 니컬러스Tom Nicholas, 스테파니 스탠체바Stefanie Stantcheva는 20세기 미국에서 기업과 개인에 대한 과세가 혁신에 미친 영향을 조사했다. 그들은 전체 주에서 특허를 척도로 측정한 혁신적인 활동의 양과 지역에 대한 세율이 통계적으로 의미 있는 영향을 미친다는 사실을 발견했다. 특히 기업은 세율에 반응해 특정 주에서 다른 주로 혁신적인 활동을 옮긴 것으로 나타났다. 혁신에 직접적으로 효과가 있을 때 그 영향은 더 약하다. 실리콘밸리가 좋은 예다. 이곳 기업들은 상대적으로 세율이 높은 주에 남아 있다. 서로 가까이 있을 때의 이익이 세금을 부담하는 비용보다 크기 때문이다.

이 모든 이야기가 사실이라고 하더라도 성장 둔화를 많이 설명하지 못한다. 2000년대 초반 무렵부터 주정부 차원에서 기업이나 개인에 부과해 혁신율을 낮추는 방향으로 작용할 수도 있었을 광범위한 세금 인상은 없었다.

개인이 세율에 크게 반응한다는 증거는 거의 없다. 정상적인 상황에서 우리는 개인소득세율이 인상되면 노동자가 노동량을 늘릴 의욕을 잃으리라 예상한다. 그러면 사용 중인 인적자본 스톡은 감소할 것이다. 이론상으로는 사실일 가능성이 크지만 경험적 영향은 적은 것으로 재차 밝혀졌다. 노동 공급이 소득에 얼마나 민감하게 반응하는지를 추정한 연구들이 많이 이루어졌다. 에마뉘엘 사에즈, 조엘 슬렘로드Joel Slemrod, 세스 기어츠Seth Giertz는 개인소득세율이 노동력 공급에 미치는 영향, 따라서 실질 과세소득에 미치는 영향이 적다고 보고했다. 노동 공급, 특히 노동시장에 참여하겠다는 결정은 대개 연령과

가족 구조에 따라 달라지는 것으로 보인다. 사람들이 일을 할지 말지를 바꿀 수 있는 세율 범위는 거의 없다는 뜻이다. 일부 연구는 노동시장에 참여할 때 다른 집단보다 세율에 민감하다고 알려진 기혼 여성을 예외로 지적한다. 그렇더라도 그 영향은 경험적인 의미에서는 크지 않고, 기혼 여성이 노동력 안팎으로 이동하는 것도 성장 둔화의 상당 부분을 설명하기에 충분히 크지 않다.

그리고 이미 언급했듯이, 개인소득세율이 성장 둔화를 유의미하게 설명하려면 2000년대 초반 사람들을 노동시장에서 몰아내는 대폭적인 세율 인상이 틀림없이 있었어야 한다. 하지만 2001년 부시 행정부는 오히려 대부분의 과세 등급에서 세율을 약 3퍼센트 인하하고, 겨우 10퍼센트의 하위 과세 등급을 새로 책정하는 등 세금 감면을 시행했다. 앞서 말했듯이 이때도 의도한 바와 정반대 현상이 발생했다. 따라서 세율 인상이 성장 둔화를 유발했다는 증거는 전혀 없다.

규제 관련 증거

과세와 비교할 때 규제가 경제 성장에 미치는 영향을 분명히 입증하는 증거는 적다. 부분적인 이유는 규제를 측정하는 방법이 그다지 명확하지 않다는 것이다. 네이선 골드슐래그Nathan Goldschlag와 알렉스 타바록은 규제와 재분배의 관계를 파악하기 위해 새로운 방법을 도입했다. 오마르 알-우베이들리Omar Al-Ubaydli와 패트릭 매클로플린Patrick McLaughlin이 개발한 산업 차원의 규제 척도를 사용한 것이다. 알-우베이들리와 매클로플린은 모든 연방 규제를 철저히 찾고, 문서 분석 프로그램을 가동해서 기업에 어느 정도 규제 부담을 지운다고 가정하는 '해야 한다shall 또는 must' 같은 단어들을 가려냈다. 또 규제가 적용되는 업종을 식별할 수 있도록 해당 프로그램을 발달시켜서 규제 부담이 나타나는 다양한 방식을 확인했다. 예를 들어 폐기물 관리 산업에서는 규제에 'shall'이나 'must' 같은 단어가 9만 7,326개 포함되어 있었지만, 택배와 메신저 산업에서는 7,340개에 그쳤다. 제한을 가한 것이 어떤 기관인지도 알 수 있었다. 추측할 수 있듯이, 환경보호국은 국세청과 직업안전보건국을 합한 것만큼 많은 수의 규제를 부과한다.

골드슐래그와 타바록은 이 규제 데이터를 가져다가 산업의 일자리 창출, 일자리 파괴, 기업 창업에 관한 데이터와 비교했다. 앞서 세 가지 척도가 시간 경과에 따라 둔화했다고 설명했는데, 이것은 기존 기업 간에 또는 오래된 기업과 새 기업 간에 노동자를 재분배하는 정도가 감소했다는 뜻이다. 골드슐래그와 타바록은 특정 업종에서 재분배 둔화가 규제 수준과 관계가 있는지 살펴봤지만 결국 찾지 못했다. 규제 수준 강화나 규제 증가 가속화에 영향을 받는 업종에서 창업 기업의 수가 줄어들거나 일자리 이직률이 감소하는 현상은 발생하지 않았다. 크기를 기준으로 기업을 조사해보면 심지어 규제 강화가 일자리 창출과 파괴의 증가와 관계가 있음을 보여주는 결과가 있으므로, 이것이 생산성 증가와 관계가 있으리라고 예상할 수 있다. 골드슐래그와 타바록은 규제를 산업별 규제(예: 석탄 공장의 폐수처리에 관한 규제)와 일반 규제(예: 최저임금에 관한 규제)로 분리하고, 일반 규제가 기업 창업이나 노동자 재분배와 관계가 있는지 조사했지만 여기서도 관계를 입증하는 증거를 찾지 못했다.

규제 관련 증거와 일치하는 것은 ALEC-래퍼ALEC-Laffer의 주 경쟁력 순위를 사용한 데이터다. 자체 홍보 자료에 따르면 미국입법교류위원회American Legislative Exchange Council, ALEC는 제한된 정부와 자유시장을 옹호하는 싱크탱크이자 로비 단체다. 래퍼는 아서 래퍼Arthur Laffer를 가리키고, 그의 이름을 따서 만든 유명한 래퍼 곡선Laffer curve은 세수와 세율의 관계를 설명한다. ALEC과 래퍼는 어떤 주가 가장 큰 경쟁력을 갖췄는지 결정하기 위해 주 경제 정책을 측정하는 몇 가지 척도에 관한 정보를 결합했다. 순위가 경쟁력의 의미를 항상 명쾌하게 대표하는 것은 아니지만, 매년 발표되는 순위와 관계있는 간행물에 따르면 순위는 낮은 세금과 가벼운 규제를 조합해서 결정된다. ALEC이 고려하는 요소로는 개인소득세율과 법인세율, 상속세 유무, 공무원 수, 주 법률 체제의 품질이 있다. 또 이른바 노동권을 보장하는 주인지, 주정부에 가해지는 세금이나 지출 제한이 있는지 등이 있다. 따라서 순위는 규제만을 가리키는 지표가 아니라 세금과 규제의 결합이다.

어쨌든 ALEC-래퍼 순위는 사업을 하기에 최적의 상태를 의미하고, 규제와 세금이 중요하다면 하위권 주들은 경제 성장률과 노동자 1인당 GDP가 둘 다 낮거나 둘 중 하나가 낮다. 그림 14.1은 주에 해당하는 ALEC-래퍼 순위에 대한 주별 노동자 1인당 GDP 수준을 보여준다. 노동자 1인당 GDP 수치는 최소인 주와 비교한 것이고 2016년 데이터다. ALEC-래퍼 순위는 2012년 통계를 사용했다. 그 이유는 주가 ALEC-래퍼 순위를 높이는 정책을 세운 경우에 노동자 1인당 GDP 증가라는 결과를 산출할 때까지 몇 년이 걸릴 수 있다는 가능성을 고려하고 싶었기 때문이다. 하지만 2016년 ALEC-래퍼 순위와 2012년 노동자 1인당 GDP를 사용하더라도 수치는 크게 바뀌지 않는다.

그림 14.1 주별 ALEC-래퍼 순위 대비 노동자 1인당 GDP 수준

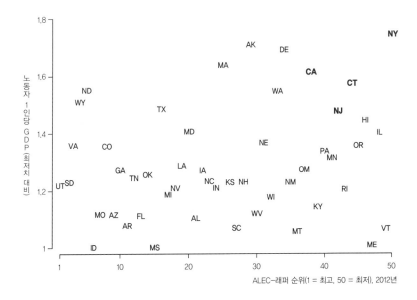

ALEC-래퍼 순위(1 = 최고, 50 = 최저), 2012년

비고: 노동자 1인당 GDP의 출처는 경제분석국이고, 순위의 출처는 미국입법교류협의회다. 노동자 1인당 GDP 순위는 직접 계산했다.

여기서 눈으로 확인할 수 있는 사항은 많지 않다. 굳이 찾아본다면 약간 긍정적인 관계를 확인할 수 있는데, ALEC-래퍼 순위가 낮은 주에서 노동자 1인당 생산량이 더 높다는 것이다. 뉴욕, 캘리포니아, 코네티컷, 뉴저지는 순위가 모두 매우 낮지만 노동자 1인당 생산량이 가장 높은 주에 속한다.

ALEC-래퍼 순위는 노동자 1인당 GDP 수준을 나타내지 않더라도 노동자 1인당 GDP 성장률에 대해 많은 정보를 제공한다. 그림 14.2에서는 ALEC-래퍼 순위 대비 2012~2016년 노동자 1인당 평균

GDP 성장률을 그래프로 나타냈다. 이 그림에서도 눈으로 확인할 수 있는 사항은 많지 않다. 알래스카 같은 일부 주는 평균 성장률이 매우 낮으면서 편차가 크다. 이것은 유가 하락이 미친 영향 때문으로, 노스다코타와 루이지애나의 성장률도 매우 낮다. 하지만 이런 주들을 제외하더라도 ALEC-래퍼 지수에서 순위가 높은 주들이 해당 기간에 더 높은 성장률을 기록했다는 증거는 없다.

그림 14.2를 통해 무엇을 알 수 있을까? 캘리포니아와 워싱턴처럼

그림 14.2 주별 ALEC-래퍼 순위 대비 노동자 1인당 GDP 수준

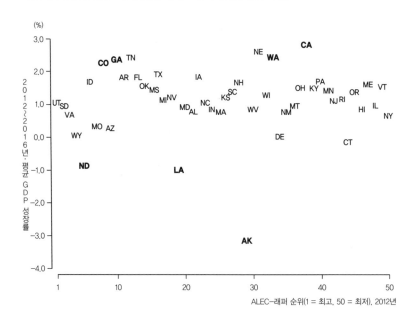

비고: 노동자 1인당 GDP의 출처는 경제분석국이고, 순위의 출처는 미국입법교류협의회다. 노동자 1인당 GDP 순위는 직접 계산했다.

순위가 매우 낮은 몇몇 주는 이 기간에 매우 높은 성장률을 기록했다. 해당 성장률은 텍사스, 조지아, 콜로라도처럼 ALEC-래퍼 순위가 높은 주의 성장률과 같거나 더 높았다. 하지만 주 전체를 놓고 볼 때 ALEC-래퍼 순위가 올라간다고 하더라도 성장률이 증가하거나 감소하는 경향은 보이지 않는다. 문자 분석 연구보다 이런 수치에 좀더 주의를 기울여야 한다. 그림에서 제시했듯이, 관계의 부재가 발생한 것은 규제와 과세가 반드시 노동자 1인당 GDP에 현저한 영향을 미쳤기 때문이 아니라 아마도 ALEC-래퍼 순위가 규제나 과세를 제대로 측정하지 못했기 때문일 수 있다. 하지만 골드슐래그와 타바록이 논문에서 제시한 증거와 과세에 관한 증거를 결합하면, 정부가 성장 둔화에 상당한 영향을 미치지 않았다는 주장이 여기서도 뒷받침된다.

주택은 어떤가?

앞 장에서 주택 규제 때문에 발생하는 마찰이 지리적 재분배를 둔화시키는 일부 요인이 될 수 있다고 언급했다. 문제는 생산성이 가장 높은 도시가 엄격한 주택 규제를 시행하면, 더 높은 생산성의 이점을 누리기 위해 해당 도시로 이주할 노동자가 거의 없다는 것이다.

조지프 주르코Joseph Gyourko, 앨버트 사이즈, 애니타 서머스Anita Summers는 부동산 개발 규제에 대한 정보를 수집하기 위해 미국 도시 약 2,000곳을 조사했다. 조사 항목에는 지역구역제위원회local zoning boards가 각 프로젝트를 승인해야 하는지, 주 승인이 필요한지, 밀도제한(예: 대형 최소부지 크기)이나 도시에 있어야 하는 개방 공간의 크기에 대한 요건이 있는지도 포함시켰다. 세 사람은 이런 개별 데이터를 사용해 부동산 규제 지수를 만들었다. 해당 지수는 중앙치 도시의 지수 0을 기준으로 하는데, 이때 양의 지수는 높은 규제 수준을 가리키고 음의 지수는 낮은 규제 수준을 가리킨다. 지수 자체는 의미가 없지만 도시를 비교할 때 사용할 수 있다.

세 사람이 발견한 사실에 따르면 부동산 규제는 북동부, 동부 연안(예: 매사추세츠, 뉴햄프셔, 뉴저지, 메릴랜드), 캘리포니아와 워싱턴의 서해안 지역에서 가장 강력했다. 반대로 규제가 가장 느슨한 지역은 대체로 중서부와 남부에 있다(예: 앨라배마, 아이오와, 인디애나, 루이지애나, 캔자스). 하지만 이처럼 주에 근거한 차이로는 주 내부에서 발생하는 변이를 알 수 없다. 거대 대도시 지역을 살펴보면 가장 규제가 심한 부동산시장은 보스턴, 필라델피아, 시애틀, 샌프란시스코, 뉴욕 등이었다. 이와 대조적으로 신시내티, 세인트루이스, 인디애나폴리스, 캔자스시티는 규제가 가장 느슨한 지역에 속했다.

경제 성장의 문제는 미국에서 생산성이 가장 높은 주와 대도시 지역에 강력한 규제가 가동하는 경향이 있다는 것이다. 그림 14.3은 2016년 노동자 1인당 GDP 대비 대도시통계지구^{MSA}에 가동하는 부동산 규제의 척도를 보여준다. 이전과 마찬가지로 노동자 1인당 GDP는 모든 MSA의 최소치에 상대적이다. 둘 사이에 대략 긍정적인 관계가 있다는 사실을 알 수 있는데, 이것은 생산성이 더 높은 지역에 대한 주택 규제가 더 강력한 경향이 있다는 뜻이다.

주택 문제를 다룬 장에서 언급했듯이, 생산성이 더욱 높은 지역으로 사람들이 이동하는 것을 규제하면 경제 성장을 억누르게 된다. 그런 점에서 규제 축소가 GDP 성장률에 의미 있는 영향을 미칠 수 있다는 주장은 타당하다. 1990년 전후까지 거슬러 올라갔을 때 비슷한 부동산 규제 지수가 없으므로 부동산 규제가 증가한 것이 성장 둔화를 초래한 원인이었다고 말할 수는 없지만, 규제와 세금에 관한 모든 증거 가운데 성장 둔화를 설명할 수 있는 가장 그럴듯한 연결고리이기는 하다. 앞 장에서 살펴봤듯이 셰이와 모레티는 주택 규제가 성장의 발목을 잡았다고 보고하면서, 이것은 고생산성 지역에서 주택 시장의 성장을 제한하는 지역 정부의 규제 때문일 수 있다고 주장했다.

그림 14.3 MSA별 2016년 노동자 1인당 GDP와 부동산 규제

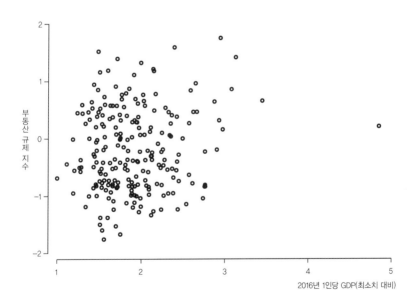

비고: 노동자 1인당 GDP의 출처는 MSA의 노동력에 관한 노동통계국 자료와 경제분석국이다. 노동자 1인당 GDP 순위는 직접 계산했고, 부동산 규제 지수는 주르코·사이즈·서머스(2008)를 인용했다.

성장에 크게 영향을 미치지 않는 이유는 무엇일까?

주택은 제외하고, 세금과 규제가 경제 성장에 영향을 미친다는 증거는 많지 않다. 경제 성장에 전혀 영향을 미치지 않는다는 뜻은 아니지만, 어떤 영향이든 의미 있다고 받아들이기에는 지나치게 작다. 이 사소한 관계가 의외로 여겨질지도 모르지만 세금과 규제가 투자와 혁신을 달성하기 위한 장려책의 작은 일부인 데는 그럴듯한 이유가 있다. 이를 설명하기 위해 앞에서 경쟁에 대해 다뤘던 내용을 떠올려보자. 거기서는 기업이 혁신과 투자에 투입되는 고정비를 충당하기 위해 마크업을 필요로 한다는 점을 이야기했다. 이것은 사실이지만, 전체 이야기의 일부일 뿐이다.

기업이 지닌 분명한 동기는 순이익을 창출하는 것이다. 그리고 순이익은 세 가지 구성 요소, 즉 마크업, 세율, 규모의 상호작용에서 나온다. 이 책에서 마크업에 대해서는 이미 어느 정도 깊이 있게 다뤘다. 마크업은 각 생산 단위의 한계비용에 대한 가격을 가리키고, 규모는 판매할 수 있는 단위 수를 가리킨다. 규모에 마크업을 곱하면 기업이 창출하는 총이익을 산출할 수 있다. 심지어 월마트처럼 마크업이 작은 기업이라도 규모가 매우 크면 막대한 총이익을 거둘 수 있다. 마지막으로 마크업과 규모에서 발생하는 이익에 세금이 부과되고, 기업은 세금을 내고 나서 순이익을 손에 쥔다. 준수 비용이 발생하므로 규제는 이익에 대한 효과적인 세금 같은 것으로 생각할 수 있다. 세율은 순이익에 중요하지만 마크업과 규모에 비하면 그다지 중요하지 않을 수 있다.

이것이 어떤 의미인지 설명하기 위해 뉴질랜드를 예로 들어보겠다.

뉴질랜드 중앙은행은 정치적 간섭에서 벗어나 엄격한 독립성을 채택하는 데 앞장선다. 국민의 기대수명은 82세로 높고, 평균 학교 교육 기간은 12.5년으로 미국과 거의 같다. 시간이 지나면서 이 수치는 증가해서 대학생 연령의 뉴질랜드인 가운데 약 81퍼센트가 대학교에 진학한다. 살인율은 미국보다 2배 낮다. 한마디로, 정말 살기 좋은 나라 같다.

경제 성장의 관점에서 보면 뉴질랜드는 세계은행이 발표하는 기업 환경 평가 지표에서 전반적으로 1위에 올라 있다. 기업 환경 평가 지표는 사업 조건에 관한 주요 범주 10개(각 범주에는 많은 하위 구성 요소가 있다)를 중심으로 각 국가를 평가한다. 여기에는 신규 사업 설립의 용이성(뉴질랜드가 1위다), 건축 허가 처리(3위), 재산 등록(1위), 융자 이용(1위)이 포함된다. 뉴질랜드는 계약 집행과 파산 해결의 범주에서는 약간 낮은 순위에 올랐지만 친기업적인 환경을 제공하면서 여전히 전반적인 범주에서 1위를 유지하고 있다. 뉴질랜드는 질 좋은 경제기관을 대표하는 본보기이고, 명시적 세율과 암묵적 세율 모두 상당히 낮다.

하지만 미국 경영대학원에는 뉴질랜드 시장에 진입하는 방법을 가르치는 강좌가 없다. 기업의 중역들도 뉴질랜드 시장에 진입하기 위해 앞다퉈 날아가지 않는다. 왜 그럴까? 뉴질랜드 인구는 약 480만 명에 불과해 미국 애틀랜타주의 인구보다 적기 때문이다. 뉴질랜드의 실효세율과 규제 비용이 낮은 것은 크게 중요하지 않다. 경제 규모가 지나치게 작아서 투자할 가치가 없는 것이다.

외부에서 뉴질랜드에 투자하는 경우가 약간 있기는 하다. 국제통

화기금IMF에 따르면, 다른 국가가 뉴질랜드에 직접 투자한 금액은 2016년 약 20억 달러였다. 하지만 같은 해 중국에 직접 투자된 외국 자금은 1,700억 달러로 85배였다. 기업 환경 평가 지표에서 중국이 78위인데도 그렇다. 중국은 창업 범주에서 93위, 건축허가 처리 범주에서 172위, 소액투자자 보호 범주에서 119위다. 물론 민주적인 선거를 치르지 않고 공산당이 통치하고 있고, 1970년대에 일련의 개혁을 시작하기는 했지만 국영 기업이 여전히 경제를 주도하고 있다. 중국 수출을 육성하기 위한 자금 흐름에는 엄격한 규칙이 적용되며, 명시적 세율과 암묵적 세율도 대단히 높다.

하지만 중국의 인구는 13억 명이고, 총 GDP가 미국만큼 크다. 중국 내 투자와 관련된 제도적 제약이 무엇이든 그리고 정부가 어떤 세금을 부과하든, 경제 규모가 매우 크기에 기업이 중국 경제에 막대하게 투자하는 것은 여전히 타당하다. 영화계는 뉴질랜드에서 영화를 제작할 순 있지만 겨냥하는 시장은 중국이다. MBA 프로그램은 중국 시장에서 운영하는 것에 초점을 맞추어 수업을 진행한다. 중국이 규제, 국내 소유권 규칙, 실질적인 명시적 법인세 등의 형태로 무거운 세금을 부과하는데도 중국에 투자하는 것은 여전히 타당하다. 그만큼 규모는 중요하다.

이 논리는 미국까지 확장된다. 미국에서 기업이 벌 수 있는 순이익, 따라서 투자하고 혁신하는 데 필요한 인센티브를 설명할 때는 세금과 규제보다 마크업과 규모가 더욱 중요하다. 미국 국내에서 기업이 확장하고 투자하기 위해 선택하는 지역을 생각해보라. 캘리포니아와 뉴욕이 우선적으로 꼽힌다. 이들 지역은 ALEC-래퍼 순위가 낮지만 기업들은 이 시장에 진입하기 위해 필사적으로 노력한다. 왜 그럴까? 경제가 이미 거대하기 때문이다. 전국 도시에는 전반적으로 같은 역학이 작용한다. 기업은 큰 시장을 보유한 도시에 투자하고 싶어 한다. 더 높은 세율이나 더 강력한 규제에 직면하더라도 말이다. 규모가 이 두 가지 영향을 축소시킬 수 있기 때문이다.

ALEC-래퍼 순위에서 가장 기업 친화적인 환경을 갖춘 유타주 솔트레이크시티를 생각해보자. 낮은 세금과 가벼운 규제 덕에 세전 이익의 95퍼센트를 유지한다고 해보자(즉, 실효세율이 5퍼센트에 불과하다). 이와 대조적으로 ALEC-래퍼 순위에서 꼴찌인 뉴욕시는 높은 세금과 규제 부담 때문에 세전 이익의 50퍼센트만 유지한다고 가정해보자. 그렇다면 기업은 어느 곳에서 사업을 운영하고 싶을까? 솔트레이크시티일까, 뉴욕시일까?

두 시장의 규모가 같다면 대부분 솔트레이크시티를 선택할 것이다. 손에 쥘 수 있는 순이익이 훨씬 클 것이기 때문이다. 하지만 실제로는 도시 규모가 비교도 안 될 만큼 차이가 난다. 솔트레이크시티에는 약 100만 명이 거주하는 반면 뉴욕시 인구는 약 2,000만 명이다. 인구수만 고려할 때, 잠재 고객이 20배라는 것은 세금 차이를 무색하게 할 정도로 의미가 크다. 뉴욕시에서 거둘 수 있는 총이익은 솔트레이크시티보다 10배는 많을 것이다.

만약 뉴욕시의 경계를 벗어나지 않고(대도시 지역의 일부인 롱아일랜드와 뉴저지 지역을 제외하고) 약 850만 인구를 기반으로 기업이 거두는 이익을 따지더라도, 솔트레이크시티 지역 전체보다 여전히 4.5배는 많을 것이다. 인구가 240만 명인 퀸스에서만 사업을 운영하더라도 솔트레이크시티보다 25퍼센트 많은 이익을 거둘 수 있다. 게다가 이것은 인구수로만 따졌을 때 얘기다. 총 GDP를 기준으로 하면 뉴욕시는 솔 트레이크시티보다 약 40배 크다. 기업이 획득할 수 있는 이익의 규모가 뉴욕 쪽으로 훨씬 많이 기울어져 있다는 뜻이다. 규모는 무엇보다 중요하고, 이는 규제와 과세가 경제 성장에 두드러진 영향을 미치지 못하는 주요 원인으로 작용한다.

이익은 성장이 아니다

그렇다고 세금과 규제가 기업의 순이익에 중요하지 않다는 뜻은 아니다. 사실 중요하다. 어떤 기업이라도 세금과 규제가 많은 것보다 적은 것을 선호할 것이다. 기업들이 세금과 규제를 줄이려고 열심히 로비를 하는 것도 이 때문이다. 감소 정책을 뒷받침하는 주장에 따르면 세금과 규제를 줄일 경우 경제 성장률을 자동으로 끌어올릴 수 있다지만, 실제로는 그렇지 않다.

이 시점에서 GDP가 무엇을 측정하는지 생각해보면 유익하다. GDP는 기업의 재무 성과를 합한 것이 아니라 생산된 상품과 서비스의 실제 가치를 합한 것이다. 이런 차이를 설명하기 위해 한 가지 예를 들어보겠다. 아메리칸항공이 2011년 말 파산을 신청했다. 그해 순손실이 19억 달러였고, 다음 해에 18억 달러, 그다음 해에도 18억 달러라고 발표했다. 그렇다면 아메리칸항공이 실질GDP에 미치는 영향에 대해 무엇을 알 수 있을까? 전혀 없다.

실질GDP의 관점에서는 아메리칸항공이 해당 연도에 실어 나른 승객 수만 중요하다. 아메리칸항공은 파산 절차가 진행되던 2011부터

2013년까지 연간 약 8,600만 명의 승객을 실어 날랐다. 그 기간에 엄청난 적자가 발생하고 있었는데도 수백만 명을 한 장소에서 다른 장소로 운송하는 서비스는 실질 상품과 서비스의 흐름을 구성하는 일부가 됐다.

 이런 사실에는 어떤 의미가 있을까? 모든 세금을 100퍼센트에 맞춰야 한다는 것도, 규제가 경제에 대가를 물리지 않는 것도 아니라는 뜻이다. 얼마간 이익을 거둘 수 없으면 어떤 기업도 굳이 사업을 운영하려 하지 않을 것이다. 규제 때문에 많은 부담을 져야 한다면, 어떤 기업도 굳이 규제를 준수하면서 사업을 끌고 나가려 하지 않을 테고 결국 회사 문을 닫고 말 것이다. 하지만 증거들을 검토해보면 세금과 규제는 실질 상품과 서비스를 생산하는 기업의 능력에 지대한 영향을 미치지 않았고, 정부 정책 중에서 2000년경 성장 둔화를 설명할 수 있는 실질적인 변화는 전혀 없었다.

15

불평등이 성장 둔화를 유발했을까?

월스트리트 시위 Occupy Wall Street를 시작으로 토마 피케티 Thomas Piketty의 저서 ≪21세기 자본≫에 이르기까지, 경제적 불평등은 지난 10년 동안 뜨거운 관심의 대상이었다. 경제적 불평등이 성장 둔화와 맞물려 발생했다는 사실을 고려하면, 어떤 방식으로든 성장 둔화에 물리적 원인을 제공했으리라고 생각하는 것은 당연하다. 성장 둔화의 관점에서 생각할 때 불평등 증가를 살펴보는 최선의 방법은, 자체적으로 독립된 원인이 아니라 기업의 시장 지배력이 증가하면서 발생한 증상으로 보는 것이다. 쉽게 말해 마크업이 커진 덕에 기업이 획득한 이익 증가분이 누군가에게 가야 하는데 대부분 중역과 금융 전문가들에게 돌아갔다는 얘기다.

그렇기는 하지만 불평등 증가가 성장 둔화를 가속화했다고 의심할 만한 근거가 있을까? 소득이 제대로 분배되지 않고 정체되면서 교육에 대한 투자를 제한해 인적자본 성장을 둔화시켰을 수는 있다. 소득 집중도가 증가하면서 서비스를 선호하기 시작한 고소득층 개인이 더욱 많은 구매력을 장악해 상품에서 멀어지는 변화를 촉발했을 수도 있다. 하지만 수치를 종합해보면 이 두 가지는 성장 둔화의 많은 부분을 설명할 만큼 큰 영향을 미친 것 같지 않다.

소득의 집중

불평등 증가를 둘러싼 기본적인 주장은 익히 들었겠지만, 이 책에서는 지난 수십 년 동안 일어난 현상을 설명하기 위해 몇 가지 수치를 다시 계산했다. 데이터는 토마 피케티, 에마뉘엘 사에즈, 가브리엘 주크만Gabriel Zucman이 조합한 분배 관련 국민계정에서 가져왔다. 세 저자는 GDP에 관한 국민계정 데이터를 사용하는 지루한 작업을 거쳤고, 나는 GDP 분배 방식에 관한 포괄적인 데이터 세트를 제공하기 위해 그 데이터를 가져다가 개인 세금 및 조사 자료와 연결했다. 앞에서도 이런 분류 작업을 실시해 GDP에서 임금, 자본에 대한 지출, 경제적 이익으로 지급된 몫을 살펴본 바 있다. 세 저자는 이런 분류 작업에 개입되는 불확실성을 제거하기 위해 개인 차원의 데이터를 사용했다.

그림 15.1은 4개의 별도 집단이 거둔 소득이 GDP에서 차지하는 비중을 보여준다. 첫째 집단을 나타내는 짙은 실선은 최저 소득자 50퍼센트가 벌어들인 소득이다. 그들은 1960년대 무렵 전체 GDP의 약 20퍼센트를 벌었고, 그 비율은 1980년 무렵까지 계속되다가 감소하기 시작했다. 2014년 그들의 소득이 국민소득National Income, NI에서 차

그림 15.1 백분위별 국민소득 분포

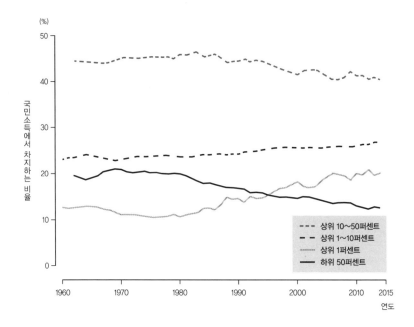

비고: 데이터의 출처는 피케티·사에즈·주크만의 저서(2016년)이고, 비율은 직접 계산했다.

지하는 비율은 10퍼센트에 가까웠다. 둘째 집단(옅은 점선)은 소득이 상위 10~50퍼센트에 속하는 개인을 포함하고 1960년 NI의 약 45퍼센트를 벌었다. 해당 집단의 소득도 약 40퍼센트까지 하락했지만 첫째 집단만큼 하락세가 심하지는 않았다.

두 집단의 소득이 NI에서 차지하는 비중은 줄어든 반면에 나머지 두 집단이 차지하는 비중은 필연적으로 증가했다. 소득 상위 1~10퍼센트에 속하는 개인(짙은 점선)은 1960년 NI의 약 23퍼센트를 벌었고, 2014년 그 비율은 27퍼센트까지 증가했다. 더욱 극적인 변화는 상위

1퍼센트(옅은 실선)의 약진이다. 그들은 1960년 NI의 12.5퍼센트를, 2014년에는 20퍼센트를 벌었다. 그들의 몫이 증가했다는 말은 하위 50퍼센트의 몫이 하락했다는 뜻과 거의 같다.

피케티, 사에즈, 주크만이 집계한 데이터를 활용해 상위 1퍼센트의 소득 증가분이 어디에서 나왔는지 분석할 수 있다. 그림 15.2는 시간이 지나면서 상위 1퍼센트가 거둔 전체 소득의 몇 가지 구성 요소를 보여준다. 상단 띠는 보고된 노동소득이다. 1960년대에는 나머지 소득원과 비교했을 때 상위 1퍼센트의 소득에서 노동소득이 차지하는

그림 15.2 상위 1퍼센트가 획득한 소득의 출처

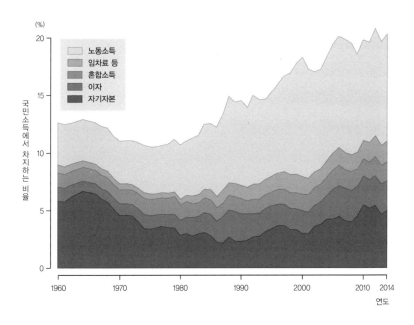

비고: 데이터의 출처는 피케티·사에즈·주크만의 저서(2016)년이고, 비율은 직접 계산했다.

비중이 작았다는 점에 주목하라. 이런 현상은 다음 수십 년 동안 바뀌었고, 따라서 그들이 차지한 전체 몫의 증가는 상당 부분 노동소득의 증가를 뜻했다. 노동소득은 배당금과 유사 지급을 뜻하는 자기자본에 대한 지급을 희생하면서 증가한 것으로 보인다. 1960년 상위 1퍼센트는 전체 소득의 약 46퍼센트를 자기자본에서 거뒀지만, 2014년 이 비율은 25퍼센트까지 떨어졌다.

여기서 제시한 증거를 보면, 불평등 증가의 많은 부분은 상위 1퍼센트가 벌어들인 임금의 증가에서 비롯했다. 이렇듯 불평등의 최고 출처인 임금의 변화는 과거 불평등과 뚜렷한 변화를 보였다. 피케티·사에즈·주크만이 제시하는 데이터는 상위 1퍼센트에 대한 정보를 제공하지만, 피케티가 《21세기 자본》에서 제시한 데이터는 상위 10퍼센트의 하위 집단에 해당하는 자본(배당금, 자본이익), 노동(임금), 혼합소득으로 구성되는 일부 소득에 대해 더욱 광범위한 통찰을 제공한다.

그림 15.3은 1929년과 2007년 상위 10퍼센트 이내에 속한 집단의 임금이 전체 소득에서 차지하는 비율을 보여준다. 소득 백분위 90~95에 속하는 사람의 경우 1929년 자신의 전체 소득에서 임금은 약 60퍼센트, 나머지는 자본이익과 혼합소득이 차지했다. 2007년까지 임금의 비중은 85퍼센트까지 증가했다. 모든 소득 백분위에서 임금이 차지하는 몫은 시간 경과에 따라 대부분의 범주에서 약 20퍼센트포인트씩 증가했다. 동시에 백분위 90~95 집단과 모든 소득자의 상위 0.01퍼센트에 속하면서 막대한 소득을 거두는 집단은 소득 구성에서 뚜렷한 차이를 보였다. 2007년 최상위 집단(예컨대 워런 버핏을 생각해보라)이 임금으로 거두는 소득은 전체 소득의 약 18퍼센트에 불과

그림 15.3 1929년과 2007년 상위 10퍼센트의 노동소득

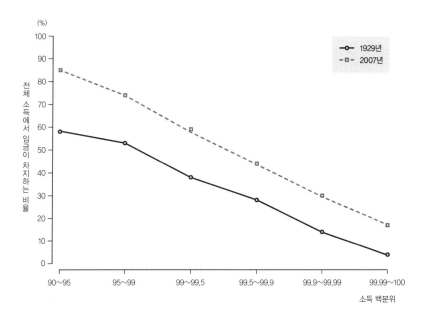

비고: 데이터의 출처는 피케티의 저서(2013년)다.

하고 나머지는 자본으로 벌어들이는 소득이다. 1929년과 비교하더라도 20세기 동안 최상위 소득자는 수입의 대부분을 자본에서 벌었다. 하지만 임금의 비중은 모든 집단에서 상당량 증가했다.

최고 불평등의 출처인 임금 인상은 소득 분배에서 '슈퍼스타'의 부상을 반영했다. 가장 눈에 띄는 예가 운동선수와 배우다. 피케티·사에즈·주크만은 사람들 집단의 평균 소득에 대한 자료를 백분위 단위로 제공했다. 2014년 상위 10퍼센트의 평균 소득은 30만 3,857달러였던 데 비해 상위 5퍼센트는 46만 6,453달러였다. 메이저리그 야구선수들의 최저 연봉은 약 50만 달러다. 따라서 빅리그까지 진출할 수 있으면 소득 상위 5퍼센트 안에 드는 것이다. 2014년 상위 1퍼센트의 평균 소득은 130만 5,301달러였다. NBA 신인이 받는 최저 연봉이 약 80만 달러이므로 팀에 들어갈 수 있으면 상위 1퍼센트에 속할 가능성이 있다. 배우 마크 해밀은 영화 〈스타워즈: 깨어난 포스〉에 약 30초 출연하면서 대사를 한 마디도 하지 않았는데도 약 100만 달러를 벌어서 출연료만으로 상위 1퍼센트에 안착했다.

소득 분배를 높이면 평균은 뛰어오른다. 상위 0.1퍼센트의 평균 소득은 2014년 602만 1,708달러였다. 대중에게 사랑받는 농구선수와 야구선수 대부분은 소득 분배에서 상위 0.1퍼센트 근방에 있다는 뜻이다. 할리우드를 보더라도 해리슨 포드는 〈스타워즈: 깨어난 포스〉에 출연하면서 1,000만~2,000만 달러를 벌었다고 알려졌다. 따라서 그는 상위 0.1퍼센트 안에서도 상위권에 속한다. 마지막으로 소득 분배에서 상위 0.01퍼센트는 2014년 약 2,812만 1,142달러를 벌었다. 농구선수 르브론 제임스와 제임스 하든은 아론 로저스와 톰 브래디 등 소수의 NFL 쿼터백과 더불어 0.01퍼센트의 상위 집단에 속할 것이다. 톰 크루즈, 브래드 피트, 리어나도 디캐프리오 같은 배우들은 영화를 한 편 찍기만 해도 상위 0.01퍼센트에 들어갈 수 있다.

스포츠와 영화에서 활약하는 슈퍼스타의 등장은 소득 분배를 설명하는 데 유용하지만, 지난 수십 년 동안 불평등이 전반적으로 증가한 근본적인 원인은 아니다. 더욱 적절한 원인은 피케티가 대기업 고위 중역을 가리켜 말한 '슈퍼매니저'의 확대였다. 존 바키자Jon Bakija, 애덤 콜Adam Cole, 브래들리 하임Bradley T. Heim이 제시한 데이터에서는 슈퍼매니저들의 상대적 중요성이 드러난다. 세 사람은 2005년 개인 세금 신고서를 사용해 상위 소득자 0.1퍼센트의 약 41퍼센트가 비금융계 기업 중역이라는 사실을 발견했다. 그리고 18.4퍼센트는 금융 전문가들이다. 상위 0.1퍼센트 중에서 3.1퍼센트만 스포츠·미디어·예술 분야에 속했다. 트레버 아리자, 채닝 프라이, 콜 알드리치 등 소득 상위 0.1퍼센트에 들어가는 중간급 NBA 선수에게도 20여 명의 CEO, CFO, COO, 헤지펀드 매니저가 붙는다.

이처럼 고위 중역과 금융 전문가에게 돌아가는 소득 증가분은 1993년 이후 상위 0.1퍼센트에게 돌아간 NI 증가분의 3분의 2를 설명한다. 최고 경영진과 금융 전문가에게 지급되는 임금과 기타 보상(예: 스톡옵션)은 최고 소득 범위 안에서 임금의 중요성이 증가하고 불평등이 전반적으로 늘어나는 현상을 부추긴다.

불평등이 성장 둔화를 가속화했을까?

이 모든 현상으로 판단할 때 2014년 상위 1퍼센트가 차지한 소득 점유율 20퍼센트는 본질적으로 경제 성장에 나쁘거나 좋을 이유가 전혀 없다. 중역이나 금융 전문가의 소득 점유율이 GDP 성장률과 엄격하게 관련이 있을 이유도 없다. 국가 전체에 걸쳐서 불평등이 GDP 성장률과 형성하는 관계를 다양한 방식으로 측정하고 연구해서 발표한 방대한 양의 문헌이 있다. 하지만 그중에서 불평등이 성장에 미치는 확실한 영향을 담은 문헌은 없다. 부분적으로는 불평등이 성장에 미치는 영향과 동시에 성장이 불평등에 미치는 영향을 거의 분리할 수 없기 때문이다.

소득 분배가 성장에 미치는 영향을 조사할 때는 물적자본 축적, 인적자본 축적, 생산성 증가 등을 살펴봐야 한다. 물적자본의 경우, 매우 부유한 사람들이 소득에서 저축하는 몫이 매우 가난한 사람들보다 큰 경향이 있으므로 '불평등은 좋다'는 오랜 주장이 존재한다. 따라서 소득의 집중 현상은 더 많은 저축을 낳고 물적자본을 더욱 증가시킨다. 가족 전체적으로 저축률이 소득과 함께 증가하는 경향이 있는 것은 사실이지만, 저축률 증가로 시작해서 불평등이 물적자본 축적에 미치는 관찰 가능한 영향까지 이어지는 사슬에는 많은 연결고리가 있다. 성장 둔화라는 관점에서 이런 연결고리는 실패한 것으로 보인다. 지난 수십 년 동안 불평등은 물적자본의 증가율 하락과 동시에 확대됐다. 앞서 기업 중역이 불평등 증가의 주요 원인을 차지한다고 설명했지만, 그들이 다른 사람보다 저축하고 투자하는 경향이 더 강하더라도 기업별 투자 지출과 관련해 앞에서 살펴본 데이터에는 나타나지 않는다. 10장에서 설명한, 기업의 투자율이 지난 수년 동안 하락했다는 사실을 보여주는 데이터를 기억하라.

불평등이 인적자본 취득에 미치는 영향을 평가하는 일은 훨씬 더 어렵다. 인적자본이 개인 임금에 미치는 영향, 따라서 불평등에 미치는 영향을 논하는 문헌도 많지만 이 책에서 관심을 두는 주제는 아니다. 성장에 중요한 점은 불평등이 인적자본 취득에 영향을 미치느냐하는 것이다. 부모의 소득이 자녀의 대학 등록에 미치는 영향을 조사하면 그 점을 확인할 수 있다. 미국 국립교육통계센터National Center for Education Statistics가 보고한 내용에 따르면, 2000~2013년 가족 소득이 상위 20퍼센트에 속하는 아이들의 약 80퍼센트가 고등학교를 졸업하는 즉시 대학교에 입학한 반면 가족 소득이 하위 20퍼센트인 아이들은 50퍼센트만 그렇게 했다. 이 정보를 사용해서 불평등 증가가 대학 진학률에 미치는 영향을 분석할 수 있다고 하더라도 여전히 불평등이 대학 졸업률, 고등학교 졸업률, 고등학교 졸업에 준하는 학업 수료율 등 이 모든 요인과 관련된 결과에 미치는 영향도 고려해야 한다. 하지만 이 모든 정보를 심층적으로 분석하는 것은 이 책에서 다루려는 범위를 벗어난다.

대신 매우 단순화한 계산 방법을 시도해보자. 2015년 24~34세 미국인 가운데 약 25퍼센트가 학사 학위를 취득했고, 11퍼센트는 석사 학위 이상을 취득했으며, 29퍼센트는 대학 교육을 받았다(학부 과정을 마치지 않은 사람과 전문대 졸업자를 포함한다). 즉, 66퍼센트가 넘는 인구가 전문대학 이상의 교육을 받았다. 그들은 1981~1990년에 태어났고, 따라서 불평등이 증가하기 시작한 시기에 교육 결정을 내린 최초의 집단이다. 불평등이 교육 결정에 지대한 영향을 미쳤다고 가정한다면, 불평등이 증가하지 않은 경우에 해당 연령 집단에 속하는 더 많은 사람이 대학에 진학하거나 대학을 졸업했으리라 추측할 것이다.

불평등이 미친 영향은 얼마나 컸을까? 불평등이 증가하지 않았다면 해당 집단의 65퍼센트는 4년제 대학 과정을 이수했거나 석사 학위 이상을 취득했을 것이고, 15퍼센트는 전문대학을 졸업했을 것이라고 해보자. 또 20퍼센트는 고등학교를 졸업했으리라 하자. 그러면 해당 집단의 평균 교육 기간이 약 14.9년이 돼 실제 데이터가 제시한 13.7년과 다르다.

연령이 25~34세인 4,300만 명으로 구성된 집단이 이처럼 추가로 교육을 받았다면 25~65세에 해당하는 전체 노동자의 평균 교육 기간은 약 0.3년 늘어났을 것이다. 젊은 집단은 노동력의 약 4분의 1만 차지하므로 영향력이 작고, 따라서 그들의 교육 증가는 전체적으로 볼 때는 그다지 눈에 띄지 않는다. 이것은 결국 개인 사이에 비교 가능한 숫자로 교육 기간을 환산하는 방법으로 결정되는 전체 인적자본 스톡이 약 2.3퍼센트 더 높았으리라는 뜻이다. 이것은 가볍게 생각할 사항이 아니다. 하지만 2016년 인적자본 스톡이 2.3퍼센트 더 컸더라도 성장 둔화 기간인 2000~2016년에 해당하는 성장률 증가는 연간 약 0.14퍼센트에 불과했을 것이다.

5장에서 살펴봤듯이, 21세기 인적자본 증가율은 20세기보다 1.11퍼센트 하락했다. 따라서 교육 기간이 감소한 원인으로 불평등을 지목할 수 있다고 하더라도 기껏해야 인적자본 증가율 하락의 8분의 1을 설명할 수 있을 뿐이다. 여기서 내가 인용한 예는 교육이 불평등에 미칠 수 있는 영향을 엄청나게 과장한 것이다. 따라서 불평등이 인적자본에 미치는 진정한 영향은 앞서 말한 0.14퍼센트보다 훨씬 낮을 가능성이 크다.

불평등과 서비스로의 전환

인적자본은 제쳐두고 불평등은 수요 구성에도 영향을 미쳤을 가능성이 있다. 앞에서 살펴봤듯이, 국가가 부유해지면서 평균적으로 서비스에 대한 지출이 상품에 대한 지출보다 빨리 증가했다. 이 일반적인 관계는 가구와 개인에도 적용되는 것으로 보인다. 부유한 사람이 소득에서 서비스에 소비하는 비율이 가난한 사람보다 더 높은 경향이 있기 때문이다. 여기서 '달러'가 아니라 '비율'이라고 말한 것에 주목하라. 고소득자는 저소득자보다 절대적인 의미에서 더 많이 소비하지만, 소비가 소득에서 차지하는 비율을 따지면 더 낮다.

상품에 지출하는 비율이 소득과 함께 하락하는 상황에서 소득이 상위층에 집중되면, 소득에서 상품에 지출하는 비율은 더 낮아진다. 앞서 살펴봤듯이, 지출이 상품에서 서비스로 이동하는 현상은 생산성 증가의 둔화에 크게 영향을 미쳤다. 서비스 산업은 생산성 수준이 낮은 동시에 생산성이 급격하게 증가하지 않기 때문이다. 문제는 전체적인 장기 경향에 거슬러서 불평등 증가가 서비스로의 전환을 얼마나 유발했느냐 하는 것이다. 어림잡아 계산해보더라도 그다지 큰 영향을 미치진 못했다는 사실을 알 수 있다. 티모 보파트Timo Boppart는 미국 내 여러 소득 집단이 상품에 지출한 비율을 계산하고 나서, 상위 소득자 20퍼센트가 상품에 지출한 비율이 하위 소득자 20퍼센트보다 10퍼센트포인트 낮다는 사실을 발견했다.

나는 여기서 무게중심을 불평등에 두고 설명해보려 한다. 상위 10퍼센트 소득자들은 1990년 전체 소득의 약 38퍼센트를 차지했지만, 2014년에는 약 47퍼센트를 차지했다. 2014년에 상위 10퍼센트가 소득의 25퍼센트를 상품에 소비했다고 해보자. 이 비율은 보파트가 수집한 상위 20퍼센트에 관한 데이터보다 약간 작다. 이번에는 같은 해 하위 90퍼센트가 소득의 40퍼센트를 상품에 소비했다고 해보자. 이 비율은 보파트의 분석에서 가장 가난한 사람들의 평균에 가깝다. 이런 점을 고려하고 2014년 상위 10퍼센트의 소득 점유율 47퍼센트를 근거로 계산하면, 상품에 대한 전체 지출 점유율은 33퍼센트가 된다

(47퍼센트×25퍼센트+53퍼센트×40퍼센트). 이것은 내가 종합적인 데이터를 사용해 입증한 것보다 조금 높은 수치이기는 하지만, 우리가 완전히 다른 데이터 세트를 사용하고 있다는 점을 고려하면 상당한 근사치라고 할 수 있다.

이제 불평등이 증가하지 않고 상위 10퍼센트의 소득 점유율이 1990년과 마찬가지로 38퍼센트에 그쳤다면, 상품에 대한 지출 점유율을 어떻게 예상할 수 있을까? 불과 1퍼센트포인트 높은 34퍼센트일 것이다(38퍼센트×25퍼센트+62퍼센트×40퍼센트). 종합적인 데이터를 보느냐 보파트의 데이터를 보느냐에 따라 상품에 대한 지출 점유율은 1990~2014년 약 5~7퍼센트포인트 감소한다. 기껏해야 불평등 증가로는 상품에서 서비스로 전환한 현상의 5분의 1을 설명할 수 있을 뿐이다. 더욱이 내가 불평등 이론에 가능한 한 유리하게 시나리오를 짠 것이므로 실제 영향은 더 적을 것이다. 따라서 내가 상품 생산에서 이탈하는 현상을 불평등이 악화시켰다고 말하긴 하지만, 이 주장은 전체 그림의 작은 부분에 지나지 않는다. 생활 수준의 전반적인 향상이 훨씬 더 중요한 요인이다.

종합해보면 불평등 증가가 인적자본과 서비스로의 전환에 미친 영향은 미미하다. 불평등 증가 자체가 성장 둔화의 원인은 아니지만, 이 기간에 기업의 시장 지배력이 크게 증가했다는 논리를 확증한다. 이 기업들과 관련이 있는 중역들에게 더 많은 소득이 흘러 들어가는 현상이 목격되고 있다.

16

중국이 성장 둔화를 유발했을까?

성장 둔화의 책임을 무역과 대중국 수입 증가에 돌리고 싶다는 유혹이 존재하고, 시기도 잘 맞아 떨어져 보인다. 중국은 1980년대부터 수출을 늘리기 시작했지만 세계무역기구World Trade Organization, WTO의 정식 회원국이 된 것은 2001년이었고, 당시 미국은 중국에서 들어오는 수입품에 부과하는 관세를 다른 회원국에 적용하는 낮은 세율에 맞추도록 인하했다. 이것은 세기 전환기 무렵에 발생한 성장 둔화의 기원에 대한 생각과 일치한다.

중국과 성장 둔화를 연결하는 방식이 있는데, 개중에는 타당한 것도 있고 그렇지 않은 것도 있다. 중국이든 멕시코든, 시간이 지나면서 우리가 경험한 단순한 수입 증가는 GDP 수준이나 성장률과 필연적인 연관성이 없다는 사실을 우선 입증하려 한다.

수입이 미국 GDP에 직접적으로 부정적인 영

향을 미친다고 강조하는 흔한 주장은 회계 정체성의 잘못된 해석에 뿌리를 내리고 있다. 그렇다고 무역이 전혀 영향을 미치지 않았다는 뜻은 아니다.

중국 수입품의 도입과 제조업 등의 현저한 일자리 감소를 연결한 믿을 만한 연구가 있다. 노동자가 새 일자리를 찾지 못해서 인적자본 스톡이 축소되거나, 노동자가 저생산성 성장 산업 쪽으로 이동하는 현상이 가속화하면서 이론상으로 성장 둔화를 부추겼을 수도 있다. 이런 현상이 발생한 것처럼 보이지만, 중국이 미친 영향의 규모와 전반적인 무역은 성장 둔화를 두드러지게 설명하기에는 지나치게 부족한 듯하다.

수입은 문제가 아니다

일단 주제가 국제 무역으로 옮겨갈 때 예외 없이 등장하는 오해부터 다루어보자. 수입輸入은 기계적인 방식으로 성장을 낮추지 않는다. 첫째, 지금까지 책을 읽었으면 알 수 있으리라 생각하는데 GDP 성장, GDP 성장률, GDP 수준에는 큰 차이가 있다. 대부분의 경우 누군가가 수입이 성장을 낮춘다고 말하는 것은 수입이 GDP 수준을 낮춘다는 뜻이다. 하지만 정확한 용어를 사용하더라도 이 말은 여전히 잘못이다.

사람들은 경제학 입문 과목에서 배운 국민소득NI 회계 항등식에 집착하기에 자주 이런 실수를 한다. 여기서는 내 주장을 이해시키기 위해 문제가 되는 등식을 다시 써보려 한다. 변수를 나타내는 문자는 다를 수 있지만, 등식은 대부분 다음과 같이 나타낼 수 있다.

$$Y = C + I + G + X - M$$

Y는 GDP이고 C는 소비, I는 투자, G는 정부 구매다. X는 수출이고 M은 수입이다. 수입의 값은 우변에서 차감한다. 따라서 수입이 더 크면 GDP를 가리키는 Y는 더 작아진다고 말하기 쉽다. 하지만 등식의 우변은 GDP의 회계 처리 방식의 하나를 가리키므로 이 말은 잘못이며, 수입이 GDP의 크기를 결정하진 않는다.

양변에 M을 추가하는 간단한 방식으로 혼란을 바로잡아보자.

$$Y + M = C + I + G + X$$

이 등식은 유용하다. 사람들이 이런 관계를 해석할 때 공통으로 사용하는 방법에 따르면, M이 증가한다고 상상할 때 우변에 있는 C, I, G, X 중 하나도 틀림없이 증가한다고 신속하게 결론을 내릴 것이기 때문이다. 이 개념은 진실에 훨씬 가까우면서 관련 용어를 한데 묶으므로 유용하다.

GDP(Y)와 수입(M)을 더하는 좌변은 주어진 해에 이용할 수 있는 총 상품과 서비스를 가리킨다. 우리는 실질GDP를 생산하고 다른 국가에서 상품과 서비스를 다량으로 들여온다. 우변은 이런 상품과 서비스의 구매를 분류하는 방식을 의미한다. 소비(C)는 식품처럼 내구성이 없거나 소파처럼 내구성이 있지만 다른 상품을 생산하는 데 사용되지 않는 상품과 서비스다. 투자(I)는 자본으로 사용되는 상품과 서비스이므로 더욱 적절하게는 '자본 구매'로 표현할 수 있다. 드릴이나 사무용 컴퓨터처럼 미래에 더 많은 상품과 서비스를 생산하도록 지원한다는 뜻이다. 세 번째 용어인 정부(G)는 연방정부, 주정부, 지방정부가 구입한 탱크나 종이 집게 같은, 모든 상품과 서비스를 가리킨다. 마지막으로 수출(X)은 '외국인 구매'라는 말로 더욱 적절하게 표현할 수 있으며, 비시민이 구입하는 상품과 서비스를 뜻한다.

'Y+M'을 상품과 서비스로 구성된 거대한 더미로 생각하자. 우리는 이 더미에서 물건을 사기 시작한다. 이때 상품과 서비스를 서로 다르면서 좀더 작은 네 더미로 분류하는 과정으로 생각해볼 수 있다. 첫째 더미는 소비재, 둘째 더미는 자본 구매, 셋째 더미는 정부 구매, 마지막 더미는 외국인이 구매하는 물건이다. 수입 증가는 구매하는 물건의 더미가 더욱 크다는 뜻이다. 하지만 더 많이 수입하는 것이 생산, 즉 GDP 크기에 미치는 기계적인 영향은 없다.

그림 16.1은 1950년 수치를 100으로 설정하고 시간 경과에 따른 상품과 서비스의 거대한 더미의 크기를 나타낸 것이다. 시간 경과에 따른 1인당 실질GDP 수준을 나타내는 그래프와 매우 비슷하다. 이것은 1인당 실질GDP에 수입량을 더하기 때문인데, 수입량은 적지만 증가 추세에 있다.

이번에는 거대한 물건 더미를 4개의 구매 더미로 나누고, 각 구매 더미를 그림 16.2에 표시했다. 시간 경과에 따라 각 범주에서 절대 구매가 증가했다는 사실을 쉽게 확인할 수 있다. 다만 그림으로는 시간 경과에 따른 비율 변화를 명확하게 볼 수 없다. 소비 구매는 기준 연도의 전체 더미에서 약 60퍼센트를 차지하면서 가장 큰 비중을 나타낸다. 정부 구매는 1950년 약 30퍼센트에서 2016년 약 18퍼센트로

그림 16.1 시간 경과에 따른 구매 가능한 1인당 생산 지수

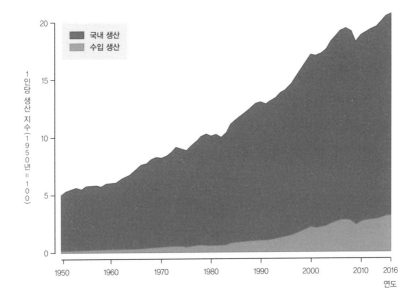

비고: 데이터의 출처는 미국 경제분석국이다. 1950년 1인당 생산을 100으로 설정하고 각 연도의 수치를 지수로 나타냈다.

전체 더미에서 차지하는 비중은 감소했다. 자본 구매는 1950년대 약 12퍼센트에서 2016년 약 18퍼센트로 시간 경과에 따라 증가했다. 마지막으로 외국인 구매는 1950년 약 2퍼센트였지만, 2016년에는 거의 10퍼센트까지 늘어났다.

이것은 모두 회계와 관계가 있는 문제일 뿐이다. 보다시피, 수입은 시간 경과에 따라 증가했다. 수출도 시간 경과에 따라 증가했지만 수입만큼 증가하지는 않았다. 하지만 우리가 입수할 수 있는 물건 더미 (GDP+수입)의 크기는 증가했고, 대부분 외국에서 사용할 용도로 구

그림 16.2 1인당 구매된 생산의 범주

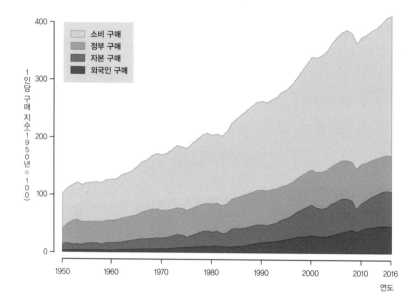

비고: 데이터의 출처는 미국 경제분석국이다. 1950년 1인당 구매를 100으로 설정하고 각 연도의 수치를 지수로 나타냈다.

매되기보다는 국내에서 사용할 용도로 구매됐다. 더 높은 수입 증가율에 관한 어떤 사항도 정의상 GDP 성장률이 더 낮아야 한다는 것을 뜻하지 않는다.

무역의 실질적인 영향

GDP와 수입의 관계를 둘러싼 잘못된 개념과 기계적인 개념을 살펴봤으므로 이제 무역과 성장의 관계를 생각해보자. 앞에서 살펴봤듯이, 물적자본 스톡과 인적자본 스톡의 증가나 생산성 증가를 통해

GDP 성장을 설명할 수 있다. 따라서 GDP를 생산하기 위한 투입에 무역이 어떻게 작용했을지를 생각해봐야 한다. 여기에 매우 분명하게 관여한 투입은 인적자본 스톡(대중국 무역이 사람들을 노동력에서 밀어낸 경우)과 생산성(무역이 노동자를 저생산성 성장 산업 방향으로 재분배한 경우)이다.

무역이 고용 노동자 수에 미친 영향부터 살펴보자. 산업에서 수입(중국이나 다른 국가로부터)은 미국 내 경쟁사를 도산시키거나 그들의 시장을 위축시킨다. 어느 쪽이든 무역에 노출된 산업에서는 고용 손실이 발생한다. 이제 실직 노동자들이 그다지 지체되지 않고 다른 산업과 기업으로 재분배된다면, 수입 침투의 전반적인 영향은 아마 긍정적일 것이다. 소비자는 상점에서 더욱 저렴한 수입품을 구매해 이익을 얻고, 실직 노동자들은 훨씬 더 생산적인 산업에 재분배될 것이기 때문이다. 이것은 모든 사람이 이익을 얻는 상황이다.

나는 소비재 가격이 더 낮아짐으로써 발생하는 이익을 측정하는 데 시간을 쓰지 않을 것이다. 그러려면 소비자가 거두는 암묵적인 효용 이익과 실직 노동자가 치르는 대가를 비교해야 한다. 하지만 여기서 관심을 쏟는 것은 대중국 무역이 미국 GDP 생산에 들어가는 투입에 미치는 영향이다. 아마도 전혀 뜻밖의 사실은 아니겠지만, 무역 때문에 실직한 노동자들이 다른 산업이나 기업으로 이동하고 있다는 증거는 거의 찾아볼 수 없다. 이런 사실은 기업과 산업 간에 발생하는 노동자의 이직률 둔화에 대해 앞에서 검토했던 모든 데이터 그리고 지리적 이동의 부족 현상과 일치한다. 수입 경쟁 때문에 영향을 받는 산업에 종사하는 노동자는 실직을 하더라도 새로운 산업이나 새로운 장소로 재분배되지 않고 있다.

최근에 데이비드 오토$^{David\ Autor}$, 데이비드 돈$^{David\ Dorn}$, 고든 핸슨$^{Gordon\ Hanson}$이 이 주제를 다룬 실험적 문헌을 정리해서 발표했다. 세 사람이 가장 먼저 논의한 사항은 중국 때문에 더욱 큰 경쟁에 직면한 산업에서는 실제로 고용이 더욱 큰 폭으로 하락했다는 것이다. 이 점을 입증하는 일은 생각만큼 쉽지 않다. 우선 '대중국 경쟁'을 어떻게 측정할지 결정해야 한다. 이것은 수입 침투, 즉 특정 산업의 미국 내 총지출에서 중국 수입품이 차지하는 비율을 사용해 측정할 수 있다. 예를 들어 여성의 비운동용 신발의 경우에 총지출의 약 100퍼센트가 중국에서 수입하는 상품에 지출된다. 따라서 미국의 모든 잠재적인 생산자는 대중국 경쟁에 직면한다. 이와 대조적으로 자동차 인테리어(예: 가죽 카시트) 산업에서는 중국에서 수입하는 상품에 거의 지출을 하지 않으므로 경쟁이 거의 없다. 이처럼 중국이 시장에 진출했을 때 산업마다 영향의 편차가 크다. 중국이 많은 물건을 생산하기는 하지만 모든 물건을 생산하는 것은 아니기 때문이다.

산업에서 고용 변화와 수입 침투는 부정적인 관계가 있다. 즉 여성의 비운동용 신발 같은 산업에서 고용률은 자동차 인테리어 산업보다 더 큰 폭으로 하락했다. 이것은 또 다른 문제로 이어진다. 대중국 수입이 고용 감소를 초래했는지, 둘 다 외부 힘 때문에 추진됐는지 하는 것이다. 예를 들어 여성의 비운동용 신발 산업에 속한 기업이 대중국 무역과 상관없이 부실 운영 때문에 시장 점유율을 잃었을 가능성이 있고, 어쩌다 보니 중국이 해당 기업들의 무능을 이용했을 수도 있다. 이 문제를 분석하는 연구가 많이 실시됐으며 오토·돈·핸슨이 이런 경향을 설명했다. 프랑스와 영국 등 다른 국가를 배경으로 같은 산업에서 발생한 수입 침투를 살펴보면, 중국이 기업들을 시장에서 밀어내거나 중국이 시장에 진입하면서 발생하는 고용 변화의 양을 유추할 수 있다. 간단히 말해서 다른 국가들의 산업에서 수입 침투가 크다면, 고용 손실을 설명하는 요인은 아마도 국내 산업이 보유한 문제가 아니라 중국의 진입이었을 것이다. 그리고 저자들이 분석한 결과에 따르면 고용 손실이 중국의 진입과 강력한 관계가 있는 것으로 보였다. 특정 산업에서 수입 침투의 비율이 증가할 때마다(예: 51퍼센트에서 52퍼센트로) 1.3퍼센트의 고용 손실이 발생했다.

대중국 경쟁에 직면한 산업들은 실제로 고용에서 손실을 입었지만, 실직 노동자에게 어떤 일이 발생했는지도 알아보아야 한다. 만약 실직자가 그다지 힘들이지 않고 다른 기업과 산업으로 이동했다면 무역이 생산과 성장에 미치는 부정적인 영향은 거의 나타나지 않을 것이다. 하지만 오토·돈·핸슨이 지적했듯이, 많은 실직 노동자가 노동력에서 이탈했고 재분배 속도도 매우 느렸다. 여러 지역, 특히 노동시장을 공유하는 것으로 보이는 특정 출퇴근 구역에서 이 점을 확인할 수 있다. 출퇴근 구역은 앞에서 언급한 대도시통계지구MSA와 비슷하다고 생각하기 쉽지만, 주요 도시가 없는 시골 지역도 포함할 수 있다. 어쨌거나 출퇴근 구역에서는 가동 중인 산업 유형에 따라 대중국 무역에 노출된 정도가 다르다. 예를 들어 노스캐롤라이나와 테네시의 특정 출퇴근 구역에 있는 가구 제조 업체는 치열한 대중국 경쟁에 직면했지만, 앨라배마와 사우스캐롤라이나의 특정 출퇴근 구역에 있는 자동차 제조 업체는 그렇지 않았다.

모든 출퇴근 구역을 대상으로 조사한 결과에 따르면, 국내 노동자 1인당 수입액이 1,000달러 추가될 때마다 실업률은 0.2퍼센트포인트 증가하고(예: 5퍼센트에서 5.2퍼센트로), 노동력에 속하지 않은 노동연령 인구의 비율은 약 0.5퍼센트포인트 증가했다(예: 15퍼센트에서 15.5퍼센트로). 대중국 무역에 가장 많이 노출된 출퇴근 구역에서는 노동자 1인당 수입액이 약 4,300달러 증가하면서 결과적으로 무역은 실업률을 1퍼센트포인트 증가시키고, 노동력에서 이탈한 노동자의 비율을 약 2.4퍼센트포인트 증가시켰다.

이 연구가 도출한 더욱 흥미로운 결과는 무역에 대한 노출 증가가 출퇴근 구역의 인구 규모에 큰 영향을 미치지 않았다는 것이다. 즉 사람들은 경쟁과 실직에 반응해서 해당 지역을 떠나지 않았다. 모든 연구 결과를 조합해보면 무역에 따른 비용을 완화해주리라 기대했던 재분배 효과는 나타나지 않았다. 사람들은 무역 때문에 손실을 겪은 출퇴근 구역을 벗어나지 않았고, 실직 상태로 남아 있거나 노동력에서 이탈했다.

성장 둔화에 기여하다

대중국 무역이 증가한 현상은 미국의 일부 노동자를 노동력에서 밀어내거나 실직시켜서 인적자본 스톡의 성장을 억제했다. 오토·돈·핸슨이 추정한 무역의 영향을 살펴보면 제조업에서는 1990~2000년 일자리 54만 8,000개가 감소했고, 2000~2007년에는 98만 2,000개가 감소했다. 따라서 제조업에서 무역 때문에 감소한 일자리는 모두 약 153만 개였다. 전체 일자리 감소 상황과 비교해보면 2000~2007

년 제조업에서 감소한 일자리 약 350만 개 중에서 약 43퍼센트가 무역 때문이었다. 오토·돈·핸슨은 좀더 긴 기간인 1990~2007년 제조업 일자리 감소의 약 21퍼센트가 무역 때문에 발생했다고 계산했다. 어느 기간을 보더라도 대중국 무역은 미국 제조업 분야의 고용에 상당히 큰 영향을 미쳤다.

게다가 이처럼 직접적인 손실은 출퇴근 구역에서 간접적인 고용 손실을 낳았다. 미국 전역에서 1990~2007년 무역이 증가하면서 산업과 상관없이 노동인구 비율이 약 1퍼센트포인트 낮아졌다. 2007년 노동 참여율은 약 66퍼센트였는데, 무역이 영향을 미치지 않았다면 67퍼센트가 됐을 것이다. 다시 말해 2007년 노동인구는 1억 5,300만 명이 아니라 1억 5,500만 명이었을 것이다. 대중국 무역은 실업률도 약 0.37퍼센트포인트 증가시켰다. 2007년 실업률은 5.0퍼센트였는데, 무역이 영향을 미치지 않았다면 4.63퍼센트였을 것이다. 따라서 2007년 고용 노동자는 1.7퍼센트 증가해서 1억 4,530만 명이 아니라 1억 4,780만 명이었을 것이다. 무역 때문에 실직한 노동자가 경제에서 활동하는 다른 사람들과 정확하게 같은 기술 수준이나 노동시간을 유지하지 않는다는 사실을 논외로 할 때, 인적자본 스톡은 대중국 추가 무역의 영향이 없었다면 1.7퍼센트 증가할 수 있었다.

이것은 큰 영향일까? 1990년부터 2007년까지 17년 동안 차이가 누적됐다는 사실을 기억하라. 대중국 무역에 영향을 받아서 인적자본 스톡의 증가율이 연간 약 0.1퍼센트포인트 낮아졌다는 뜻으로, 인구 고령화가 미치는 영향과 비교하면 크지 않다.

대중국 무역뿐 아니라 대외 무역을 늘렸을 때 발생하는 영향이 커지는지 어떤지도 당연히 궁금할 것이다. 이 점을 고려해서 오토·돈·핸슨은 무역이 고용에 미치는 영향이 없을 뿐 아니라, 일부 경우(특히 멕시코와 기타 중앙아메리카 국가와의 무역)에는 오히려 긍정적인 영향을 미쳤다는 사실을 발견했다. 결과적으로 무역이 인적자본 증가에 미치는 영향은 긍정적이지만 무시할 만한 정도일 가능성이 크다.

인적자본 스톡을 제쳐두고 대중국 무역이 고용에 미치는 영향은 산업 간 노동자의 배분을 통해 생산성에 영향을 미칠 수 있었다. 오토·돈·핸슨은 중국이 제조업에서 고용을 감소시키고, 이보다 규모는 작지만 다른 산업에서도 고용을 감소시켰다고 밝혔다. 중국이 제조업에 미친 뚜렷한 영향은 무엇일까? 중국은 제조업에서 고용률 감소와 전체 GDP에서 제조업이 차지하는 비중의 감소에 원인을 제공했다. 7장에서 살펴봤듯이 GDP에서 제조업이 차지하는 비율은 1990년 약 17.6퍼센트에서 2015년 약 12.2퍼센트로 감소했고, GDP에서 차지하는 비중을 확대한 다수의 다른 산업과 비교했을 때 제조업은 상대적으로 높은 생산성 증가율을 보였다. 무역은 경제활동을 제조업에서 이탈시켜 가중평균 생산성 증가율을 낮추고 성장 둔화에 기여했을 것이다.

이 영향은 얼마나 컸을까? 오토·돈·핸슨이 살펴본 것은 제조업의 고용으로, 그들이 제시한 수치를 사용할 수 있는 직접적인 방법은 없다. 여기서 나는 GDP에서 제조업의 부가가치가 차지하는 비율을 알아보고자 한다. 우선 무역이 큰 영향을 미칠 수 있었을지를 알아보기 위해 대략적인 계산을 시도해보겠다. 오토·돈·핸슨이 도출한 수치를 진지하게 받아들여서, 다른 무역 정책을 구사하는 방식으로 2015년 제조업에서 153만 명을 추가로 고용할 수 있었다고 해보자. 실제로 그해 제조업 노동자는 약 1,230만 명이었으므로, 우리가 가상으로 수립한 무역 정책을 실시했다면 제조업 고용을 약 12퍼센트 끌어올렸을 것이다.

제조업 노동자가 더 많았다면 제조 상품의 생산도 GDP에서 더 높은 비율을 차지하면서 증가했을 것이다. 단순히 제조업 고용을 12퍼센트 늘리더라도 생산이 12퍼센트 증가하진 않는다는 사실은 일단 무시하자. 4장에서 살펴봤던 탄력성을 상기하면서, 제조업 고용이 증가하면서 그에 대한 반응으로 제조업 생산이 12퍼센트 증가한다고 가정하자. 이것은 GDP에서 제조업이 차지하는 부가가치 비율도 증가한다는 뜻이다. 그 증가폭은 추가 노동자 153만 명이 어디서 나오느냐에 따라 달라진다. 그들이 고생산성 산업에 속한다면 실질GDP에 좋지 않은 영향을 미칠 수 있다. 하지만 상황을 최대한 극단적으로 생각해서 추가 노동자 153만 명이 모두 실업자였다고 해보자. 이 경우에 그들을 제조업 노동자로 추가하는 것은 실질GDP에 대한 순수 이익이다. 128쪽 7장 표 7.1에서 제시한 데이터로 알 수 있듯이, 제조업의 부가가치 점유율은 12.2퍼센트다. 추가 제조업 노동자들이 GDP를 추가로 생산한다고 가정할 때 부가가치 점유율은 13.4퍼센트까지 증가할 수 있었다.

7장에서도 살펴봤듯이, 제조업의 생산성 증가율은 약 1.36퍼센트로 평균적인 산업보다 높기 때문에 제조업의 부가가치 점유율이 높아지면 생산성 증가율도 높아질 것이다. 추가적인 제조업 노동자들은 생산성 증가율을 0.016퍼센트 끌어올릴 것이다[(0.134-0.122)×0.0136].

철저하게 따져보려면 경제 나머지 부분의 부가가치 점유율이 낮으므로 생산성 증가율이 약간 감소하리라는 사실을 설명해야 한다. 하지만 이번에도 상황을 극단적으로 보고 이 점을 무시하자.

결과적으로 무역 때문에 손실을 본 제조업 노동자를 대체하면 생산성 증가율이 약 0.016퍼센트 증가할 것이다. 참고로 7장에서 산업 차원으로 실시한 계산에 따르면 생산성 증가율은 연간 0.4퍼센트였다. 간단히 말해서, 우리가 실시한 작은 실험은 총생산성 증가율에 거의 영향을 미치지 않는다는 것이다. 이는 오토·돈·핸슨이 추정한 대중국 무역의 영향은 성장 둔화를 설명할 수 없다는 사실을 시사한다.

미국 제조 산업에 속한 기업과 고용을 대체한다는 점에서 대중국 무역의 영향이 실재하고 노동자와 지역 사회에 현실적이고 부정적인 영향을 미친 건 사실이지만, 성장 둔화에 미치는 영향은 크지 않았다. 미국은 이미 장기적으로 상품 생산에서 서비스 생산으로 이동하는 중이었으므로 중국이 주요 수출국으로 부상하지 않았더라도 성장은 둔화했을 것이다. 중국이 이런 이동 속도를 약간 부추기기는 했지만, 원인을 제공하지는 않았다.

17 성장의 미래

이제 성장 둔화를 유발했을 만한 원인을 모두 살펴봤으므로 각 원인이 성장 둔화에 어느 정도 기여했는지 정리해보자. 책 여기저기에 흩어져 있는 수치를 한자리에 모아서 살펴보자. 표 17.1은 20세기 연간 성장률 2.25퍼센트에서 21세기에 1.0퍼센트로 바뀐 과정을 나타내고, 각 줄에서는 다양한 원인이 성장률에 미친 영향을 설명한다.

예를 들어 가족 크기의 축소와 인구 고령화는 그 자체로 성장률을 약 0.80퍼센트포인트 낮췄으므로 단연코 성장 둔화의 최대 원인이다. 상품에서 서비스로의 전환은 성장률을 적어도 0.20퍼센트포인트 낮췄다. 이 두 가지 원인은 성공이 성장 둔화로 이어졌다는 내 주장을 뒷받침하면서 성장률 하락의 4분의 3을 설명한다.

그다음으로 큰 원인은 노동자와 기업의 재분배 감소이며 성장률을 약 0.15퍼센트포인트 둔화시

표 17.1 20~21세기 성장 둔화에 관한 회계

성장률(%)	설명
2.25	1950~2000년 평균 성장률
	주효한 원인
−0.80	가족 크기의 축소와 고령화의 영향
−0.20	상품에서 서비스로의 전환
	주효하지 않은 원인
−0.15	노동자와 기업의 재분배 감소
−0.10	지리적 이동성 감소
≈0	세금과 규제
≈0	불평등 증가
≈0	대중국 무역
= 1.00	2000~2016년 평균 성장률

켰다. 지리적 이동성 감소는 공격적인 추정치일 가능성이 있기는 하지만 성장률을 0.10퍼센트포인트 둔화시켰다. 마지막으로 세금과 규제, 불평등 증가, 대중국 무역이 유발한 성장률 하락은 앞서 몇 장에서 살펴봤듯이 각각 0퍼센트에 가까웠다.

어느 쪽이든 표 17.1은 4장에서 제시한 원래 회계 분석과 달라 보일 것이다. 4장과 비교했을 때 인적자본의 영향은 더 작고, 생산성에 미치는 전체적인 영향은 더 크다. 서비스로의 전환, 재분배 감소, 이동성 감소가 서로 얽히며 작용하는 사실을 반영한 것이다. 이 세 원인을 결합한 영향은 더 적을 가능성이 크지만, 가족 크기의 감소와 인구 고령화가 미친 영향은 이 책에서 제시한 정도보다 클 확률이 높다. 그렇지만 표 17.1에 제시한 실패가 성장 둔화를 대부분 설명할 수 있다고 주장할 만한 여지는 거의 없다.

우리는 무엇을 할 준비가 됐는가?

5장과 8장에서는 인구 고령화와 서비스로의 전환을 성공으로 간주해야 하는 이유를 입증하기 위해 몇 가지 구체적인 주장을 제시했다. 이제 한 걸음 물러서서 좀더 폭넓은 사고방식을 제시하려 한다. 이렇게 자문해보자.

'성장 둔화를 되돌리기 위해 무엇을 희생할 것인가?'

21세기 인구 고령화와 인구 대비 노동자의 비율 감소 현상을 보이는 인구 변화부터 살펴보자. 이 현상은 분명히 상당 부분의 성장 둔화를 초래했고, 출산율 하락에 따른 결과였다. 일반적으로 낮은 출산율은 높은 생활 수준과 관계가 있다. 인구 증가 속도를 높이기 위해 생활 수준을 희생하고 1930년이나 1920년의 1인당 실질GDP 수준으로 돌아가겠는가?

여기서 기억해야 할 점이 있다. 가족 크기의 감소와 관련해 결혼 연령이 높아지고, 여성의 노동시장 참여율이 증가하고, 교육 수준과 가정용 기술이 향상되고, 여성의 생식권이 확대됐다. 그렇다면 경제 성장을 촉진하기 위해 무엇을 기꺼이 희생하겠는가? 여성의 노동 능력을 제한하겠는가, 또는 피임에 대한 접근을 제한하겠는가? 연간 1

인당 실질GDP 성장률을 조금이라도 끌어올리기 위해 계획하지 않은 출산을 수용하겠는가?

그렇다고 대답하지 못할 것이다. 설사 그렇다고 하더라도 성장률에 입증 가능한 영향을 직접 미칠 수 있을지는 확실하지 않다. 현재의 성장 둔화는 1940년대에 가족 크기에 대해 내린 결정의 결과다. 만약 다시 베이비붐을 일으키더라도 새로 태어난 아이들이 일할 나이로 성장할 때까지 20년 동안 평균 이하의 1인당 실질GDP 성장을 견뎌내야 할 것이다. 엄청난 출산율을 창출하는 데 필요한 권리와 생활 수준을 어떻게든 끌어내더라도, 성장률에 주목할 만한 효과를 보기 시작하려면 2050년 무렵은 되어야 한다는 뜻이다.

인구 고령화의 영향을 되돌리기 위해 그만큼 희생을 감내할 가치가 없어 보인다면, 생산의 비중을 서비스에서 상품으로 이동하기 위해 무엇을 하겠는가? 상품 생산 산업에서 고용을 촉진하는 간단한 방법 하나는 상품을 무더기로 없애는 것이다. 예를 들어 냉장고와 변기를 비롯해 현재 보유하고 있는 가정용품의 절반, 그리고 내부 자본을 포함하여 기존의 공장과 사무실 건물의 절반을 파괴한다면 새로운 상품에 대한 수요가 부쩍 늘어날 것이다. 공장, 사무실 건물, 집, 컴퓨터, 가구, 가전제품을 다시 생산하기 위해서는 건설업과 제조업으로 엄청난 노동력이 이동해야 할 것이다. 또한 모든 제조 활동이 미국 내에서 이루어질 수 있으려면 외국 기업이 미국에 내구재를 팔수 없게 해야 할 것이다. 기꺼이 그렇게 할 수도 있겠지만, 생산에 필요한 노동과 자본의 양을 고려하면 가격은 지금보다 훨씬 비싸질 것이다. 다시 말해서 요즈음 누리는 생산성과 생활 수준을 기꺼이 희생한다면, 아마도 1인당 실질GDP 성장률을 증가시킬 수 있을 것이다.

여담이지만, 우리는 이런 상황이 벌어질 수 있다는 사실을 알고 있다. 예전에 이미 목격한 적이 있기 때문이다. 제2차 세계대전이 끝난 후 독일과 일본은 역사상 최고 수준의 1인당 GDP 성장률을 기록했고, 그 후 20년 가까이 높은 성장률을 유지했다. 두 나라의 많은 자본과 내구재 스톡이 잿더미로 변한 덕이었다. 그 정도의 파괴를 재현할 만큼 더 높은 성장률이 중요할까?

다소 과장된 예일 수도 있지만, 지난 수십 년 동안 중국의 사례를 생각해보자. 중국이 높은 성장률을 기록할 수 있었던 부분적인 이유는 미국보다 생활 수준이 낮았기 때문이다. 앞에서 언급했듯이, 중국의 1인당 GDP는 미국의 약 25퍼센트에 불과했다. 이 점을 좀더 구체적으로 살펴보기 위해 다음과 같은 사실을 생각해보자. 중국의 성장률이 연 6퍼센트 이상이었던 2000년 무렵 수세식 변기를 사용할 수 있었던 중국인은 3명 중 1명이 채 안 됐고, 4명 중 1명은 깨끗한 식수원을 이용하지 못했다. 요즈음 미국에서 텔레비전은 인구 100명당 약 70개지만 중국은 29개다. 미국에서 휴대전화는 인구 100명당 약 87개지만 중국은 47개다. 미국에서 자동차, 밴, 트럭, 버스를 포함한 차량은 인구 100명당 약 80대지만 중국은 50대에 불과하다. 여기서 핵심은 중국의 성장률이 높다고 놀라지 말아야 한다는 것이다. 중국은 미국인이 이미 누리고 있는 물질적 생활 수준을 따라잡으려고 노력하는 중이기 때문이다. 1인당 GDP 성장률을 높이기 위해 자신이 현재 누리고 있는 텔레비전, 휴대전화, 자동차, 변기를 포기하겠는가?

성장률을 1퍼센트포인트 끌어올리기 위해 수십 년간 축적한 발달을 포기할 의향이 없다면, 발달에 내재한 변화를 성공으로 생각해야 한다. 의도한 것은 아니지만, 성장 둔화는 우리가 수십 년 동안 선택하고 누려온 생활 수준 향상에 따른 결과이기 때문이다.

완벽이 아닌 성공

성장 둔화가 성공에 따른 결과라고 하더라도 경제 상황이 개선될 수 없다는 뜻은 아니다. 이 책 전체에 걸쳐서 나는 많은 경제 문제가 경제 성장에 거의 영향을 미치지 않았음을 입증했다. 그렇다고 해도 문제가 없다거나, 문제를 해결하는 것이 정당하지 않거나 가능하지 않다는 뜻은 아니다.

경제적 이익은 지난 20년 동안 노동자나 물적자본 소유주에 대한 지급을 희생하면서 GDP의 일부로 증가했다. 이렇게 증가한 경제적 이익은 투자나 혁신을 늘리는 데 투입되지 않고, 거의 배타적으로 배당금을 늘리고 자사주를 매입하는 데 투입됐다. 이 같은 사실은 생산성 증가에 미친 영향이 모호하더라도 애당초 빌미를 제공했던 규정과 규제의 타당성에 의문을 품게 한다. 실제로 경제적 이익의 증가가 경제 성장에 상당한 영향을 미치지 않는다는 점을 고려하면, 이런 재분배가 경제에 전반적으로 어떤 이익을 안겼는지 알기 힘들기에 더욱 의문을 품을 수밖에 없다.

11장에서는 시장 지배력의 증가가 지식재산권을 더욱 엄격하게 보호하고, 독점금지법 시행이 쇠퇴한 결과일 수 있다는 점을 몇 가지 예를 들어 설명했다. 나는 성장 동기를 창출하기 위해 어떻게 시장 지배력이 필요한지 검토했지만, 우리가 지나치게 시장 지배력을 키웠다는 강력한 주장도 나올 수 있다. 브링크 린지^{Brink Lindsey}와 스티븐 텔레스^{Steven Teles}는 최근에 출간한 《억류된 경제^{The Captured Economy}》에서 지식재산권과 규제 환경이 몇 가지 가능한 구제책은 물론, 시장 지배력을 창출한 구체적인 방식을 매우 자세하게 제시했다. 이런 구제책은 경제 성장으로 혜택을 입은 사람들을 향한 것이므로 탐색할 가치가 있다.

구제책이 성장률에 미치는 영향이 모호할 수 있더라도 이런 논쟁은 의미가 있다. 우리가 일부 산업 또는 일부 기업을 위해 시장 지배력을 통제했더라도 성장률에 미치는 궁극적인 영향은 그다지 크지 않았을 것이다. 시장 지배력이 창출한 성장률 증가는 주요 목표가 아닌 보너스로 간주해야 한다.

몇 가지 다른 문제에 관해서도 유용한 견해가 있다. 무역은 특정 지역과 노동자에게 심각한 결과를 초래했고, 생산에서 서비스로의 전환에 얼마간 기여했다. 무역 정책, 특정 무역 거래, 지원 프로그램에서 발생한 변화는 지역과 노동자에게 미친 경제적 피해를 줄이거나 키울 수 있다. 하지만 증거가 보여주듯이, 무역 증가가 성장 둔화 자체에 큰 영향을 미쳤다고 의심할 만한 근거는 거의 없다. 따라서 무역에 관한 논쟁은 무역의 승자가 패자에게 보상을 할 것인지와 그 보상 방법에 초점을 맞춰야 한다. 또한 무역이 성장률에 미친 어떤 영향도 중요하지 않다는 걸 인식해야 한다.

정부의 지출, 규제, 세금은 현재 일부에게는 이익을 주고 일부에게는 손해를 입힌다. 하지만 앞에서 살펴봤듯이, 정책 변화가 경제 성장에 지대한 영향을 미친다는 증거는 거의 없다. 따라서 이 세 가지 요인의 적절한 수준을 둘러싼 논쟁은 총체적 성장에 미치는 영향과 반대로 서로 다른 집단에 미치는 영향 면에서 상당히 유용하다. 특히 특정 정책이 어떤 가능성으로든 '스스로 대가를 치르리라는 것'은 비현실적인 주장이다. 정부의 재정 정책과 규제 정책은 대체로 경제 파이의 크기가 아니라 분배에 관한 것이기 때문이다.

주택 시장에 대한 지방정부의 규제가 한 가지 그럴듯한 예외로 보인다. 13장과 14장에서 증거를 봤듯이, 신규 주택 공급을 제한하거나 신규 주택 공급 가격을 엄청나게 올리는 제약이 미국 전역에 걸쳐 지리적 이동성을 감소시키는 데 기여했을 것이다. 이런 주택 규제를 완화하면 정책 변화로 고통받을 사람이 물론 있겠지만, 성장률을 눈에 띄게 높일 수 있다.

이 모든 사항을 종합했을 때 올바른 결론은 성장에 문제가 없더라도 분배에 문제가 있을 수 있다는 것이다. 시장 지배력, 무역, 세금과 규제, 주택을 포함한 모든 영역에서 성장 자체에 지대한 영향을 미치지 않았더라도 실제로 경제 성장에서 발생한 이익이 누구에게 돌아갔느냐 하는 문제가 남는다. 분배에 따른 결과를 판단해서 이런 문제들에 개입해야 하고, 성장률에 미치는 예상 영향에 대한 비중을 줄여야 한다는 뜻이다.

인적자본의 수입

우리가 필요한 변화를 추진하고 싶어 하지 않기 때문이든 변화가 큰 영향을 미치지 않을 것이기 때문이든, 결론적으로 성장 둔화를 돌이킬 방법은 없어 보인다. 하지만 경제 성장에 직접적이고 주목할 만한 영향을 미칠 수 있는 한 가지 예외적 요인이 있다. 바로 이민이다.

성장 둔화를 설명하는 최대 단일 원인은 인구 고령화에서 비롯된 인적자본 증가율의 하락이었다. 인적자본 증가율을 유기적으로 되돌리려면 생활 수준과 개인 권리를 분명하게 후퇴시켜야 하고, 이런 시도가 성공하려면 수십 년이 걸릴 것이다. 하지만 퇴직자들이 늘어남에 따라 새 노동자들을 투입하면 성장 둔화의 많은 부분을 짧은 기간에 상쇄할 수 있다.

5장에서 살펴봤듯이, 21세기 동안 인구 대비 노동자 수 감소율은 성장률에서 0.35퍼센트포인트를 감소시켰다. 이런 경향을 되돌리고 싶다면 이민자가 얼마나 많이 필요할까? 지난 몇 년 동안 연간 약 0.7퍼센트였던 인구 증가율과 같은 비율로 노동자 수가 늘어나야 할 것이다. 그러려면 연간 약 105만 명의 노동자가 추가로 필요하다. 최근 노동인구는 연간 약 75만 명 정도 증가했을 뿐이므로, 노동자 대 인구 비율이 계속 하락하는 현상을 막으려면 노동 연령의 이민자 약 25만 5,000명을 추가로 받아들여야 한다.

21세기 대부분의 기간에 미국은 합법적인 이민자를 연간 약 100만 명 받아들였으므로 25만 5,000명을 추가로 받는 것이 확실히 그럴듯한 해법인 것 같다. 100년 전 미국은 몇 년 동안 이민자 125만 명을 흡수했고, 정기적으로 매년 100만 명 이상을 받아들였다. 이런 현상은 미국 전체 인구가 약 1억 명에 불과했던 시기에 일어났다. 현재 인구가 3억 2,500만 명이 넘는다는 점을 고려하면 이민자 수가 125만 명보다 훨씬 많아야 한다는 뜻이다. 미국이 이민자를 훨씬 많이 흡수할 의향이 있다면 성장률을 0.35퍼센트포인트 이상 끌어올릴 수 있다. 매년 노동 연령 이민자 75만 명을 추가로 받아들이면 성장률을 약 0.60퍼센트 끌어올려서 전체 성장 둔화율의 거의 절반을 상쇄할 것이다. 또 이민율로 따지면 오늘날 175만 명의 이민자를 수용하는 것은 1900년대 초반 기록의 절반 정도에 불과하다.

인적자본 증가에는 이민자가 보유한 기술이나 교육의 종류도 개입한다. 이민이 기술 수준에 미치는 영향은 이민자가 보유한 기술이 현재 노동력보다 나은가 아닌가에 달려 있다. 이민을 통해 평균 기술 수준을 향상시킬지, 최소한 끌어내리지 않을지는 통제할 수 있다. 공교롭게도 최근 미국 이민자들의 교육 정도는 현재 미국 인구보다 높은 경향을 보였다. 2015년 미국 지역사회조사American Community Survey가 발표한 데이터에 따르면 2010~2015년 미국에 입국한 모든 이민자 중 학사 학위를 보유한 비율은 전체의 약 40퍼센트로 현재 미국인(약 30퍼센트)보다 높다. 이미 이런 현상을 목격하고 있으므로 이민자가 노동자의 평균 기술 수준을 증가시키리라고 기대할 수 있다.

흔히 거론되는 걱정거리는 추가 이민자들이 노동력을 늘리지 않고 기존 노동자를 대체하는 것이다. 하지만 그렇다는 증거는 거의 찾아볼 수 없다. 몇몇 공저자와 함께 작업한 조반니 페리Giovannie Peri는 다양한 국가와 맥락에서 이민이 원주민의 고용에 중대한 부정적 영향을 미치지 않으며, 원주민 노동자의 임금을 낮추지도 않는다고 밝혔다. 이민이 언어 능력과 지역 시장에 대한 친숙함 등 원주민 노동자들의 기술을 더욱 가치 있게 하기 때문이다. 그리고 이민 증가는 지역 시장의 규모를 성장시키므로 기업에 확장하거나 혁신할 동기를 제공한다.

인적자본 증가에 미치는 직접적인 영향 이상으로 순수하게 긍정적인 영향을 미치는 경향이 있다는 뜻이다. 인구 고령화 때문에 발생하는 성장 둔화를 상쇄하는 도구로서 적정 수준의 추가 이민은 최고의 선택이다.

현재 상태에서 무엇을 지향할까?

성장 둔화를 설명하는 것과 향후 성장률을 예측하는 것은 다르다. 미래 성장률을 예측하는 작업은 피하는 편이 아마도 현명하겠지만, 앞으로 수십 년 동안 발생할 성장을 잠정적으로 예측해보려 한다. 미래 성장률은 20세기에 비해 계속 낮을 것이고, 생활 수준이 지속적으로 향상되면서 더욱 낮아질 것으로 생각한다. 내가 연구한 바에 따르면, 가까운 미래에 성장률이 가속화되리라는 분명한 근거는 없다.

먼저 인적자본을 보자. 베이비붐 세대가 영원히 살지는 않을 것이므로 성장률을 끌어내리고 있는 인구통계상 변화는 어느 시점에서 진정될 것이다. 하지만 이것은 수십 년 이후 미래에 벌어질 상황이므로 성장률은 당분간 계속 감소할 것이다. 앞에서 살펴봤듯이 이민, 특히 숙련된 이민이 크게 증가하면 성장률 감소를 상쇄하고 성장률을 20세기 수준으로 되돌릴 수 있다. 하지만 이민이 없다면 인적자본 증가율이 높아지면서 성장률이 회복되리라고 생각할 근거가 전혀 없다. 인구통계상 변화는 너무 느리게 발생하므로 예기치 않게 성장률을 끌어올릴 수 없다.

인적자본에 관한 연구를 상기해보라. 시간이 지날수록 피고용인 1명당 노동시간이 감소하면서 성장률을 지속적으로 끌어내렸다. 평균 주당 노동시간은 1800년대 약 70시간이었지만 20세기에는 40시간 미만으로 감소했고, 21세기 들어서도 계속 줄어들고 있다. 1930년 존 메이너드 케인스John Maynard Keynes는 물질적 상품에 대한 요구가 포화 상태에 도달하면 주당 노동시간이 15시간이 되리라고 추측한 인물로 유명하다. 이런 감소는 생산성 증가에 대응해서 주당 노동시간 단축을 선택한 결과이며, 또 하나의 성공을 의미한다. 노동시간 단축은 실질적인 웰빙이나 행복이 증가할 때도 1인당 실질GDP 증가율을 훨씬 더 끌어내릴 것이다.

노동시간 감소 현상과 서비스로의 전환 이면에 있는 논리는 비슷하고, 이런 전환은 지속될 것으로 예상된다. 입수 가능한 증거를 고려할 때 노동시간이 감소하면서 생산성 증가율을 계속 떨어뜨릴 것이다. 하지만 아마도 서비스 분야에서 생산성 증가의 미래는 우리가 보유한 데이터를 근거로 추론한 것보다 밝을 것이다. 이제야 서비스 산업이 상당한 생산성 향상을 달성할 수 있는 규모에 도달하고 있거나 성과를 쉽게 달성할 수 있어 보여서, 상품의 생산성을 향상시키는 데 우리가 더 많은 시간을 보내는 중일 수도 있다. 심지어 최근 연구를 살펴보면, 서비스 분야에서 생산성 증가율이 낮은 것은 근본적인 원인 때문이 아니라 측정 오류의 산물일지도 모른다. 무엇이든 가정하는 것이 여전히 현명하지 않더라도 이 가운데 무엇이든 사실이라면, 미래의 생산성 증가율을 좀더 낙관적으로 볼 수 있을 것이다.

전반적으로 기술 변화에 관해서도 비슷한 정서가 존재한다고 생각한다. 요즈음 새롭고 향상된 기술이 믿을 수 없을 정도로 속속 등장하고 있다. 자율주행 자동차, 유전자 편집, 저비용 태양전지판, 더욱 효율적인 배터리, 바이오 연료, 양자컴퓨터, 3D 프린팅, 인공지능 등이 그 예다. 이런 기술은 우리의 생활 방식과 GDP에 투입되는 상품 및 서비스의 생산 방식을 뿌리부터 바꿀 수 있다. 그렇기는 하지만 경제 성장률에 지대하게 영향을 미칠지는 분명하지 않다. 이 중에서 많은 혁신은 상품 생산의 효율성을 높이지만 오히려 서비스로의 전환을 가속화할 것이다. 또 우리가 이런 혁신을 채택하거나 추구하고 싶어 하는지에 대해 더욱 큰 의문이 떠오를 수 있다. 찰스 존스가 최근 논문에서 시사했듯이, 현재 인구의 기대수명과 생활 수준을 고려할 때 환경·사회·건강 관련 기술에 내재한 위험은 단지 성장률을 약간 끌어올릴 목적으로 감수할 만한 가치가 없을지도 모른다.

결론적으로 앞으로 1인당 실질GDP 성장률을 주목할 수 있을 만큼 가속화할 수 있을지는 여전히 의문이다. 하지만 지금까지 계속 설명했듯이, 이것을 실패로 가정해서는 안 된다. 성장률은 그 자체로 경제와 사회의 발전이나 웰빙을 판단하는 데 쓰여서는 안 된다. 경제 성장은 외부에서 강요당하는 것이 아니라 우리 스스로 시간을 보내고, 돈을 쓰고, 가족을 형성하는 방법에 대해 내리는 선택에 따른 것이다. 과거에는 우리가 물질적인 생활 수준을 향상시키고 있었으며 그 선택은 빠른 성장과 우연히 일치했다. 하지만 대부분의 성공을 달성하자, 우리는 다른 선택을 하기에 이르렀다. 이렇게 새로 내린 선택들이 급속한 성장에 득이 되지는 않았지만, 그렇다고 잘못된 것은 아니다. 느린 성장은 대규모 경제적 성공에 대한 최적의 반응이기 때문이다.

성장의 종말

초판 1쇄 발행 · 2021년 4월 5일

지은이 · 디트리히 볼래스
옮긴이 · 안기순
발행인 · 이종원
발행처 · (주)도서출판 길벗
브랜드 · 더퀘스트
주소 · 서울시 마포구 월드컵로 10길 56(서교동)
대표전화 · 02)332-0931 | **팩스** · 02)322-0586
출판사 등록일 · 1990년 12월 24일
홈페이지 · www.gilbut.co.kr | **이메일** · gilbut@gilbut.co.kr

기획 및 편집 · 송은경(eun3850@gilbut.co.kr), 김세원, 유예진, 오수영 | **제작** · 이준호, 손일순, 이진혁
영업마케팅 · 정경원, 최명주 | **웹마케팅** · 김진영, 장세진 | **영업관리** · 김명자 | **독자지원** · 송혜란, 윤정아

본문디자인 · aleph design | **본문조판** · 김희연 | **교정교열** · 공순례
CTP 출력 및 인쇄 · 예림인쇄 | **제본** · 예림바인딩

- 더퀘스트는 ㈜도서출판 길벗의 인문교양·비즈니스 단행본 브랜드입니다.
- 이 책은 저작권법에 따라 보호받는 저작물이므로 무단전재와 무단복제를 금합니다. 이 책의 전부 또는 일부를 이용하려면
  반드시 사전에 저작권자와 (주)도서출판 길벗(더퀘스트)의 서면 동의를 받아야 합니다.
- 잘못 만든 책은 구입한 서점에서 바꿔 드립니다.

ISBN 979-11-6521-517-0 03320
(길벗 도서번호 090174)

정가 17,000원

독자의 1초를 아껴주는 정성 길벗출판사

길벗 | IT실용서, IT/일반 수험서, IT전문서, 경제실용서, 취미실용서, 건강실용서, 자녀교육서
더퀘스트 | 인문교양서, 비즈니스서
길벗이지톡 | 어학단행본, 어학수험서
길벗스쿨 | 국어학습서, 수학학습서, 유아학습서, 어학학습서, 어린이교양서, 교과서